国家出版基金项目
NATIONAL PUBLICATION FOUNDATION

"十四五"国家重点图书出版规划项目

新时代
东北全面振兴
研究丛书

XIN SHIDAI
DONGBEI QUANMIAN ZHENXING
YANJIU CONGSHU

——

中国东北振兴研究院
组织编写

东北全面振兴战略研究

周绍杰　薛婧　王聪　耿瑞霞——著

辽宁人民出版社

© 周绍杰 等 2025

图书在版编目（CIP）数据

东北全面振兴战略研究 / 周绍杰等著. -- 沈阳：
辽宁人民出版社，2025. 2. --（新时代东北全面振兴研
究丛书）. -- ISBN 978-7-205-11418-3

Ⅰ. F127.3

中国国家版本馆CIP数据核字第2024PA9663号

出版发行：辽宁人民出版社
　　　　　地址：沈阳市和平区十一纬路25号　邮编：110003
　　　　　电话：024-23284313　邮箱：ln_editor4313@126.com
　　　　　http://www.lnpph.com.cn
印　　刷：辽宁新华印务有限公司
幅面尺寸：170mm×240mm
印　　张：17.5
字　　数：294千字
出版时间：2025年2月第1版
印刷时间：2025年2月第1次印刷
策划编辑：郭　健
责任编辑：陈　兴　张婷婷　郭　健
助理编辑：龙佳琪
封面设计：丁末末
版式设计：G-Design
责任校对：吴艳杰
书　　号：ISBN 978-7-205-11418-3

定　　价：96.00元

《**新时代东北全面振兴研究丛书**》 中国东北振兴研究院　组织编写

编委会

主　任

夏德仁　郭　海　迟福林

委　员

唐立新　徐　峰　张连波　孟继民

常修泽　刘海军　蔡文祥

总　序

　　《新时代东北全面振兴研究丛书》是中国东北振兴研究院组织编写出版的第二套关于东北振兴主题的丛书。中国东北振兴研究院成立于2016年，是国家发展和改革委员会为支持东北地区振兴发展而批准成立的研究机构。近10年来，该研究院以服务东北振兴这一国家战略为己任，充分发挥高校人才和智力优势，密切与社会各界合作，根据不同时期党中央对东北振兴做出的重大决策，深入东北三省调查研究，组织年度东北振兴论坛并不定期举办具有针对性的专家座谈会，向国家有关部门和东北三省各级党委和政府提供了一系列具有决策参考价值的咨询报告。在此基础上，也形成了一批具有学术价值的研究成果。2020年，研究院组织编写出版了《东北振兴研究丛书》（共8个分册），在社会上引起良好反响。从2023年开始，研究院结合总结东北振兴战略实施20周年的经验，组织编写了《新时代东北全面振兴研究丛书》（共9个分册），从更广阔的视野和新时代东北振兴面临的新问题角度，对东北振兴进行了更加深入的研究。研究院和出版社的同志邀请我为这套丛书作序，我也想借此机会，结合自己20年来亲身参与东北振兴全过程的经历和近几年参与研究院组织的调研的体会，就丛书涉及的一些问题谈谈个人的看法，也算是为丛书开一个头。

一、关于东北振兴的重大战略意义

　　东北振兴战略是国家启动较早的区域发展战略，启动于2003年。我深切体会到，20多年来，还没有哪一个区域的发展像东北地区这样牵动着历届党和国家领导人的心，被给予了这样多的关心和支持。仅党的十八大以来，习近平总书记就10多次到东北来考察调研，亲自主持召开座谈会并作重要讲话。党中央和国务院在不同时期都对支持东北振兴做出政策安排，尽最大的可能性给予东北各项支持政策。从中可以看出，东北振兴战略不仅仅是一个简单的区域发展战略，它远远超出东北地区的范围，具有十分重大的全局性意义。我从以下两方面来理解这一重大意义：

第一，东北振兴是实现中国式现代化的战略支撑。

中国式现代化最本质的特征是由中国共产党领导的社会主义现代化。回顾历史，在中国共产党领导下，中国式现代化贯穿了新中国成立至今70多年的整个历史过程，这一历史过程既包括改革开放以来的40多年，也包括从新中国成立到改革开放的近30年。在党领导的现代化建设过程中，东北地区扮演着十分独特而举足轻重的角色。东北地区是新中国最早启动工业化的地区，新中国成立之初，党的第一代领导人为开展社会主义工业化建设，在东北地区进行了大规模投资。"一五"时期，国家156个重点项目中有56个安排在东北地区，其投资额占了总投资额的44.3%。东北工业基地的建立与发展，寄托着中国共产党人对社会主义现代化的理想和追求，展现了中国共产党人独立自主建设新中国的高瞻远瞩和深谋远虑。在此过程中，东北工业基地的发展为中国社会主义工业体系的建设做出了不可磨灭的重大贡献，东北地区的能源工业、基础原材料生产和重大装备制造等支撑着国家的经济建设和国防建设。与此同时，东北三省的经济发展水平一直在全国排名前列，以辽宁为例，由于其特殊的战略地位，辽宁的经济总量（当年的衡量指标是工农业总产值）曾排名第一，被称为"辽老大"。改革开放后，东南沿海地区在改革推动下，市场机制快速发育，经济发展迅速，而东北三省则面临从传统计划经济向社会主义市场经济转型的痛苦过程。尽管东北人在转型过程中做出了大量艰苦的探索，但是由于体制机制的惰性和产业结构的老化使市场机制的发育相对缓慢，东北三省的经济总量在全国的排名逐渐落后。2003年10

月，党中央、国务院正式印发《关于实施东北地区等老工业基地振兴战略的若干意见》，以此为标志，国家正式启动了东北地区等老工业基地振兴战略。习近平总书记高度重视东北老工业基地的振兴发展，党的十八大以来，先后10多次到东北考察并发表重要讲话，多次就东北振兴问题做出重要指示批示，强调了东北振兴在国家大局中的战略地位，特别是强调了东北地区在维护国家国防安全、粮食安全、生态安全、能源安全、产业安全方面担负着重大责任。在加快强国建设、实现第二个百年奋斗目标、推进民族复兴伟业的过程中，东北振兴的战略地位是至关重要的。

综上所述，东北老工业基地由于有着区别于其他地区的历史演变过程，其建设、发展、改革和振兴凝聚着中国共产党几代领导人对社会主义道路全过程的实践探索和不懈努力，因而对实现中国式现代化来说具有特有的象征性意义。可以说，没有东北老工业基地的全面振兴，就没有中国式现代化目标的实现，而且，东北全面振兴的进度也在一定程度上决定了中国式现代化实现的进度。在迈向第二个百年奋斗目标新征程中，东北振兴能否实现新突破，标志着中国式现代化目标能否成功。所以东北全面振兴是实现中国式现代化的重要支撑。

第二，东北振兴是维护国家安全的重要保证。

东北振兴不能简单地从经济发展方面来衡量其重大意义。我在省市工作期间，经常接待党和国家领导人到东北来考察调研，我感觉到领导同志所关心的问题主要不是经济增长率是多少、地区生产总值是多少，所考察的企业或项目主要不是看其能够创造多少产值，而是看其能否为国家解决战略性重大问题。以大连的造船工业为例，20年前其每年实现的产值也就是100亿元左右，与一些超千亿元的大型企业相比，微不足道；但领导同志最关心的是，他们能造出保障国家能源安全的30万吨级大型油轮和液化天然气（LNG）运输船，能够造出保障国防安全的航空母舰和大型驱逐舰，所以在2003年党中央、国务院印发的《关于实施东北地区等老工业基地振兴战略的若干意见》中明确现代造船业为大连市的四大支柱产业之一，作为老工业基地产业振兴的重要组成部分。同样，我们看到的东北地区的飞机制造、核电装备、数控机床等装备制造业企业，规模并不大，产值并不高，但是却体现着"国之重器"特点，是我国国防安全和产业安全的重要保障。从国家的粮食安全来看，我曾几次到黑龙江和吉林粮食产区考察学习，深切感受到东北地区的粮食生产在维护国家粮食安全中的战略地位。东北是我国重要的农业生产基地，粮食产量占全国总产量1/4以上，商品粮占全国1/3，粮食调出量占全国40%，是国家粮食安全的"压舱石"。前几年在黑龙江省北大荒集团，我看到一望无际的黑土地上，全部实现了机械化耕种，其情景令人震撼；最近我又率队参观了北大荒集团的数字农业指挥中心，看到通过数字化和人工智能技术，可将上亿亩的耕地集中进行智能化管理，切身感受到了"中国人的饭碗端在我们自己手里"的安全感。

习近平总书记高度重视东北振兴，曾多次从维护国家安全的角度强调东北振兴的重要性。2018年9月，习近平总书记在沈阳主持召开深入推进东北振兴座谈会时强调，东北地区是我国重要的工业和农业基地，维护国家国防安全、粮食安全、生态安全、能源安全、产业安全的战略地位十分重要，关乎国家发展大局。习近平总书记亲自为东北地区谋定了维护国家"五大安全"的战略定位，做出统筹发展和安全的前瞻性重大部署，进一步提升了东北振兴的战略层次，凸显了东北振兴的重要支撑地位，为新时代东北全面振兴提供了根本遵循。

东北三省地处复杂多变的国际地缘政治敏感区，肩负着发展和安全的重要使命。我们应自觉从维护国家安全的战略高度推进东北振兴，既要在总体上担负起维护"五大安全"的政治责任，又要厘清国防安全、粮食安全、生态安全、能源安全、产业安全的具体责任。比如在国防安全上，要进一步完善军民融合发展政策，充分释放军工企业制造能力，通过与地方产业链、供应链的衔接，提升国防装备制造产业创新能力和效率。再比如在产业安全上，针对"卡脖子"技术，要在自主研发体系、产业链供应链的完善上，采取有效举措甚至"举国体制"予以支持。东北地区的新定位，进一步明确了东北振兴的战略重点，使东北振兴战略与维护国家"五大安全"战略紧密结合，更加有利于加强政策统筹协调，有利于实现重点突破。

维护国家"五大安全"，也是东北振兴的重要途径。东北地区要以"五大安全"战略定位为引领，准确把握国家战略需要，充分发挥东北地区比较优势和深厚潜力，突出区域资源特色，结合建设现代化产业体系，谋划一批统筹发展与安全的高质量的重大项目。把"五大安全"的战略定位和政治责任，落实到东北振兴的各方面和全过程。特别需要强调的是，在东北地区产业结构调整中，要加强"国之重器"的装备制造业升级改造，加快数字化智能化进程，增强核心部件和关键技术的自主研发能力，解决好"卡脖子"问题。

二、关于东北振兴中的体制机制改革

当前，东北地区与发达地区的最大差距是经济活力的差距，从根本上讲，还是体制机制的差距。前不久我在东南沿海地区考察过程中，见到不少东北人在那里创业发展，其中一部分是商界人士，如企业家或公司高管；还有一部分是科技人员，他们当中许多人是携带着科技成果从东北转战到南方的。我与其中几位科技企业的高管和科研人员做了深入的交谈，询问了他们为什么远离家乡到这里发展，他们的回答几乎是一致的，即东南沿海的经济充满活力，市场机制发达，生产要素市场健全，创新创业的成功率高，企业家和科技人员的聪明才智能够得到充分发挥。至于东北的情况，他们的回答也是很中肯的：东北的产业和科技教育基础都很好，他们也想在当地创业发展，但是有几个因素使得许多人最终选择了离开——一是东北地区的企业缺乏创新动力和吸纳科技成果的积极性，在科研成果和优秀人才面前，更多的是南方企业（也包括创投公司）伸出橄榄枝，很少遇到东北企业的主动欢迎；二是要素市场不健全，获得资金的资本市场、获得人才的人才市场和制造业企业的供应链市场都有许多缺陷；三是尽管政府部门推动发展的积极性高，但是由于政策多变，新官不理旧账，所以给企业和创业者带来许多不确定性。

以上问题，究其原因还是东北地区的体制机制改革不到位。东北地区是在全国各区域中进入计划经济最早的地区，从1950年开始，国家就对东北地区的煤炭、钢材等生产资料进行统一的计划分配；另一方面，东北地区又是各区域中退出计划经济最晚的地区，由于长期形成的历史包袱，计划经济管理的惯性使得市场机制在原有的计划经济基础上发育得较为缓慢。尽管东北地区在国家自始至终的支持下，在体制机制改革方面做了大量艰苦细致的工作，但是与其他区域相比，特别是与东南沿海地区相比，市场化程度仍然不高，距离市场机制在资源配置中发挥决定性作用的目标还有相当大的差距。从现象上来看，市场化程度不高主要表现在来自企业的自我发展动力活力不足。国企改革不到位，效率不高，在许多竞争性行业对其他市场主体形成"市场准入障碍"或"挤出效应"，制约了民营经济的发展；而地方政府为了弥补市场主体数量不够、企业动力不足问题，不得不亲自下场参与经济活动，再加上长期形成的计划经济的管理习惯，在一定程度上挤压了市场机制发挥作用的空间，限制了市场机制对资源配置的决定性作用。所以，今后东北地区的深化改革还是要围绕着国企改革，以加快民营经济发展和理顺政府与市场的关系为重点。

一是国企国资改革。当前东北国有经济在总体经济中占的比重比较高。以国有控股工业企业资产占规模以上工业企业资产总额的比重为例，辽宁为53.2%，吉林为61.4%，黑龙江为43.2%，均远高于全国37.7%的平均水平。东北地区国有经济比重高有其历史原因，也有东北的国有企业特别是央企为国家担负着一些特殊职能的原因。因此东北地区的国企国资改革并不能简单地提出国退民进或降低国企比重的措施，而是要按照党的二十届三中全会的要求，推进国有经济布局优化和结构调整，增强东北地区国有企业的核心功能，推动国有资本向维护国家"五大安全"领域、向关系国民经济命脉和国计民生的重要行业和关键领域集中，通过完善现代企业制度，将东北的国有企业做强做优做大，提升国际竞争力。针对当前东北地区存在的"市场准入障碍"和"挤出效应"问题，国企国资改革要按照有所为有所不为的原则，在一些竞争性行业，通过混合所有制改革，为非公有制经济创造更多市场准入的机会。这样做一方面实现了国有资本布局的战略性调整，另一方面也在公平竞争的原则下，推动了非公有制经济的发展。

二是民营经济发展。民营经济一直是东北地区经济发展中的一块短板，这一方面是由于东北地区长期实施的是以国有经济为主导的经济模式，民营经济缺乏健康发展的土壤；另外一方面，东北地区的民营企业存在一些先天不足，相当一部分民营企业不是靠企业自身的资本积累和科技创新获得可持续发展能力，而是靠政府部门政策支持和金融机构的信贷扶持发展起来的。我们可以看到，东北地区早期发展起来的民营企业大都有能力获得低价的土地资源或矿产资源的开发许可，而在其背后往往隐藏着不正常的政商关系，因此，每当一个地区出现腐败案件时总会牵扯出一些民营企业家。东北地区民营企业平均生命周期明显短于东南沿海地区，这种先天不足制约了民营经济的发展。要解决这个问题，必须认真贯彻中央"两个毫不动摇"方针，建立亲清的政商关系，遵循国家正在制定的《中华人民共和国民营经济促进法》的法律原则，在明确民营经济发展"负面清单"前提下，放心放手、公平公正地支持民营企业的发展。针对东北地区民营企业家资源不足的问题，要充分利用东北地区的资源优势和产业优势，进一步降低市场准入门槛，吸引更多的外省市企业家到东北来创新创业，结合扶持和培养本土优秀企业家，不断壮大民营企业家群体，并逐步形成东北地区敢于竞争、勇于创新的企业家精神。

在支持非公有制经济发展过程中，我还有一个体会，就是要对民营企业进行正确引导。要认识到民营企业的本质特征是追求企业利益的，但是如何把企业利益与公共利益有机结合起来，这就涉及政府如何进行政策引导。20多年前，亿达集团和东软集团在大连创办了大连软件园，本来所在位置的土地是可以搞房地产开发的，这样可以取得较高的资金回报，但是在政府政策引导下，这两个公司合作规划建设了当时国内最大的软件园，这样就将企业利益和政府的公共利益有机结合起来。尽管企业取得的效益没有像房地产那么高，但是由于政府的一系列政策，他们可以取得更长远的利益，同时又能为城市的功能布局优化、产业结构调整、新兴产业发展做出贡献。大连软件园的建设开启了大连旅顺南路软件产业带的发展，使大连的软件产值从不足1亿元发展到现在的3000多亿元，旅顺南路软件产业带聚集了20多万的软件人才。从这个角度看，通过政府的正确引导，民营企业的利益是可以与公共利益达成一致的。

三是理顺政府与市场的关系。应当看到，由于传统计划经济下的企业对政府依附关系的延续，东北地区政府与市场的关系仍带有"大政府""小市场"的特征。特别是东北地区的各级政府担负着推进体制改革和实施东北振兴战略的重要职责，所以在实践中往往存在着一种"双重悖论"，即一方面政府推进体制改革、实施振兴战略的目的是增强市场活力，放大市场机制作用；但另一方面政府在实施改革和振兴措施的过程中，又往往强化了政府职能，增加了行政干预，进一步压缩了市场机制发挥作用的空间，使市场机制在配置资源方面的决定性作用难以得到有效发挥。要解决这一问题，还是要以党的二十届三中全会精神为指导，把"充分发挥市场在资源配置中的决定性作用，更好发挥政府作用"作为目标和原则，在具体实践中、在"推动有效市场与有为政府更好结合"上下功夫。一是把塑造"有效市场"作为政府的一项"公共服务"，通过落实党的二十届三中全会关于深化改革的各项措施，切实培育起有效的市场机制，并向全社会提供。二是当一些领域"有效市场"形成，市场机制能够对资源配置产生决定性作用时，政府应当主动退出此领域，防止政府"有形的手"干预有效市场"无形的手"的作用。三是政府在制定产业规划和产业政策时，应该遵循市场经济规律，预见中长期的市场波动和周期变化，弥补市场机制在某些环节的"失效"。四是在推动东北产业结构调整过程中，要把产业结构优化升级与培育市场机制有机结合起来，合理界定国企和民企投资的优势领域，结合国有资本的优化布局，将其投资重点集中到涉及国家重大利益的关键领域，并在竞争性领域为民营企业发展留出足够空间，防止出现"挤出效应"。特别是要抢抓当前新一轮科技革命和产业变革重大机遇，充分发挥民营企业家和科技人员创新创业的积极性和创造性，最大限度地将民间资金引导到科技研发和产业创新，在推动战略性新兴产业和未来产业的同时，发展壮大东北地区的民营经济。

党的二十届三中全会提出，到 2035 年全面建成高水平社会主义市场经济体制。这里所提到的"全面建成"，从区域上讲，就是全国一盘棋，各区域都要通过深化改革，完成向高水平社会主义市场经济体制转型的任务，共同融入全国统一的社会主义大市场之中。这对于目前在市场化改革中仍与发达地区存在较大差距的东北地区来说，既是推进改革的难得机遇，又是不容回避的巨大责任和挑战。

三、关于东北振兴中的产业结构调整

实施东北振兴战略的重要任务是推动东北地区的产业振兴，而产业振兴的核心内容是对东北地区现有的产业结构进行调整优化。近年来，我几次带领中国东北振兴研究院的研究人员深入到东北三省的企业进行调研，对东北地区的产业发展有了一些认识。

东北地区产业结构的主要特点是"老"。东北老工业基地之所以被称为"老"，是因为新中国成立初期国家在东北地区建设的工业体系属于工业化早期水平，产业结构单一，重化工业比重过高，其中能源与基础原材料工业处于价值链前端，附加值低，受某些资源枯竭的影响，成本增加，竞争力下降。东北地区装备制造业是国家工业体系中的顶梁柱，具有不可替代的优势，但是由于体制机制问题，长期以来技术更新缓慢，设备老化，慢慢落后于时代的发展。国家实施东北地区等老工业基地振兴战略后，加大力度对东北地区的产业结构进行了调整，但由于东北老工业基地长期积累的问题较多，历史包袱较重，所以这一任务仍未最终完成。最近几年东北各省区经济总量在全国排名仍然未有明显改变，说明经济增长的动能仍不充足，产业结构的老化问题仍未得到根本解决，结构性矛盾仍然是当前振兴发展面临的主要矛盾之一。老工业基地振兴是一个世界性难题，德国鲁尔、法国洛林、美国底特律地区都走过了近 50 年的艰难振兴历程。东北老工业基地振兴与体制转型相伴而行，更为曲折复杂，更要爬坡过坎。要充分认识老工业基地结构调整任务的艰巨性复杂性，以更加坚定的决心和顽强的意志，通过全面深化改革，激发市场经济主体竞争活力，焕发结构调整的积极性和创造性，通过有效的产业政策，推动传统产业的转型升级和战略性新兴产业发展，使东北地区的产业浴火重生、凤凰涅槃。我们正面临新一轮科技革命和产业变革，这为东北地区产业结构调整优化提供了一个难得的历史机遇。在科技革命和产业变革面前，东北地区的产业结构调整应当调整思路和方式，从传统思路采取渐进式的产业演化方式来推进调整，转换到以创新的思路采取突变式的产业变革来推进调整。主要思路有以下三方面：

一是加快推进产业链延伸和完善，增加传统原材料工业的附加值和竞争能力。东北地区是国家重点布局的重点工业燃料和原材料生产基地，原油开采、石油化工、煤炭电力、钢铁等既是资源密集型产业又是资本密集型产业。资源型产业附加值低，只有沿产业链向中下游发展才能提高附加值，增强竞争力；而资本密集型产业要求提高集中度，以规模经济降低单位成本，提高竞争力。以东北的石化产业为例，原来是以原油开采、石油炼化为主，提供的产品主要是燃油，中下游严重缺乏。辽宁省的总炼油能力是1亿多吨，且分散在多个炼厂，大多数炼厂都不够国际标准的规模经济。所以，辽宁石化产业作为第一大支柱产业，其出路只有两条：一条是拉长产业链，让石化产业从传统的炼油为主，向中下游的化工原料、精细化工和化工制成品方向发展，逐级提高产品的附加值和经济效益；另一条是走集中化规模化的道路，充分利用辽宁沿海深水港优势，在物流上利用港口大进大出，在生产流程上采用炼油化工一体化模式，从而增加规模效益，降低单位成本。2010年，大连长兴岛石化基地引进了民营企业恒力集团，在国家发展和改革委员会支持下，总投资2000多亿元，建设2000万吨炼化一体化项目，包括中下游环节150万吨乙烯项目、450万吨对二甲苯（PX）项目、1700万吨精对苯二甲酸（PTA）项目，这些都是世界上单体最大的项目。这些项目一方面真正实现了石油炼化沿着烯烃类和芳烃类两条路线向中下游延伸，后面环节的产品附加值会越来越高；另一方面真正实现了石油化工的规模化集约化生产，依托深水良港的物流条件，使物流成本更低、生产效率更高。恒力石化的投资再加上大石化的搬迁改造等项目将使大连长兴岛建设成为世界级石化基地，彻底改变大连石化产业的格局，实现脱胎换骨的结构调整，使之成为现代产业体系的重要组成部分。

二是促进实体经济与数字经济深度融合，将传统装备制造业转化为与数字时代相适应的"智能制造业"。我们现在已经进入了数字时代，加快实体经济与数字经济深度融合已刻不容缓。东北地区具有实体经济、数字经济深度融合的基础。一方面，东北传统制造业基础雄厚，门类齐全，有数量众多的传统制造业企业，其中许多企业在我国的工业体系中地位重要、不可替代，这些都为数字化应用和数字产业发展提供了宏大的应用场景，为数字技术赋能传统产业创造了巨大的发展空间。推动东北地区传统产业的数字化转型将为东北振兴带来两大增长点：一是众多传统制造业企业转型为智能制造企业，极大提高其制造效率、创新能力和国际竞争力；二是围绕数字化工业生态的建立完善，又派生出一大批为产业数字化服务的数字产业化公司。从这个角度看，东北地区所拥有的传统产业基础将转化为数字经济发展的难得的资源和优势。另一方面，东北地区也具备以数字技术改造传统产业的能力。在发展数字经济方面，东北地区起步比较早。以辽宁为例，2003 年，东北老工业基地振兴国家战略开始启动时，当时大连市所确定的四大支柱产业中，软件和信息服务业就是其中之一，而且这一产业布局被写进了《关于实施东北地区等老工业基地振兴战略的若干意见》。自此，大连的软件产业发展保持了 10 年之久的高速增长，旅顺南路软件产业带聚集了上百家世界五百强公司、上千家国内软件公司和 20 多万的软件人才，带动了应用软件的自主研发，人工智能、大数据、区块链等新技术也在软件业基础上开始起步。总体上看，东北地区的数字经济发展不是一张白纸，而是有相当的基础，只要咬定目标不放松，保持政策连续性，并且进一步加大支持力度，就一定会在数字经济与实体经济融合发展方面取得新突破。当前，东北要通过深化改革全面推进传统制造业企业的数字化改造。应当认识到数字化改造涉及复杂的生产流程和特殊的技术规定性，又需要进行必要的投资、付出相应的成本；更重要的是，要根据工业互联网的技术要求，重新构造生产流程和管理流程。因此，光凭企业自身的主动性是远远不够的，必须由政府出面，采取经济手段和行政手段相结合的方式，强力推进企业的数字化转型。一是示范引领，每个行业都要在国内外选择几个数字化转型成功的企业，组织同行进行学习借鉴，使其能够切身体会到数字化为企业带来的发展机遇和巨大利益；二是政策支持，对积极开展数字化转型的企业给予适当补贴和贷款贴息；三是通过产业链的关联企业相互促进，重点支持行业龙头企业数字化，然后遵循数字化伙伴优先原则，通过采购和销售方式的数字化引导配套企业的数字化建设。

三是大力发展新质生产力，推进战略性新兴产业和未来产业发展。要充分认识到，东北具备发展新质生产力的基础和条件。新质生产力并不是凭空产生的，它是建立在现实生产力的基础之上的。东北地区现有的代表国之重器的装备制造业解决了国外"卡脖子"问题，具有不可替代性，它所聚集的装备、技术、人才本身就是具有竞争力的先进生产力。在新的科技革命面前，只要顺应时代要求，加快数字化和人工智能应用，大力发展智能制造和绿色制造，那么传统制造业就会孕育出更多新质生产力。东北地区的教育、科技较发达，集中了一批国内优秀的大学和科研院所，每年为国家培养输送了大批优秀人才，也涌现出许多自主创新的科研成果，这些教育、科技资源是新质生产力形成的主要源头。但是由于体制机制障碍，东北地区的人才资源和科研成果并未在当地转化为新质生产力。我们经常可以看到，在东南沿海，一些自主研发的技术来源于东北的高校或科研院所。这说明，东北地区发展新质生产力是具备基础条件的。关键是如何将大学和科研院所的人才资源和科技资源就地转化为新质生产力，并通过具有竞争力的体制机制吸纳外来的新质生产力要素。加快发展新质生产力必须增强"赛道意识"，要认识到当今的科技革命已经改变了原有的产业发展逻辑，"换道超车"将变为常态。

如果固守在原有的传统赛道上，东北地区的产业发展会继续拉大和发达地区之间的差距，并且在新时代科技发展和产业创新中掉队。国家要求"十四五"期间东北振兴实现新突破，我认为主要应在"赛道转换"上取得突破。一是从"传统制造业改造赛道"转换到"智能制造新赛道"，对传统制造业进行全产业链全覆盖的数字化赋能改造和人工智能应用，搭上第四次工业革命这趟班车。二是从"资源枯竭型地区改造赛道"转换到"新能源、新材料发展赛道"，东北地区化石能源已失去优势，但是在风电、光伏、核电、氢能源、储能产业发展方面潜力巨大。三是抢占战略性新兴产业和未来产业赛道，充分利用东北地区教育、科技资源优势，积极鼓励支持自主创新，加强尖端技术和颠覆性技术研发和产业化，争取在新兴产业和未来产业发展中后来居上。

要塑造有利于新质生产力发展的体制机制。加快发展新质生产力必须形成与之相适应的新型生产关系，从东北地区来说，就是要塑造有利于新质生产力发展的体制机制和政策环境。新质生产力由于其革命性和创新性，自身的流动性很强，为了寻找更适宜的发展环境，新质生产力可以随时跨国跨地区转移。近年来，东北地区加强营商环境建设取得了很大进展，而当前加快发展新质生产力，更需要通过深化改革，为新质生产力孕育和发展创造良好环境。一是深化行政体制改革，增强政府部门推进科技创新和产业创新的责任感，提高对科技企业和科研单位的服务效率，打造一支熟悉科技和产业发展规律、具有服务意识、高效廉洁的公务员队伍；二是深化科技教育体制改革，推动科研与产业深入融合，培养更多高质量创新型人才；三是大力支持以企业为主体的创新体系建设，充分发挥央企在东北产业创新中的引领作用，同时积极支持民营科技企业投身于新兴产业和未来产业发展之中；四是打造支持新质生产力发展、推进东北地区科技发展和产业创新的投融资体制。

四、关于东北振兴中的对外开放

党的二十届三中全会通过的《中共中央关于进一步全面深化改革、推进中国式现代化的决定》（以下简称《决定》）强调："开放是中国式现代化的鲜明标识，必须坚持对外开放基本国策，坚持以开放促改革，依托我国超大规模市场优势，在扩大国际合作中提升开放能力，建设更高水平开放型经济新体制。"在新时代东北全面振兴的关键阶段，认真学习贯彻党的二十届三中全会精神，推动东北地区全方位开放，建设更高水平的开放型经济新体制，具有十分重大而深远的意义。

要充分认识东北对外开放在国家总体对外开放格局中的战略地位。改革开放40多年来，我国对外开放呈现出由南至北梯度开放的格局。20世纪70年代末80年代初，以深圳经济特区建设为标志的珠江三角洲对外开放，对应于国际资本向亚太地区流动、亚太地区劳动密集型产业向中国转移的形势；90年代，以浦东新区建立为标志的长江三角洲对外开放，对应于全球化进程加快、中国积极参与全球化的形势；10多年前，"一带一路"倡议及京津冀协同发展战略的提出是以全球金融危机之后美国的单边主义导致逆全球化倾向为背景的；最近几年，中央强调东北要成为对外开放新前沿，这是基于地缘政治新变化、中美贸易冲突加剧、俄乌冲突及俄战略向东向亚洲转移，进而东北亚成为国际合作热点地区的形势做出的重大判断；而发挥东北作为东北对外开放新前沿的作用，推动全方位对外开放，特别是加强与东北亚各国的深度合作，已成为我国应对百年变局、保障国家安全、拓宽国际合作空间，实现世界政治经济秩序向有利于我国方向转变的战略选择。

我国东北地区地处东北亚区域的中心地带，向北与俄蒙接壤，是我国的北大门；向东与朝鲜半岛相连，与日韩隔海相望；向南通过辽宁沿海连接太平洋，与亚太国家和地区沟通紧密；向内与京津冀和东部沿海省市相互依存，是畅通国内大循环、联通国内国际双循环的关键区域。东北海陆大通道是"一带一路"的重要线路，是我国沿海地区和日韩"北上西进"到欧洲的便捷通道。东北产业基础雄厚，人才科技资源丰富，生态环境良好，在经济合作方面与相关国家和地区具有难得的互补性。应当充分认识东北的开放优势，增强开放前沿意识，推进东北地区全面开放，这不仅是东北全面振兴取得新突破的需要，更是我国应对世界百年未有之大变局、开拓全方位高水平对外开放格局、突破以美国为首的西方国家对中国的遏制打压和围堵、维护国家安全、实现第二个百年奋斗目标、加快中国式现代化进程的需要。

东北地区的全面开放是一个多维度全方位开放的概念，从开放格局看，既要对外开放，也要对内开放；从开放方位看，包括了东西南北中全方位开放；从开放内容看，既包括资金技术信息的流动型开放，也包括规则规制管理标准等制度型开放。

一是进一步加强对内开放。东北地区在长期计划经济中形成的封闭性特征，首先需要通过对内开放予以打破。要通过深化改革缩小东北与先进地区在市场化和开放度方面的差距，尽快融入全国统一大市场。要加强东北振兴战略与发展京津冀、长江经济带、粤港澳大湾区等国家重大战略的对接，消除各类阻挡要素跨区域流动的障碍，积极接受先进地区资金、技术、人才、信息等资源的辐射，发挥东北地区自身优势，在畅通国内大循环、联通国内国际双循环中发挥更大作用。

二是加快实施向北开放战略。要充分认识到在世界经济政治格局深刻变化的形势下，东北地区向北开放、积极开展对俄罗斯经贸合作的重大战略意义和难得的历史机遇。要深入分析中俄经济互补性，挖掘两国经贸合作潜力和空间，积极开展与俄罗斯多领域的务实合作。要大力推进石油、天然气、核电等领域的合作，强化中俄能源交易和物流设施建设，保障我国的能源安全。要加强东北地区各边境口岸现代化建设，提供高效率通关便利服务，促进对俄贸易高质量发展，把各口岸城市打造成中俄贸易物流枢纽城市。要充分发挥东北地区的产业优势，有效利用俄罗斯远东开发战略的各项政策，参与远东地区基础设施投资、资源开发、环境保护、农业发展、制造业等领域的合作。要加强与俄罗斯人才、技术、资金等领域的交流与合作，在推进产业合作的同时，逐步建立完整的产业链和供应链，带动东北地区的产业转型与升级。

三是以 RCEP（区域全面经济伙伴关系协定）为契机深化与日韩合作。作为东北三省的主要贸易和投资伙伴，日本和韩国之前在东北做了大量投资。

当前受地缘政治形势变化，合作受到一些阻碍，日韩企业开始重构产业链和供应链并转移投资。由此，要抓住 RCEP 实施的契机，加快建设以 RCEP 为基本原则的国际化投资环境，加强与日韩企业的沟通，帮助他们解决发展中的困难，恢复日韩企业在东北投资发展的信心，稳固原有的合作关系，同时实施更加优惠的政策，吸引日韩企业通过增量投资进行产业升级，在东北地区形成新兴产业的产业链和供应链。

四是建设东北海陆大通道。要把东北海陆大通道建设纳入国家"一带一路"的重点建设项目中予以推进。加快东北亚国际航运中心建设和大通道沿线物流枢纽建设，提升辽满欧、辽蒙欧两条海铁联运班列转运效率，争取开辟辽宁沿海港口至欧洲的"北极航线"，打造连接亚欧大陆的"一带一路"新通道。东北海陆大通道沿途四个副省级城市，哈长沈大要一体化发展，提高对外开放水平，完善中心城市功能，打造东北亚地区最具活力的城市带。大连应发挥好东北亚重要的国际航运中心、国际贸易物流中心和区域性金融中心作用。

五是积极稳妥推进制度型开放。东北全面开放能否顺利推进，关键是能否创造一个具有竞争力的国际化的营商环境。要下决心推进规则、规制、管理、标准等制度型开放，用制度型开放倒逼行政体制改革，补齐东北地区国际化营商环境的短板，不断提高贸易投资的便利性，增强东北地区对国际先进生产要素的吸纳能力。

五、关于东北振兴中的营商环境建设

改善营商环境是国家实施东北振兴战略以来，对东北地区提出的一项重要而艰巨的任务。习近平总书记每次到东北考察都强调改善营商环境的重要性，特别在 2018 年 9 月主持召开的深入推进东北振兴座谈会上，对东北振兴提出六个方面要求，其中排在首位的就是"以优化营商环境为基础，全面深化改革"。近年来，东北各级党委、政府认真贯彻落实习近平总书记的重要指示，在加强营商环境建设方面做了大量卓有成效的工作，东北地区的营商环境有了明显改善，但是与先进地区相比，与企业和老百姓的期望相比，还有不小的差距。这一差距主要表现在东北地区对先进生产要素，包括资金、技术、人才的吸纳能力仍然不足，"孔雀东南飞"和"投资不过山海关"的问题仍然未从根本上得到解决。在全国各区域都在致力于打造高水平营商环境的背景下，东北地区不能再满足于原有水平的营商环境了，而必须对标先进地区的标准，提高建设营商环境水平，增强东北地区对先进生产要素的吸纳能力，推动新时代东北全面振兴实现新突破。

什么是高水平营商环境？就是党中央提出的市场化、法治化、国际化的营商环境。这一概念可以追溯到党的十八届五中全会，当时明确提出了要完善法治化、国际化、便利化的营商环境，这是中央文件中对市场化、法治化、国际化营商环境的早期表述。2019年10月，国务院通过了《优化营商环境条例》，以政府规定的方式明确了市场化、法治化、国际化营商环境的定义，并提出了具体的政策措施。党的二十大报告进一步强调，市场化、法治化、国际化一流营商环境建设是当前中国推动实现高质量发展和中国式现代化的重要保证。党的二十届三中全会《决定》从"构建高水平社会主义市场经济体制""完善高水平对外开放体制机制""完善中国特色社会主义法治体系"三个角度，分别深入阐述了通过全面深化改革，构建高水平的市场化、法治化、国际化营商环境的基本原则和具体的改革措施。特别是《决定》强调"构建全国统一大市场""规范地方招商引资法规制度，严禁违法违规给予政策优惠行为"，这实际上是对以往个别地区在营商环境建设方面随意性做法的一种纠正，更加凸显了通过深化改革，建设统一的市场化、法治化、国际化营商环境的客观必要性。

东北地区如何通过深化改革，加快建设市场化、法治化、国际化营商环境？从市场化角度，就是要持续不断地推进市场化改革，培育壮大市场机制，促进市场机制在资源配置中发挥决定性作用，同时要界定好社会主义市场经济条件下政府与市场的关系，加快政府职能转变，深入推进行政管理体制改革，提高政府对市场主体的服务意识和服务效率，在鼓励市场主体充分竞争的前提下，维护市场竞争的公平性。从法治化角度，对东北地区来说，法治化建设是当前营商环境建设中一块短板。要着力解决当前东北地区营商环境缺乏法治保障的问题，克服政府在服务市场主体过程中的随意性、不稳定性、缺乏诚信，甚至忽视或侵犯市场主体合法权益的倾向，加大法治化营商环境建设力度。在立法层面，进一步完善适应社会主义市场经济体制的商事法律法规体系。在执法层面，增强政府部门依法行政意识。在司法层面，加强司法机关队伍建设，提高司法人员素质，推进各司法机关公正公平司法。在遵法层面，积极引导企业和个人遵法守法，共同维护法治化市场经济秩序。从国际化角度，打通国内循环和国际循环的体制界限，积极稳步扩大规则、规制、管理、标准等制度性开放，主动对接国际高标准经贸规则，打造面向东北亚区域对外开放新前沿，建设高水平开放型经济新体制。

在谈到营商环境建设问题时，我还想举一个具体例子。2024年9月，我率队到大连长兴岛恒力重工集团有限公司（简称恒力集团）调研，见到一位熟人，他原来在中国船舶重工集团有限公司上海总部工作，目前在恒力造船（大连）有限公司担任领导职务。我随口问他：从上海到大连长兴岛有什么感想，有什么得失？他说，把长兴岛打造成为一个世界级的造船基地不仅是政府的梦想，也是他作为造船人的梦想，为了实现这一梦想，即使不拿报酬，他也要为之奋斗。这句话既使我感动，也让我很受启发。其实在东北振兴过程中，许多事情政府自己是做不了的，比如产业结构调整，打造现代产业体系，必须靠企业来做。但是政府可以创造一个有吸引力的营商环境，采取一些政策措施，吸引企业来完成政府目标。十几年前，我们为推进产业结构调整，引进了恒力集团到长兴岛投资，恒力集团共投入资金2000亿元，目前长兴岛世界级石化基地建设已见雏形，同时恒力集团又收购了韩国STX造船，再过三五年，长兴岛又会崛起一个世界级的造船基地。在此过程中，政府做了什么？我们就是打造了一个良好的营商环境，却用企业的力量做成了大事，完成了政府的工作目标，做出了政府人员想做而做不到的事情。这个投入产出关系是显而易见的，我们何乐而不为？我想用这个例子说明，如果政府部门弯下腰来创造良好的营商环境，尽心尽力做好对企业的服务工作，企业一定会创造更多的社会财富，为地方经济发展做出更大贡献。

　　建设高水平营商环境是东北振兴实现新突破的重要保证，也是东北地区与全国各地区同步实现中国式现代化的重要保证。营商环境的好坏是一个地区核心竞争力的重要标志。营商环境只有更好，没有最好，当前全国各省市都在积极开展营商环境建设，以取得更大的竞争能力。东北地区要想迎头赶上，与全国同步实现第二个百年奋斗目标，必须在全面深化改革上下功夫，建设与其他地区同等水平甚至更高水平的市场化、法治化、国际化营商环境。

夏德仁

2025 年 2 月

前　言

　　发展不平衡是我国的基本国情之一，区域治理是国家治理的重要组成部分。新中国建立以来，中国总体发展的历程伴随着不同发展阶段区域发展战略的不断调整。我们的研究表明，中国的区域治理获得了重大的成功，区域经济发展格局基本上符合区域发展战略布局要求，中国的区域经济发展也成为中国经济增长奇迹的重要支撑。

　　作为重要的区域发展战略之一，党中央于 2003 年提出实施东北地区等老工业基地振兴战略，由此开启了东北振兴战略。2023 年，在提出东北振兴战略 20 年之际，本书作者参与了《新时代东北全面振兴研究丛书》的编写。本书内容包括三个主要部分：总体评价篇、国际比较篇和战略分析篇。

　　在总体评价篇，本书对于中国区域政策进行了系统性的回顾，并对东北振兴 20 年进行了回顾和评估。总体来看，20 年来东北振兴战略的内涵也在发生变化，从"老工业基地加快调整和改造"转向"立足维护国家国防、粮食、生态、能源、产业安全的战略高度实现重点突破"。从东北地区的经济发展来看，一方面，东北三省经济发展迈上了一个新台阶，20 年内实现地区生产总值规模翻两番的增长水平；而另一方面，相对于全国其他地区，东北三省也是过去 20 年中经济平均增长速度最低的三个省份，东北三省地区生产总值占全国比重从 9% 左右下降到 2023 年的 4.7%。与经济发展密切相关的是人口问题，这也是东北全面振兴面临的最突出的长期性问题。一方面，东北三省人口规模在 2010—2020 年期间降低了 1100 万人，而同期全国人口规模增加1亿人；另一方面，东北三省的老龄化和少子化现象严重，老年抚养比为22.6%（全国平均水平为19.7%），少儿抚养比为15.2%（全国平均水平为26.2%）。从全国来看，东北三省发展的相对滞后已经成为我国区域协调发展的最大挑战和最大难点。

在国际比较篇中，本书选取了发达国家典型工业区的案例，包括德国鲁尔工业区、法国洛林工业区、美国底特律和日本北九州四个地区，对这些地区工业化的兴盛和衰败的历史进行了概述和深入分析，总结提炼了这些地区在经济转型过程中的经验和教训，以供东北振兴借鉴和参考。

在战略分析篇中，本书安排五章的内容从不同角度进行战略研判。第一，提出了加快建设现代化经济体系的总体思路，建设东北现代化市场体系。第二，着眼于东北三省的经济地理特征，提出了区域战略构想——构建"哈长沈大"一轴战略，并把此战略列为国家区域重大战略，以此为抓手推进东北区域经济一体化，进而推进东北全面振兴。第三，本书对东北三省参与"双循环"的基本态势进行了分析，发现东北三省国内大循环和国际大循环对于三省经济发展的贡献率总体上不高，提出东北全面振兴应立足于提升参与"双循环"的能力，例如加强与东北亚地区的对外开放，积极对接"一带一路"倡议，基于RCEP（区域全面经济伙伴关系协定）框架推进东北地区对外开放，以及推进东北三省与东部经济发达地区的对口合作。第四，基于东北农业发展对于国家农业现代化强国建设以及粮食安全的重要性，本书提出大力推进东北建设中国"农业强域"，分析了东北推进农业现代化的优势条件以及农业发展面临的问题与挑战，给出东北建设"农业强域"的政策意见。第五，产业升级是东北全面振兴取得新突破的关键，尤其要推进新型工业化建设。本书分析了东北三省工业企业的盈利情况，认为传统产业升级对于东北工业发展具有全局性的影响。从东北三省战略性新兴产业的发展来看，东北的发展态势处于相对落后的状况，战略性新兴产业集群向哈长沈大区域性中心城市聚集。东北三省具有一定的创新资源基础，有效地把创新潜能转化为经济优势是东北推进产业升级的必然选择。在金融生态方面，东北三省的金融发展水平显著落后于其经济发展水平。总体来看，东北在推进产业升级方面，应当充分推进创新驱动发展战略，积极培育新质生产力，加快培育战略性新兴产业，不断改善东北三省金融生态进而提升服务实体经济的能力。

总体来看，本书的基本结论如下：第一，20年来，东北振兴在经济发展的同时，也面临着经济增长相对滞后、人口流失和老龄化严重的现实挑战。第二，习近平总书记提出的东北维护国家"五大安全"的重要使命，是推进东北全面振兴的使命定位。第三，东北全面振兴取得新突破需要考虑重塑区域战略新格局，通过构建"哈长沈大"一轴战略推进东北三省一体化发展与协同发展，积极打造东北对外开放新格局，在"双循环"发展新格局中提升东北的区域竞争力。第四，东北全面振兴需要立足于深化体制机制改革，充分发挥东北三省的创新资源优势和潜能，建设现代化经济体系，加快培育和发展新质生产力，推动传统产业升级以及培育战略性新兴产业集群。最后，东北全面振兴对于国家发展全局具有重要的战略价值，东北地区也具备全面振兴的基础，但是需要通过解放思想观念、深化体制机制改革、构建区域发展新格局、充分释放创新潜能等方面取得突破。

本书的四位主要作者是周绍杰、薛婧、王聪、耿瑞霞。薛婧博士在清华大学公共管理学院从事博士后研究期间，与笔者合作完成多篇区域经济相关的论文，其中包括发表在《社会科学辑刊》上的论文——《构建东北全面振兴的经济地理新格局——基于"哈长沈大"一轴战略的思考》，这篇论文的研究成果也是本书的一个核心观点。王聪博士参与了第二篇内容的撰写和修改。耿瑞霞博士参与了第一篇内容的写作。钟晓萍博士参与了第十章内容的研究和写作。此外，还有多位研究生和本科生参与了本书写作过程中的资料收集和数据整理工作：张泽邦（清华大学）、张圣哲（清华大学）、尉煜桐（清华大学）、王拓（清华大学）、何哲逸（清华大学）、倪浩坤（香港中文大学）、张玲旋（南京大学）、徐曜平（对外经济贸易大学）、曹馨予（清华大学）、游新（清华大学）、胡珺祎（清华大学）、白剑羽（香港科技大学）、郭璐蕾（清华大学）、马畅（沈阳市人民政府驻北京办事处）等。在此一并感谢！

撰写本书的一个缘起是，笔者多次受邀参加中国东北振兴研究院组织的研讨会。通过多次参加研讨会，不断加深了笔者对于东北全面振兴的认识。在此，特别感谢第十四届全国政协经济委员会委员、辽宁省政协原主席夏德仁等领导、专家的真知灼见对于本书研究的启示。

清华大学国情研究院院长
清华大学公共管理学院教授、博士生导师
民生与健康政策研究中心主任

2024 年 12 月

目 录

国际比较篇

战略分析篇

总体
评价篇

第一章
中国区域政策回顾

　　新中国成立以来，中国总体发展的历程伴随着不同发展阶段区域发展战略的不断调整。这个调整过程既有外部原因的影响，也是中国自身发展的客观需求，是两者共同作用的结果。基于不同阶段的发展理念，区域划分、战略布局、资源配置方式以及区域发展差距在不同时期均呈现出显著的阶段性差异（如表 1-1 所示）。总体而言，从中国开始实行计划经济体制（1953 年开始实施五年计划）以来，中国区域发展战略和经济地理格局演化可以划分为四个主要阶段，分别为改革时期的区域均衡发展阶段（1953—1978 年）、效率优先时期（1979—1998 年）、区域平衡发展时期（1999—2013 年）和区域协调发展阶段（2014 年至今），对应中国经济地理的四个版本。以下通过一个政治经济学的分析框架阐述中国区域发展战略和经济地理演化的内在逻辑。①

表 1-1　新中国成立以来中国区域发展战略的演变

	1.0 版本	2.0 版本	3.0 版本	4.0 版本
区域发展理念	区域均衡发展（1953—1978 年）	效率优先，不平衡发展，优先开放东部地区（1979—1998 年）	区域平衡发展、缩小地区差距，共同富裕（1999—2013 年）	区域协调发展、共享发展、共同富裕、国内国际双循环（2014 年至今）

---

① 胡鞍钢、周绍杰、鲁钰锋、地力夏提·吾布力：《重塑中国经济地理：从 1.0 版到 4.0 版》，《经济地理》2015 年第 12 期。

	1.0 版本	2.0 版本	3.0 版本	4.0 版本
区域划分	沿海、内地；一线、二线、三线	东部、中部、西部	东部、中部、西部、东北	东部、中部、西部、东北
战略布局	重点布局、中西部为重点、"三线建设"、自成体系	经济特区、沿海港口城市、加快沿海地区发展战略	西部大开发、中部崛起、东北振兴、主体功能区战略	区域协调发展战略＋六大区域重大战略（京津冀协同发展、长江经济带发展、粤港澳大湾区建设、长三角一体化发展、黄河流域生态保护和高质量发展、成渝双城经济圈）＋主体功能区战略、新型城镇化战略
资源配置机制	主要依靠计划配置，命令经济	引入市场机制，建立社会主义市场经济体制，积极吸引外资	完善社会主义市场经济体制，加快要素自由流动，鼓励"走出去"	市场配置起决定性作用，更大范围促进要素自由流动，世界范围内投资
区域发展差距	经济差距拉大，公共服务差距缩小	经济差距先趋同、后趋异，公共服务趋同	经济差距缩小，公共服务均等化并趋同，社会保障覆盖面扩大	三大差距基本趋同，社会保障覆盖全民

第一节　中国经济地理 1.0 版本：1953—1978 年[①]

　　在计划经济年代，国家计划成为塑造中国经济地理的决定性因素，而国家计划又受当时发展的外部安全条件、经济发展初始条件和相对应的国家领导人战略判断的影响。从外部条件来看，台海局势是新中国建立初期的现实安全威胁，美国的封锁和禁运也加剧了中国的经济困难。特别是，当时中国外交的"一边倒"政策是基于国际环境的现实选择。从初始条件来看，新政权在新中国成立初期接管的是被战争摧毁的经济，资源极度缺乏，人力资本

[①] 胡鞍钢、周绍杰、鲁钰锋、地力夏提·吾布力：《重塑中国经济地理：从 1.0 版到 4.0 版》，《经济地理》2015 年第 12 期。

极度低下，70% 的工业地理布局位于沿海地区，只有 30% 的工业位于内陆地区。诚如毛泽东所言，"这是历史上形成的一种不合理的状况。"[1] 这些因素也成为毛泽东提出均衡发展战略的基础，逐步形成了中国地区发展战略的 1.0 版本。

总体而言，1.0 版本对应了中国计划经济体制之下的工业化发展，主要包括在苏联援助下实施的"一五"计划（1953—1957 年）和 20 世纪 60 年代中期开始实施的三线建设。其中，"一五"计划实施 156 个工业项目以及其他大中型项目，其主要地理分布是资源富集以及工业基础较好的东北和中西部地区，这就开始改变了中国现代工业布局和基础设施布局，为中西部地区的工业化奠定基础。客观地讲，156 个工业项目未能在沿海地区安排，是受到当时台海局势的深刻影响。在这种条件下，即使是上海这样工业基础较好的地方也没有安排重大项目，还要支持中西部地区的工业发展。同时，这一安排也体现了计划经济时代的区域均衡发展战略。1956 年 4 月，毛泽东在《论十大关系》中阐释了这一思想："为了平衡工业发展的布局，内地工业必须大力发展。""好好地利用和发展沿海的工业老底子，可以使我们更有力量来发展和支持内地工业。""必须更多地利用和发展沿海工业，特别是轻工业。"[2]

在沿海和内地工业化均衡发展的战略基础上，这一时期也强调发展工业集聚区，强调工业集聚区与周边地区的协作功能，在此基础上逐渐形成经济区。例如，以沈阳为中心的东北地区，以西安、兰州为中心的西北地区，以天津为中心的华北地区，以武汉为中心的中南地区，以广州为中心的华南地区，以重庆为中心的西南地区等协作区域。后来，这些中心城市都成为各大区域的经济要素集聚区、经济增长极、工业化基地。这一时期总体没有偏离沿海和内地均衡发展的战略。

这一战略随着 20 世纪 60 年代中期开始的三线建设进一步得到了强化。

---

[1] 毛泽东：《毛泽东文集（第七卷）》，人民出版社 1999 年版，第 25 页。
[2] 毛泽东：《毛泽东文集（第七卷）》，人民出版社 1999 年版，第 25—26 页。

与"一五"计划相似，三线建设的提出是基于当时的外部安全环境，包括中苏交恶以及美国在中国东南沿海的军事威胁。由于三线建设初期的很多项目是从一线和二线地区搬迁的项目，三线建设的实施结果更加推动了中西部工业化的发展，涉及中西部 13 个省区。然而，基于备战思维，大部分项目的选址远离城市，导致了工业项目地理分布的分散化，在一定程度上偏离了 1957年所提出的地区工业集聚区的思路。总体而言，地区发展战略的 1.0 版本是在计划经济背景下制定和实施的，是计划经济体制的一部分，直接服务于中国的国家工业化战略。相对于沿海地区而言，中西部地区和东北地区的工业化获得了更大的发展，这也是当时国家领导人根据国际形势做出的战略选择和布局。

在 1.0 版本中，中国经济地理的密度、距离和分割基本上有如下特征：从密度来看，人口密度和经济密度随着人口规模和经济总量的增长有所提高，但是没有出现明显的集聚现象。特别是，中国于 1958 年实行了户籍制度，既限制了城乡之间的人口自由流动，也限制了各地区人口和劳动力的自由流动。在这一时期，除了"大跃进"之外，城镇化率没有明显提升，城市人口规模的增长主要是人口自然增长的结果。从距离来看，交通基础设施的发展在一定程度上降低了距离对区域经济的负面影响，但是，交通基础设施始终是这个阶段的瓶颈部分。从分割来讲，受制于计划经济体制，经济要素的配置完全是计划的产物，形成了"制度性"的分割。从地区发展差距来看，1953—1978 年期间，按不变价格计算的各地区人均地区生产总值相对差异系数是上升的。显然，这一时期均衡发展战略的实际效果"事与愿违"，归结起来就是劳动力和资本的配置完全从属于计划经济体制，虽然在一定程度上推动了中西部的工业化发展，但是由于不能依照效率的原则进行配置，在中国经济发展水平比较低的条件下，必然的结果就是阻碍了中国工业化的整体发展。

第二节　中国经济地理2.0版本：1979—1998年 [1]

在经历了近30年的计划经济体制之后，随着中国所面临的安全环境的极大改善，中国开始实行改革开放政策，地区发展开始转向基于"效率优先"的战略，并期望实现先富地区带动后富地区，形成了中国经济地理2.0版本的区域发展战略。这一战略布局是以邓小平同志为核心的党的第二代中央领导集体实施改革开放政策的重要内容，先后设立4个经济特区、开放14个沿海港口城市、建立4大沿海经济开放区（长江三角洲、珠江三角洲、闽南三角区、环渤海开放区）以及设立上海浦东新区和天津滨海新区，逐步建立全方位的对外开放格局。通过直接参与国际经济，有效地实行外向型经济，积极吸引外国直接投资，直接采用国际先进技术，充分发挥比较优势，东部沿海地区经济快速增长。

2.0版本的区域发展战略以率先开发东部地区为导向，完全不同于以内陆地区为主的1.0版本，是典型的地区不平衡发展战略。1988年，邓小平所提出的"两个大局"战略思想是对这一战略的最好概括："沿海地区要加快对外开放，使这个拥有两亿人口的广大地带较快地先发展起来，从而带动内地更好地发展，这是一个事关大局的问题。" [2] 对此，世界银行《2009年世界发展报告：重塑世界经济地理》也给予了高度评价："研究一切成功发展者的经验均对邓小平的'先富论'的远见予以证明和支持，发展中世界的领袖，甚至少数备受赞誉的英明领袖都对邓小平的博大智慧困惑不解，但是邓小平的见解仍然闪烁着真理的光芒。" [3]

2.0版本的区域发展战略与中国改革开放政策相辅相成，对外开放因素成

---

① 胡鞍钢、周绍杰、鲁钰锋、地力夏提·吾布力：《重塑中国经济地理：从1.0版到4.0版》，《经济地理》2015年第12期。

② 邓小平：《邓小平文选（第三卷）》，人民出版社1993年版，第277—278页。

③ 世界银行：《2009年世界发展报告：重塑世界经济地理》，胡光宇等译，清华大学出版社2009年版，第97—119页。

为降低中国与世界经济分割的因素，而致力于建立市场经济体制的改革在逐步消除对国内区域要素流动的限制，降低了区域间的经济分割，提高了资源的区域配置效率。与此同时，经济密度和人口密度得到了显著提升。从经济密度来看，珠江三角洲、长江三角洲以及京津冀地区成为中国的地区性经济增长极和世界的贸易集聚区。[1] 相应地，反映了人口集聚的城市化率开始提升，东部沿海地区成为人口集聚区。[2] 此外，随着基础设施（特别是交通基础设施）的较快发展，经济发达地区对周边和沿线地区的辐射能力提高，距离对于经济发展的制约在一定程度上得到了降低。

总体而言，在这个阶段随着经济发展、城镇化进程的加快以及基础设施的改进，中国经济地理的密度得到了提高，距离的藩篱进一步降低。在区域发展战略 2.0 版实施的过程中，中国在逐步建立全方位对外开放格局的同时，成功地实现了由计划经济体制向市场经济体制的过渡，创造了中国增长奇迹。在市场经济的条件下，随着非公有制经济的发展以及劳动力市场的演变，资本和劳动的配置更加遵循效率原则，东部沿海地区对外开放的区位优势得到了放大。相对于 1.0 版本，这一时期东部地区获得了更快的增长，总体的地区差距出现了先下降（1978—1990 年），后明显上升（1991—1998 年）的趋势。

---

① 例如，14 个沿海港口城市充分利用了先发优势，迅速成为世界大港口，到 2014 年有 6 个港口进入世界前 10 大港口（宁波北仑港居第 1 位，上海港居第 2 位，天津港居第 4 位，广州港居第 6 位，青岛港居第 8 位，大连港居第 10 位）。

② 例如，广东省总人口从 1978 年的 5064 万人，上升至 2014 年的 10724 万人，增加了 5660 万人，人口密度提高了 112%，相当于世界总人口排第 13 位的菲律宾（10767 万人）；广东省按汇率法计算的经济总量超过了 1 万亿美元，按购买力平价方法计算的经济总量已经达到 1.88 万亿美元，高于在世界排位第 17 位的韩国（1.78 万亿美元），经济密度提高了几十倍。相关数据来源：CIA, https://www.cia.gov/library/publications/the-world-factbook/ran korder/2001rank.html。

第三节 中国经济地理 3.0 版本：1999—2014 年 [①]

1990 年之后，尽管全国各地区仍然保持着高增长，但是地区发展差距迅速拉大。[②] 各地区人均地区生产总值差异系数从 1990 年最低点的 45.87% 上升至 2004 年的 62.11%。造成这一时期地区发展差距扩大的原因众多，例如，中央政府的地区倾斜政策和地理因素，即中央政府对东部地区的优先投资是中西部地区落后于东部地区的根源，同时中西部不利的地理条件也限制了这些地区的发展 [③]；地区经济发展差距在这一时期的扩大是前期违背比较优势发展战略的结果 [④]；地区间所有制结构的差异，即初始的国有比重越高，则后续年份的平均增长率越低 [⑤]；国内市场一体化水平较低，并且滞后于对外的一体化水平，这使得制造业集中于东部沿海地区，无法向中部地区转移，推动了地区差距不断扩大 [⑥]。

基于地区差距逐渐扩大的现实，党中央考虑在继续支持沿海地区加快发展的同时，逐步调整区域发展战略。1995 年制订的"九五"计划首次提出"坚持区域经济协调发展，逐步缩小地区发展差距" [⑦]。江泽民专门提出正确处理东部地区和西部地区的关系问题，认为要用历史的辩证的观点认识和处理地区差距问题：一是要看到各地区发展不平衡是一个长期的历史现象，二是要高度重视和采取有效措施正确解决地区差距问题，三是解决地区差距问题需要

[①] 胡鞍钢、周绍杰、鲁钰锋、地力夏提·吾布力：《重塑中国经济地理：从 1.0 版到 4.0 版》，《经济地理》2015 年第 12 期。

[②] 王绍光、胡鞍钢：《中国：不平衡发展的政治经济学》，中国计划出版社 1999 年版，第 55 页。

[③] B. Fleisher，J. Chen. "The Coast-Noncoast Income Gap, Productivity, and Regional Economic Policy in China", Journal of Comparative Economics, Vol.25, No.2, 1997, pp.220–236.

[④] 林毅夫、刘培林：《中国的经济发展战略与地区收入差距》，经济研究 2003 年第 3 期。

[⑤] 刘瑞明：《所有制结构、增长差异与地区差距：历史因素影响了增长轨迹吗？》，《经济研究》2011 年第 2 期。

[⑥] 范剑勇：《市场一体化、地区专业化与产业集聚趋势——兼谈对地区差距的影响》，《中国社会科学》2004 年第 6 期。

[⑦]《中共中央关于制定国民经济和社会发展"九五"计划和 2010 年远景目标的建议》，1995 年 9 月 28 日。

一个过程。应该把缩小地区差距作为一条长期坚持的重要方针。[①] 从某种意义上讲，这是中国区域战略 3.0 版本的萌芽期。1999 年 6 月，江泽民正式提出实施西部大开发战略，开始了中国区域发展战略的 3.0 版本。这一区域发展战略是对邓小平"两个大局"战略思想的继承，即通过带动和支持中西部地区发展，最终实现各地区共同繁荣、共同富裕。

3.0 版本的区域发展战略分别体现在国家的"十五"计划、"十一五"规划和"十二五"规划纲要之中。首先，"十五"计划提出了西部大开发战略。其次，"十一五"规划明确提出了实施区域发展总体战略，包括四大板块：推进西部大开发，振兴东北地区老工业基地，促进中部地区崛起，鼓励东部地区率先发展。[②] 再有，"十二五"规划对区域发展布局进行了升级：再次强调了四大板块[③]；遵循经济社会发展规律和自然规律，立足我国国土空间的自然状况，首次制定了《全国主体功能区规划》[④]。上述规划共同构成了第三次覆盖全国各地的重塑经济地理战略。

特别需要指出的是，主体功能区战略的提出已经超越了世界银行所提出的重塑世界经济地理的框架，它在三维（密度、距离、分割）分析框架的基础上，又增加了极为重要的一维，即自然环境约束（或承载力）。特别是根据中国基本国情，充分考虑了自然环境、地理条件等因素，这是中国的一个创新。主体功能区战略把国土空间的开发分为四大功能区，把人口和经济对资源环境的承载力纳入到国土空间开发之中，并特别强调了基本公共服务均等化，更具有包容性和共享性。

总体而言，在这一阶段，我国的区域发展战略不断走向成熟，在重塑经济地理的过程中，在充分利用"市场之手"提高要素的配置效率的同时，加

---

① 江泽民：《江泽民文选（第一卷）》，人民出版社 2006 年版，第 466 页。

② 马凯：《〈中华人民共和国国民经济和社会发展第十一个五年规划纲要〉辅导读本》，北京科学技术出版社 2006 年版，第 36 页。

③《中华人民共和国国民经济与社会发展第十二个五年规划纲要》，人民出版社 2011 年版，第 42—44 页。

④《国务院关于印发全国主体功能区规划的通知》，中国政府网 2011 年 6 月 8 日。https://www.gov.cn/zhengce/content/2011-06/08/content_1441.htm。

强了"规划之手"的宏观导向功能，形成了东北、东部、中部和西部四大经济板块，其主导思想是区域经济平衡发展，致力于缩小地区差距。随着市场经济体制的不断完善以及中国加入世界贸易组织（WTO），人口和经济密度伴随城镇化的快速发展进一步显著提升。从人口密度来看，它主要受劳动力迁移影响。劳动力流动的主要方向是从中西部地区向沿海地区迁移、农村向城市迁移，形成了世界最大规模的国内移民。[①] 与此同时，经济密度随着城镇化率的大幅攀升和经济持续高速增长实现了显著提升。

　　这一期间，交通（铁路、公路、港口）、通信和能源基础设施获得了较大发展，在推动经济持续高速增长的同时，进一步减弱了距离因素的制约。随着中国参与世界经济的程度不断加深（特别是2001年加入WTO以后）、国内市场一体化程度的提高以及城乡统筹发展的深入落实，分割的问题也随之进一步得到解决。从地区差距来讲，在2004年达到最高峰，之后开始明显下降，到2014年已经低于1990年水平。这一成就的取得快于预期。例如，党的十六大报告明确提出，到2020年中国地区差距扩大趋势将得到逐步扭转。而事实上，地区差距在2004年达到1982年以来的最高点之后，出现了稳步下降（如图1-1所示）。从这个意义上讲，中国区域发展战略3.0版本取得了预期的成果，即缩小地区间的发展差距，实现地区间的平衡发展；与此同时，实现了密度、距离和分割三者的同时改善。这给我们的启示是，在国家规划的"有形之手"的引导下，市场作为资源配置的"无形之手"并不必然导致地区差距拉大。如果把形成合理的经济地理格局作为发展目标，区域经济发展战略的功能必不可少，它可以充分利用国家发展规划的导向性功能，通过市场机制更加有效地配置经济要素，进而实现各个地区的共赢发展。

　　从新中国成立以来三个版本的区域发展战略的实施来看，中国区域发展战略取得了预期的成果，这也证明了区域发展战略的有效性。此外，区域发展战略也是国家发展的必要制度安排，可以充分发挥中国作为大国的规模优

[①] 从2000年到2014年期间，全国城镇人口从4.59亿人增长至7.49亿人，净增加了2.90亿人。若扣除城镇人口自然增长，农村向城市的移民人口达到2.7亿—2.8亿人，平均每年1900万—2000万人。

势，具体体现为国内市场规模巨大、应对外部冲击能力强、公共产品提供的平均成本低以及再分配机制的有效实施。这种规模优势将随着中国城镇化水平的不断提高进一步重塑中国经济地理。在中国区域发展演化的过程中，城市化的发展进一步推进城市聚集区的形成，不仅使得原有处于发育阶段的城市集聚区进一步形成，也使得原有城市密集区之间通过空间拓展出现空间衔接，并形成地域范围更大的城市连绵带。[1]特别是，国家主导的区域发展战略在实施过程中不断加强交通基础设施建设，对推动区域经济一体化发挥了基础性的作用，促进了省际贸易，进而促进了地区间的经济分工。[2]

1952 年以来中国省域间人均地区生产总值相对差异系数见图 1-1。

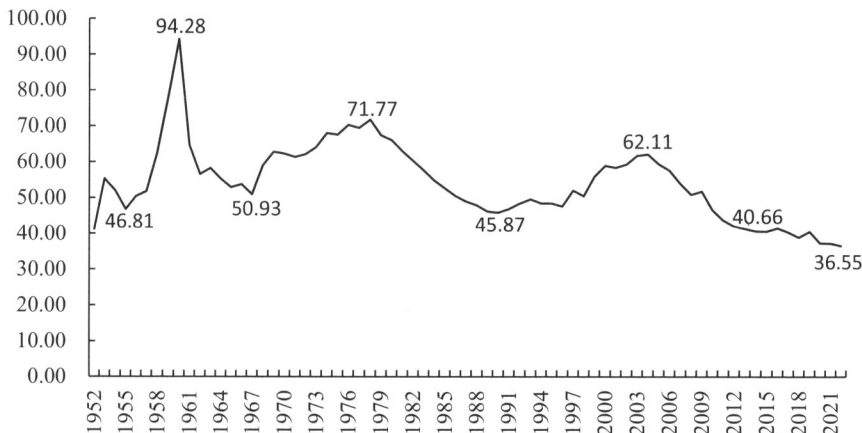

图 1-1　1952 年以来中国省域间人均地区生产总值相对差异系数[3]
资料来源：作者根据国家统计局公布的各省人均地区生产总值数据计算。

第四节　重塑中国经济地理：4.0 版

党的十八大以来，习近平总书记高度重视区域协调发展，为实现高质量

---

[1] 顾朝林、庞海峰：《中国城市集聚区的演化过程》，《城市问题》2007 年第 9 期。

[2] 刘生龙、胡鞍钢：《交通基础设施与中国区域经济一体化》，《经济研究》2011 年第 3 期。

[3] 注：按各地区不变价格计算。

区域协调发展，在四大板块的基础上谋篇布局，提出并实施了京津冀协同发展、长江经济带发展、粤港澳大湾区建设、长三角一体化发展、黄河流域生态保护和高质量发展等一系列具有全局性意义的区域重大战略，进一步支持了东部率先发展、西部大开发、中部崛起及东北振兴的四大板块战略布局。与此同时，主体功能区战略指明了区域的主体功能、发展重点和方位，强调了地区的区位优势与比较优势。在实施区域协调发展总体战略的同时，以区域重大战略为引领，以主体功能区战略为统筹，逐步推动四大板块政策体系与区域重大战略的深度融合，成为重塑中国经济地理的重要驱动力量。4.0 版本的区域发展战略不仅涵盖了 3.0 版本所体现的平衡发展战略，更重要的是它强调经济板块间的相互协调发展。[1]

因此，在 3.0 版本的基础上，中国经济地理正逐步形成以沿海沿江经济支撑带、四大板块、主体功能区交织覆盖的区域网络，将充分提高区域经济的协调发展水平。从地区发展差距来看，2014 年以来，按不变价格计算的各地区人均地区生产总值相对差异系数稳步下降，至 2022 年，各地区人均地区生产总值差异系数已经低于 1952 年的水平，达到新中国成立以来最低水平（如图 1-1 所示）。

一、区域协调发展战略

中国经济地理 4.0 版本是基于原有区域平衡发展战略的升级。2013 年 12 月，中央经济工作会议指出"积极促进区域协调发展"是 2014 年经济工作的主要任务之一。[2]2017 年，党的十九大报告首次提出要"实施区域协调发展战略"，明确"强化举措推进西部大开发形成新格局，深化改革加快东北等老工业基地振兴，发挥优势推动中部地区崛起，创新引领率先实现东部地区优化

---

[1] 胡鞍钢、周绍杰、鲁钰锋、地力夏提·吾布力：《重塑中国经济地理：从 1.0 版到 4.0 版》，《经济地理》2015 年第 12 期。

[2] 《中央经济工作会议举行 习近平、李克强作重要讲话》，新华社 2013 年 12 月 13 日。

发展，建立更加有效的区域协调发展新机制"的部署。①2018 年 11 月，中共中央、国务院正式发布《关于建立更加有效的区域协调发展新机制的意见》②，逐步完备区域协调发展战略的配套制度与框架。2022 年 10 月，党的二十大报告将促进区域协调发展作为加快构建新发展格局、着力推动高质量发展的重要战略举措，强调要深入实施区域协调发展战略、区域重大战略、主体功能区战略、新型城镇化战略，优化重大生产力布局，构建优势互补、高质量发展的区域经济布局和国土空间体系，为新时代新征程进一步推动我国区域协调发展提供了根本遵循和行动指南。③2024 年 7 月，党的二十届三中全会也进一步提出要完善实施区域协调发展战略机制，"构建优势互补的区域经济布局和国土空间体系。健全推动西部大开发形成新格局、东北全面振兴取得新突破、中部地区加快崛起、东部地区加快推进现代化的制度和政策体系。推动京津冀、长三角、粤港澳大湾区等地区更好发挥高质量发展动力源作用，优化长江经济带发展、黄河流域生态保护和高质量发展机制。高标准高质量推进雄安新区建设。推动成渝地区双城经济圈建设走深走实"④。

二、区域重大战略

2014 年以来，习近平总书记亲自谋划、部署和推动了京津冀协同发展、长江经济带发展、粤港澳大湾区建设、长三角一体化发展、黄河流域生态保护和高质量发展、成渝地区双城经济圈等区域重大战略。⑤⑥区域重大战略是对党的十八大以来相继实施的若干区域发展战略的总结提升，为区域协调

---

① 《决胜全面建成小康社会夺取新时代中国特色社会主义伟大胜利——在中国共产党第十九次全国代表大会上的报告》，《人民日报》2017 年 10 月 28 日。

② 《中共中央　国务院关于建立更加有效的区域协调发展新机制的意见》，新华社 2018 年 11 月 29 日。

③ 习近平：《高举中国特色社会主义伟大旗帜　为全面建设社会主义现代化国家而团结奋斗——在中国共产党第二十次全国代表大会上的报告》，《人民日报》2022 年 10 月 26 日。

④ 《中国共产党第二十届中央委员会第三次全体会议公报》，新华社 2024 年 7 月 18 日。

⑤ 魏后凯：《促进区域协调发展的战略抉择与政策重构》，《技术经济》2023 年第 1 期。

⑥ 谢地、齐向炜：《实施区域重大战略构建经济高质量发展新的空间格局》，《政治经济学评论》2023 年第 3 期。

发展战略实施和主体功能区战略实施提供物质基础和动力支撑。[①]2022 年 10 月，习近平总书记在中国共产党第二十次全国代表大会上指出，要"推进京津冀协同发展、长江经济带发展、长三角一体化发展，推动黄河流域生态保护和高质量发展""推动成渝地区双城经济圈建设""推进粤港澳大湾区建设"[②]。

（一）京津冀协同发展战略

2013 年 8 月，习近平总书记在北戴河主持研究河北发展问题时，提出要推动京津冀协同发展；2014 年 2 月，习近平总书记在北京主持召开京津冀三地协同发展座谈会时指出，"京津冀协同发展意义重大，对这个问题的认识要上升到国家战略层面"[③]。2015 年 4 月，《京津冀协同发展规划纲要》审议通过，京津冀协同发展进入全面实施、加快推进的新阶段。[④]2019 年 1 月，习近平总书记在北京主持召开京津冀协同发展座谈会，并对新阶段京津冀协同发展作出战略部署。2023 年 5 月，习近平总书记在河北主持召开深入推进京津冀协同发展座谈会，并对京津冀协同发展明确提出了新定位，即"努力使京津冀成为中国式现代化建设的先行区、示范区"，赋予京津冀新的重要使命。[⑤]

（二）长江经济带发展战略

2014 年 5 月，习近平总书记在上海考察时指出，要"继续完善长三角地区合作协调机制""努力促进长三角地区率先发展、一体化发展"。[⑥]2014 年 9 月，国务院出台了《关于依托黄金水道推动长江经济带发展的指导意见》，并于当

---

① 高国力：《加强区域重大战略、区域协调发展战略、主体功能区战略协同实施》，《人民论坛·学术前沿》2021 年第 14 期。

② 习近平：《高举中国特色社会主义伟大旗帜 为全面建设社会主义现代化国家而团结奋斗——在中国共产党第二十次全国代表大会上的报告》，《人民日报》2022 年 10 月 26 日。

③ 《优势互补互利共赢扎实推进 努力实现京津冀一体化发展》，《人民日报》2014 年 2 月 28 日。

④ 《京津冀协同迈向中国式现代化新征程》，求是网 2024 年 3 月 1 日。http://www.qstheory.cn/dukan/qs/2024-03-01/c_1130082943.htm。

⑤ 李国平、吕爽：《京津冀协同发展战略实施十年回顾及展望》，《河北学刊》2024 年第 1 期。

⑥ 《习近平总书记谋划推动长三角一体化发展纪事》，新华社 2023 年 12 月 1 日。

年成立国家推动长江经济带发展领导小组[①]，此后，长江沿线各省市相继成立推动长江经济带发展领导小组。2014 年 12 月，中央经济工作会议明确要重点实施包括长江经济带发展在内的三大战略，要"完善区域政策，促进各地区协调发展、协同发展、共同发展"[②]。2016 年 9 月，《长江经济带发展规划纲要》正式印发，确立长江经济带"一轴、两翼、三极、多点"的发展新格局。[③] 2023 年 10 月，习近平总书记主持召开进一步推动长江经济带高质量发展座谈会，强调"进一步推动长江经济带高质量发展，更好支撑和服务中国式现代化"[④]。

（三）粤港澳大湾区建设

2015 年，国家发改委、外交部、商务部联合发布的《推动共建丝绸之路经济带和 21 世纪海上丝绸之路的愿景与行动》提出"充分发挥深圳前海、广州南沙、珠海横琴、福建平潭等开放合作区作用，深化与港澳台合作，打造粤港澳大湾区"[⑤]，由此，"打造粤港澳大湾区"首次出现在中央文件里。2016 年 3 月，国家"十三五"规划再次提出"推动粤港澳大湾区和跨省区重大合作平台建设"，强调"携手港澳共同打造粤港澳大湾区，建设世界级城市群"。[⑥] 2017 年 3 月，国务院政府工作报告中又一次提及粤港澳大湾区，提出"要推动内地与港澳深化合作，研究制定粤港澳大湾区城市群发展规划，发挥港澳独特优势，提升在国家经济发展和对外开放中的地位与功能"[⑦]。2017 年 7 月，《深化粤港澳合作推进大湾区建设框架协议》正式签署，同年粤港澳大湾

[①] 吴传清、黄磊：《长江经济带绿色发展的难点与推进路径研究》，《南开学报（哲学社会科学版）》2017 年第 3 期。

[②]《中央经济工作会议在北京举行　习近平、李克强作重要讲话》，新华社 2014 年 12 月 11 日。

[③]《〈长江经济带发展规划纲要〉正式印发　确立"一轴两翼三极多点"新格局》，《四川日报》2016 年 9 月 12 日。

[④]《习近平主持召开进一步推动长江经济带高质量发展座谈会强调：进一步推动长江经济带高质量发展　更好支撑和服务中国式现代化》，新华社 2023 年 10 月 12 日。

[⑤]《推动共建丝绸之路经济带和 21 世纪海上丝绸之路的愿景与行动》，新华社 2015 年 3 月 28 日。

[⑥]《中华人民共和国国民经济和社会发展第十三个五年规划纲要》，新华社 2016 年 3 月 17 日。

[⑦]《政府工作报告——2017 年 3 月 5 日在第十二届全国人民代表大会第五次会议上》，新华社 2017 年 3 月 16 日。

区建设写入党的十九大报告。2018 年 8 月 15 日，粤港澳大湾区建设工作领导小组成立，随后珠三角 9 市及其所辖区县也分别成立推进粤港澳大湾区建设工作领导小组。2019 年 2 月，中共中央、国务院正式对外印发《粤港澳大湾区发展规划纲要》。①

（四）长三角一体化发展

2008 年，国务院发布了《关于进一步推进长江三角洲地区改革开放和经济社会发展的指导意见》，充分阐述了进一步推进长江三角洲地区改革开放和经济社会发展的重要意义、总体要求、主要原则和发展目标。②为贯彻落实《国务院关于进一步推进长江三角洲地区改革开放和经济社会发展的指导意见》，2010 年，国务院正式批准《长江三角洲地区区域规划》。③2014 年，国务院发布《关于依托黄金水道推动长江经济带发展的指导意见》，明确长江经济带覆盖上海、江苏、浙江、安徽、江西、湖北、湖南、重庆、四川、云南、贵州等 11 省市，并发布《长江经济带综合立体交通走廊规划（2014—2020 年）》。④《国务院关于进一步推进长江三角洲地区改革开放和经济社会发展的指导意见》明确长江三角洲城市群范围横跨我国东部和中部地区，标志着长三角一体化进入国家战略时期，成为国家对内引领经济发展和对外面向世界的重要战略。⑤2016 年，《长江三角洲城市群发展规划》指出，长三角城市群的规划目标是建成具有全球影响力

---

① 刘云刚、张吉星、王丰龙：《粤港澳大湾区协同发展中的尺度陷阱》，《地理科学进展》2022 年第 9 期。

② 《国务院关于进一步推进长江三角洲地区改革开放和经济社会发展的指导意见》，中国政府网 2008 年 9 月 16 日。https://www.gov.cn/zhengce/zhengceku/2008-09/16/content_1715.htm。

③ 《国务院正式批准实施〈长江三角洲地区区域规划〉》，中国政府网 2010 年 5 月 24 日。https://www.gov.cn/gzdt/2010-05/24/content_1612730.htm。

④ 《国务院关于依托黄金水道推动长江经济带发展的指导意见》，中国政府网 2014 年 9 月 25 日。https://www.gov.cn/gongbao/content/2014/content_2758494.htm。

⑤ 杨洋、杨翼昂、夏敏：《长三角一体化：文献述评与研究展望》，《研究与发展管理》2023 年第 2 期。

的世界级城市群。①

2018 年，在首届中国进口博览会上，习近平总书记正式宣布"支持长江三角洲区域一体化发展并上升为国家战略"②。2019 年，第十三届全国人民代表大会第二次会议《政府工作报告》进一步指出"将长三角区域一体化发展上升为国家战略，编制实施发展规划纲要""长江经济带发展要坚持上中下游协同，加强生态保护修复和综合交通运输体系建设，打造高质量发展经济带"。③

（五）黄河流域生态保护与高质量发展战略

在四大板块区域战略中，黄河流域中上游五省（区）被纳入西部大开发战略，河南省和山西省被纳入中部崛起战略，山东省被纳入东部率先发展战略，落实相应的区域政策。可以发现，在党的十八大以前的国家区域发展战略中，黄河流域始终没有作为一个完整的独立区域成为国家统筹协调区域发展的重要战略板块。④

党的十八大以来，习近平总书记走遍黄河上中下游 9 个省（区），发表系列重要讲话，对黄河流域的未来发展深谋远虑。围绕黄河流域生态保护和高质量发展这一重大国家战略，2019 年 9 月，习近平总书记在河南主持召开黄河流域生态保护和高质量发展座谈会；2020 年 6 月，习近平总书记考察宁夏时强调"要把保障黄河长治久安作为重中之重"；2021 年 10 月，习近平总书记在山东省考察时指出"要科学分析当前黄河流域生态保护和高质量发展形势"⑤；2024 年 9 月，习近平总书记在甘肃兰州主持召开全面推动黄河流域生态保护和高质量发展座谈会，强调"构建优势互补的区域经济布局和国土

---

① 《国家发展改革委　住房城乡建设部关于印发长江三角洲城市群发展规划的通知》，中国政府网 2016 年 6 月 3 日。https://www.gov.cn/xinwen/2016-06/03/content_5079264.htm。

② 《习近平出席首届中国国际进口博览会开幕式并发表主旨演讲》，新华社 2018 年 11 月 5 日。

③ 《政府工作报告——2019 年 3 月 5 日在第十三届全国人民代表大会第二次会议上》，新华社 2019 年 3 月 16 日。

④ 金凤君等：《黄河流域战略地位演变与高质量发展方向》，《兰州大学学报（社会科学版）》2022 年第 1 期。

⑤ 《"让黄河成为造福人民的幸福河"——习近平总书记引领推动黄河流域生态保护和高质量发展纪实》，新华社 2024 年 9 月 15 日。

空间体系，特大城市要走内涵式发展之路，沿黄城市群要提升人口集聚和产业协作能力"[1]。与此同时，一系列制度规划、纲领性文件、法律法规先后出台，《黄河流域生态保护和高质量发展规划纲要》《黄河流域生态环境保护规划》《中华人民共和国黄河保护法》等为黄河流域生态保护和高质量发展提供了有力保障。

（六）成渝地区双城经济圈

2011年4月，《成渝经济区区域规划》要求将"成渝经济区建设成为西部地区重要的经济中心、全国重要的现代产业基地、深化内陆开放的试验区、统筹城乡发展的示范区和长江上游生态安全的保障区，在带动西部地区发展和促进全国区域协调发展中发挥更重要的作用"[2]。2016年，国务院《关于成渝城市群发展规划的批复》明确要求成渝城市群"以建设具有国际竞争力的国家级城市群为目标，全面融入'一带一路'和长江经济带建设，打造新的经济增长极；以强化核心城市辐射带动作用和培育发展中小城市为着力点，加快推进新型城镇化，优化城镇体系，促进大中小城市和小城镇协调发展"[3]。2019年3月31日，国家发展和改革委员会在《2019年新型城镇化建设重点任务》中明确提出："扎实开展成渝城市群发展规划实施情况跟踪评估，研究提出支持成渝城市群高质量发展的政策举措，培育形成新的重要增长极。"[4]

2020年1月，习近平总书记在中央财经委员会第六次会议上首次提出推动成渝地区双城经济圈建设，并于同年10月主持召开中央政治局会议审议

---

[1]《习近平主持召开全面推动黄河流域生态保护和高质量发展座谈会强调：以进一步全面深化改革为动力 开创黄河流域生态保护和高质量发展新局面》，新华社2024年9月12日。

[2]《国家发展改革委关于印发成渝经济区区域规划的通知》，中国政府网2011年6月2日。https://www.gov.cn/zwgk/2011-06/02/content_1875769.htm。

[3]《国务院关于成渝城市群发展规划的批复》，中国政府网2016年4月15日。http://www.gov.cn/zhengce/content/2016-04/15/content_5064431.htm。

[4]《国家发展改革委关于印发〈2019年新型城镇化建设重点任务〉的通知》，中国政府网2019年4月8日。https://www.gov.cn/guowuyuan/2019-04/08/content_5380457.htm。

《成渝地区双城经济圈建设规划纲要》，赋予成渝地区带动全国高质量发展的重要增长极和新的动力源以及具有全国影响力的重要经济中心、科技创新中心、改革开放新高地、高品质生活宜居地"一极两中心两地"战略定位。[①] 此后，中共中央、国务院批复《成渝地区双城经济圈建设规划纲要》。2023 年和2024 年，习近平总书记分别在四川与重庆考察，再次强调"建设成渝地区双城经济圈是党中央作出的重大战略决策"[②]。

三、主体功能区战略

党的十八大以后，主体功能区上升为国家战略和国土空间开发保护的基础制度。[③]2010 年，党的十七届五中全会提出"主体功能区战略"的概念[④]，同年国务院印发了《全国主体功能区规划》。2011 年，《中华人民共和国国民经济和社会发展第十二个五年规划纲要》对未来五年我国推进主体功能区建设的任务作了具体部署。[⑤]2012 年，党的十八大报告丰富了主体功能区战略的内涵，提出"加快实施主体功能区战略，推动各地区严格按照主体功能定位发展，构建科学合理的城市化格局、农业发展格局、生态安全格局"[⑥]。2013年，《中共中央关于全面深化改革若干重大问题的决定》中提出"坚定不移实施主体功能区制度，建立国土空间开发保护制度，严格按照主体功能区定位推动发展"[⑦]。2017 年 8 月，中央全面深化改革领导小组第三十八次会议指出"建设主体功能区是我国经济发展和生态环境保护的大战略"，要"完善主体功能区战略和制度"和"发挥主体功能区作为国土空间开发保护基础制度作

① 杨钒：《推动成渝地区双城经济圈加速融入新发展格局》，《宏观经济管理》2021 年第 5 期。
② 《成渝地区双城经济圈：西部高质量增长极加速崛起》，求是网 2024 年 6 月 13 日。http://www.qstheory.cn/laigao/ycjx/2024-06/13/c_1130162177.htm。
③ 陈东等：《主体功能区战略的实施评估与前景展望》，《中国科学院刊》2024 年第 4 期。
④ 《中国共产党第十七届中央委员会第五次全体会议公报》，新华社 2010 年 10 月 18 日。
⑤ 《中华人民共和国国民经济和社会发展第十二个五年规划纲要》，新华社 2011 年 3 月 16 日。
⑥ 胡锦涛：《坚定不移沿着中国特色社会主义道路前进　为全面建成小康社会而奋斗——在中国共产党第十八次全国代表大会上的报告》，新华社 2012 年 11 月 17 日。
⑦ 《中共中央关于全面深化改革若干重大问题的决定》，新华社 2013 年 11 月 15 日。

用"，并发布《关于完善主体功能区战略和制度的若干意见》。① 此后，《关于完善主体功能区战略和制度的若干意见》和《关于建立国土空间规划并监督实施的若干意见》也对完善适应主体功能区要求的配套政策、实现主体功能区战略和制度精准落地提出明确意见。②2022 年，主体功能区战略与区域协调发展战略、区域重大战略共同出现在党的二十大报告中，并指出要"健全主体功能区制度，优化国土空间发展格局"③。

四、新型城镇化战略

新型城镇化战略是我国促进城乡协调发展的核心战略。2014 年，国家首次制定了城镇化发展的专项规划，即《国家新型城镇化规划（2014—2020 年）》。④2020 年，党的十九届五中全会提出要"完善新型城镇化战略"⑤。2021 年，国民经济发展"十四五"规划纲要指出"要坚持走中国特色新型城镇化道路，深入推进以人为核心的新型城镇化战略"⑥。2022 年，国家发改委先后出台了《国家新型城镇化规划（2021—2035 年）》和《"十四五"新型城镇化实施方案》。习近平总书记在党的二十大报告中再次强调，要"推进以人为核心的新型城镇化，加快农业转移人口市民化；以城市群、都市圈为依托构建大中小城市协调发展格局；推进以县城为重要载体的城镇化建设"⑦。

---

① 《习近平主持召开中央全面深化改革领导小组第三十八次会议》，新华社 2017 年 8 月 29 日。

② 陈东等：《主体功能区战略的实施评估与前景展望》，《中国科学院院刊》2024 年第 4 期。

③ 习近平：《高举中国特色社会主义伟大旗帜　为全面建设社会主义现代化国家而团结奋斗——在中国共产党第二十次全国代表大会上的报告》，《人民日报》2022 年 10 月 26 日。

④ 《国家新型城镇化规划（2014—2020 年）》，新华社 2014 年 3 月 16 日。

⑤ 《中国共产党第十九届中央委员会第五次全体会议公报》，新华社 2010 年 10 月 18 日。

⑥ 《中华人民共和国国民经济和社会发展第十四个五年规划和 2035 年远景目标纲要》，新华社 2021 年 3 月 12 日。

⑦ 习近平：《高举中国特色社会主义伟大旗帜　为全面建设社会主义现代化国家而团结奋斗——在中国共产党第二十次全国代表大会上的报告》，《人民日报》2022 年 10 月 26 日。

五、区域协调发展新局面

新中国成立以来，我国先后经历了 1.0、2.0、3.0 和 4.0 四个版本的区域发展战略，塑造了不同发展时期的中国经济地理格局。特别是改革开放以来，随着中国市场化进程的发展，逐步形成了科学的区域发展总体战略布局，区域发展战略总体上得到了比较成功的实施，并初步实现了区域协调发展。区域协调发展战略、区域重大战略、主体功能区战略、新型城镇化战略的相互作用、相互促进、相互融合形成了区域发展战略的 4.0 版本，构成了我国区域未来发展的重要内容，成为塑造我国经济地理的大战略。4.0 版本的区域发展战略不仅是对前 3 个版本区域发展战略的继承，更重要的是它体现了在继承基础上的创新。在区域协调发展总战略的基础上，区域重大战略与四大区域板块交错互融，加强了东北、中部、西部、东部四大板块之间的联动协同，强化了各区域的主体功能和国土空间布局优化。

需要指出的是，一个版本的区域发展战略不是一蹴而就的。例如，2.0 版本历时 20 年、3.0 版本历时 15 年，才完成了从提出到成熟直至下一个版本的升级过程。这个过程也是区域发展政策不断调整的过程，体现了"干中学"的特征。同样地，4.0 版本也必将经历一个从"战略提出"到"政策实践""政策调整"和"政策成熟"的过程，以便应对国内外发展的新机遇和新挑战。①

---

① 胡鞍钢、周绍杰、鲁钰锋、地力夏提·吾布力：《重塑中国经济地理：从 1.0 版到 4.0 版》，《经济地理》2015 年第 12 期。

第二章

东北振兴 20 年：回顾与基本评估

东北地区是我国工业化起步较早、发展较快的地区，为建立新中国独立的工业经济体系、推动我国工业化和城市化进程做出了重要的历史贡献，被誉为"共和国长子"和新中国的"工业奠基地"。[①]改革开放以来，东北地区在全国的发展位势逐步下降，东北地区的发展也成为我国区域协调发展的重要方面。

第一节　政策回顾

一、东北振兴第一个十年（2003—2012 年）

东北振兴战略实施已有 20 年，国家对东北地区的政策支持力度不断加大。[②]2002 年 11 月，党的十六大报告首次提出"支持东北地区等老工业基地

[①] 王蒄、单菁菁、武占云：《"东北振兴"20 年：进展、问题及对策》，《区域经济评论》2024 年第 2 期。

[②] 周绍杰、薛婧：《构建东北全面振兴的经济地理新格局——基于"哈长沈大"一轴战略的思考》，《社会科学辑刊》2023 年第 6 期。

加快调整和改造"①。2003 年 8 月，时任国务院总理温家宝强调，加快东北等老工业基地调整、改造和振兴，最重要的是必须进一步解放思想，做到发展要有新思路，改革要有新突破，开放要有新局面，各项工作要有新举措。

2003 年 10 月，中共中央、国务院印发《关于实施东北地区等老工业基地振兴战略的若干意见》，提出了振兴东北地区等老工业基地的指导思想和原则，从全面加快体制创新和机制创新、推进工业结构优化升级、大力发展现代农业、加强基础设施建设等 10 个方面提出了推进东北老工业基地振兴的举措。该文件标志着振兴东北老工业基地战略正式启动，是指导东北振兴的纲领性文献，拉开了东北振兴的序幕。为实施东北地区等老工业基地振兴战略，2003 年 12 月，中央决定成立国务院振兴东北地区等老工业基地领导小组，温家宝总理担任组长，黄菊、曾培炎副总理担任副组长，国务院 25 个主要职能部门的负责人作为领导小组成员。2004 年 4 月，国务院正式成立了振兴东北地区等老工业基地办公室，具体实施东北振兴战略。

东北振兴战略提出以来，胡锦涛、温家宝等党和国家领导人先后对东北振兴作出多次指示。2004 年 5 月，胡锦涛赴吉林考察时指出，振兴东北老工业基地，关键是要大力促进观念创新和体制创新，引导广大干部群众牢固树立靠改革开放、靠市场机制、靠自力更生、靠艰苦创业实现振兴的观念，大力调整国有经济布局和结构，继续深化国有企业改革，放手发展非公有制经济，切实转变政府职能，充分发挥市场在资源配置中的基础性作用，着力形成新的经济增长机制。国务院及国家有关部门相继出台一系列指导性政策文件，加上地方配套文件，形成了强有力的政策支撑。2004—2008 年国家层面实施或者批复的东北地区的重要区域政策有 31 项，涉及农业改革、税费改革、对外开放、环境治理等各方面。②

2007 年，国家发展和改革委员会、国务院东北振兴办公室发布《东北地

---

① 江泽民：《全面建设小康社会 开创中国特色社会主义事业新局面——在中国共产党第十六次全国代表大会上的报告》，《人民日报》2002 年 11 月 9 日。
② 刘海军、张超、闫莉：《东北振兴二十年历程与新时代推动东北全面振兴》，《改革》2023 年第 9 期。

区振兴规划》，确定了振兴总体思路、主要目标和发展任务。国务院先后出台《关于促进东北老工业基地进一步扩大对外开放的实施意见》《关于促进资源型城市可持续发展的若干意见》等政策文件，国家有关部门相继出台支持东北振兴的专项规划，包括《中华人民共和国东北地区与俄罗斯联邦远东及东西伯利亚地区合作规划纲要（2009—2018）》《辽宁沿海经济带发展规划》《东北振兴"十二五"规划》，等等。①

随着东北振兴战略的推进，各部门配合中央意见和规划制定了一系列政策、出台了一系列措施推进东北振兴，涉及区域产业（企业）政策、财税金融政策、资源型城市转型政策、社会保障政策、开放政策。②相关政策的功能具有明显的阶段性特征。例如，2007 年以前，支持东北振兴的政策主要强调"输血"功能，大部分政策直接针对东北地区产业发展中亟待解决的问题，给予直接的帮扶和补助；而 2007 年以后，政策开始从"直接输血"功能向"提升造血"功能转变。③

2008 年爆发的全球金融危机是影响中国经济政策以及发展模式的重要外部冲击。为了应对金融危机对中国经济的外部影响，中国出台了 40000 亿元投资计划。宏观经济形势的变化也对东北振兴政策产生了影响。2009 年 9 月，国务院发布《关于进一步实施东北地区等老工业基地振兴战略的若干意见》。该文件指出，东北地区等老工业基地体制性、结构性等方面的深层次矛盾有待进一步解决。对此，文件提出了八个方面共计 28 条推进东北地区等老工业基地振兴的意见，强调建设现代化产业体系、增强创新能力等。

---

① 刘海军、张超、闫莉：《东北振兴二十年历程与新时代推动东北全面振兴》，《改革》2023 年第 9 期。

② 金凤君、陈明星：《"东北振兴"以来东北地区区域政策评价研究》，《经济地理》2010 年第 8 期。

③ 金凤君、陈明星：《"东北振兴"以来东北地区区域政策评价研究》，《经济地理》2010 年第 8 期。

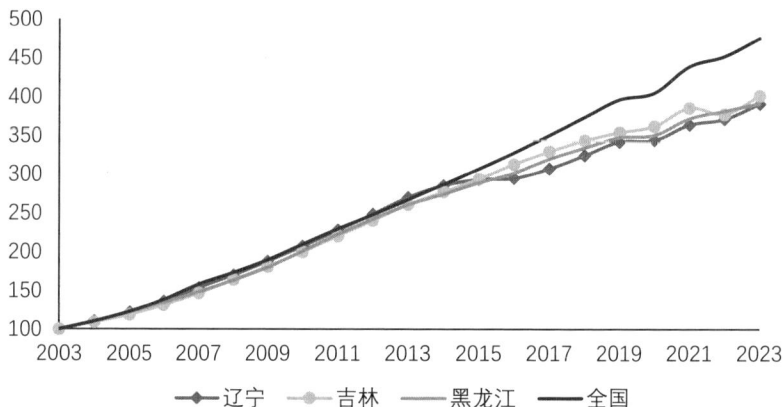

图 2-1　2003—2023 年全国与东北三省的地区生产总值指数（2003 年为 100）
数据来源：国家统计局官方网站。

二、东北振兴的第二个十年（2013—2022 年）

2012 年以后，随着中国经济发展进入新常态，东北地区经济增长开始出现明显落后于全国平均增长速度的现象。2014 年 8 月，针对东北经济增长开始出现速度持续回落、部分行业生产经营困难以及一些深层次体制机制和结构性矛盾凸显的问题，国务院颁布了《关于近期支持东北振兴若干重大政策举措的意见》，该文件就激发市场活力、深化国有企业改革、推动创新驱动发展模式、提升产业竞争力、增强农业可持续发展能力、推动城市转型发展、推进重大基础设施建设、切实保障和改善民生、加强生态环境保护、全方位扩大开放合作等方面提出了 35 条政策措施。

2015 年 7 月，习近平总书记在吉林调研期间召开座谈会时指出："无论从东北地区来看，还是从全国发展来看，实现东北老工业基地振兴都具有重要意义。振兴东北老工业基地已到了滚石上山、爬坡过坎的关键阶段，国家要加大支持力度，东北地区要增强内生发展活力和动力，精准发力，扎实工作，加快老工业基地振兴发展。"就推动东北老工业基地振兴，习近平总书记提出了着力完善体制机制、着力推进结构调整、着力鼓励创新创业、着力保

障和改善民生 的要求。①

进一步，2016 年，国家连发 4 个中央指导文件，标志着新一轮东北振兴的开始，包括《关于全面振兴东北地区等老工业基地的若干意见》《关于深入推进实施新一轮东北振兴战略加快推动东北地区经济企稳向好若干重要举措的意见》《推进东北地区等老工业基地振兴三年滚动实施方案（2016—2018）》和《东北振兴"十三五"规划》。其中，2016 年 4 月颁布的《关于全面振兴东北地区等老工业基地的若干意见》指出，东北是全国经济的重要增长极，在国家发展全局中举足轻重，在全国现代化建设中至关重要，事关我国区域发展总体战略的实现，为此要加快东北老工业基地全面振兴。②该意见进一步明确了新时期推动东北振兴的新目标、新要求、新任务、新举措，标志着新一轮东北振兴开始，东北振兴政策体系进一步扩展。除国家层面外，东北地区各省级及其下属单位也纷纷制定了支持东北振兴战略的相关政策和条例，政策涉及金融财税、产业扶植、企业改革、社会保障、科技创新以及促进经济发展的其他方面。③

2017 年，党的十九大报告在论述实施区域协调发展中指出，要"强化举措推进西部大开发形成新格局，深化改革加快东北等老工业基地振兴，发挥优势推动中部地区崛起，创新引领率先实现东部地区优化发展"④。针对东北地区发展，党的十九大报告特别强调了"深化改革"，与西部、中部和东部地区的发展要求显然有差异。这实际上隐含着，长期以来，东北地区在通过深入改革推进振兴方面存在不足。

---

① 《习近平：加大支持力度增强内生动力　加快东北老工业基地振兴发展》，《人民日报》2015 年 7 月 20 日，第 1 版。

② 《中共中央 国务院关于全面振兴东北地区等老工业基地的若干意见》，https://www.gov.cn/zhengce/2016-04/26/content_5068242.htm。

③ 杨东亮、王皓然：《东北振兴政策效果的再评价——基于灯光数据和 PSM-DID 模型的分析》，《商业研究》2021 年第 5 期。

④ 习近平：《决胜全面建成小康社会　夺取新时代中国特色社会主义伟大胜利——在中国共产党第十九次全国代表大会上的报告》，人民出版社 2017 年版，第 33 页。

2018 年 9 月，习近平总书记赴东北三省实地考察，并发表全面振兴东北的"9·28"重要讲话，明确指出"新时代东北振兴，是全面振兴、全方位振兴"。习近平总书记特别强调，"东北地区是我国重要的工业和农业基地，维护国家国防安全、粮食安全、生态安全、能源安全、产业安全的战略地位十分重要，关乎国家发展大局"，由此提出了东北振兴的"五大安全"定位。此外，就深入推进东北振兴在深化改革、创新发展、开放合作、关注民生等 6 个方面作出全面部署：以优化营商环境为基础，全面深化改革；以培育壮大新动能为重点，激发创新驱动内生动力；科学统筹精准施策，构建协调发展新格局；更好支持生态建设和粮食生产，巩固提升绿色发展优势；深度融入共建"一带一路"，建设开放合作高地；更加关注补齐民生领域短板，让人民群众共享东北振兴成果。[1]

2021 年 9 月，国务院批复同意了《东北全面振兴"十四五"实施方案》，提出到 2025 年实现东北振兴重点领域取得新突破。该方案从"五大安全"战略高度提出六个方面的重点任务：深化国资国企改革、促进民营经济高质量发展、建设开放合作发展新高地、推动产业结构调整升级、构建高质量发展的区域动力系统、完善基础设施补齐民生短板。[2]应当说，这些重点任务抓住了东北振兴的关键问题，对于推进落实东北振兴具有实践指导意义。

2023 年 9 月 7 日，习近平总书记再次到东北调研，在哈尔滨主持召开新时代推动东北全面振兴座谈会并发表重要讲话。他强调，新时代新征程推动东北全面振兴，要贯彻落实党的二十大关于推动东北全面振兴实现新突破的部署，完整准确全面贯彻新发展理念，牢牢把握东北在维护国家"五大安全"中的重要使命，牢牢把握高质量发展这个首要任务和构建新发展格局这个战略任务，统筹发展和安全，坚持目标导向和问题导向相结合，坚持锻长板、补短板相结合，坚持加大支持力度和激发内生动力相结合，咬定目标不

① 《习近平：解放思想锐意进取深化改革破解矛盾　以新气象新担当新作为推进东北振兴》，《人民日报》2018 年 9 月 29 日，第 1 版。

② 详见：https://www.gov.cn/zhengce/2021-10/22/content_5644223.htm。

放松，敢闯敢干加实干，努力走出一条高质量发展、可持续振兴的新路子，奋力谱写东北全面振兴新篇章。[①] 需要指出的是，习近平总书记在新时代推动东北全面振兴座谈会上强调，要积极培育新能源、新材料、先进制造、电子信息等战略性新兴产业，积极培育未来产业，加快形成新质生产力，增强发展新动能。随后，习近平总书记也在多个场合论述"新质生产力"，培育和发展新质生产力也被视为推动高质量发展的重要着力点。

总体来看，自东北振兴战略提出以来，国家层面有关东北振兴的政策供给总计超过 200 余条，形成了多元、复杂的政策体系，如图 2-2 所示。[②] 从振兴到全面振兴，在党中央的部署下，东北老工业基地振兴取得了明显成效和阶段性成果，具体体现在：经济总量迈上新台阶，结构调整扎实推进，国有企业竞争力增强，重大装备研制走在全国前列，粮食综合生产能力显著提高，社会事业蓬勃发展，民生有了明显改善。[③] 然而，也必须看到，东北地区长期以来存在的体制性、机制性、结构性的问题仍然没有得到根本性解决，相对于其他地区的发展，东北地区发展迟滞，与我国东部沿海地区的差距不断扩大，增长势头也已明显落后于西部，而且这种落后趋势目前并未停止。以下将分别从经济发展和人口趋势两个方面对提出东北振兴战略 20 年以来的发展进行评估。

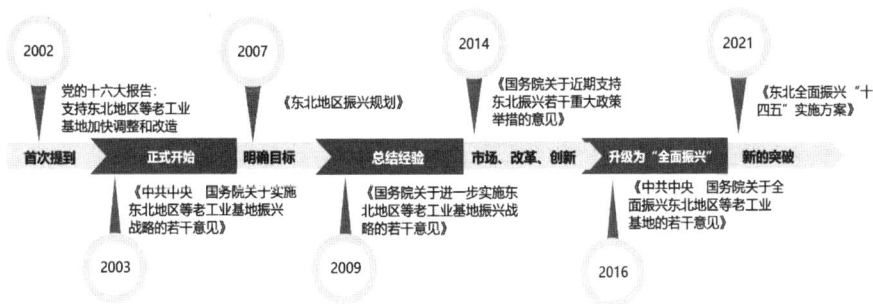

图 2-2 东北振兴政策文件时间轴

[①]《习近平主持召开新时代推动东北全面振兴座谈会强调 牢牢把握东北的重要使命 奋力谱写东北全面振兴新篇章》，《人民日报》2023 年 9 月 10 日。

[②]王士君等：《东北振兴政策体系解构及区域经济响应研究》，《地理学报》2022 年第 10 期。

[③]夏德仁：《推进新时代东北全面振兴》，《人民日报》2021 年 10 月 8 日。

第二节　东北振兴 20 年的经济发展

本节通过各省地区生产总值总量以及各省人均地区生产总值的增长趋势对 2003 年以来东北三省经济发展情况进行分析。

一、地区生产总值总量

首先，东北三省经济总规模均突破万亿。[①]东北三省地区生产总值由 2003 年的 1.17 万亿元增加到 2013 年的 4.05 万亿元，至 2022 年达到 5.75 万亿元。辽宁、黑龙江、吉林 2003 年的地区生产总值分别为 0.59 万亿元、0.36 万亿元、0.21 万亿元，到 2013 年分别达到 1.92 万亿元、1.19 万亿元、0.94 万亿元，至 2022 年分别达到 2.88 万亿元、1.58 万亿元、1.28 万亿元（见图 2-3），经济规模均突破万亿元。

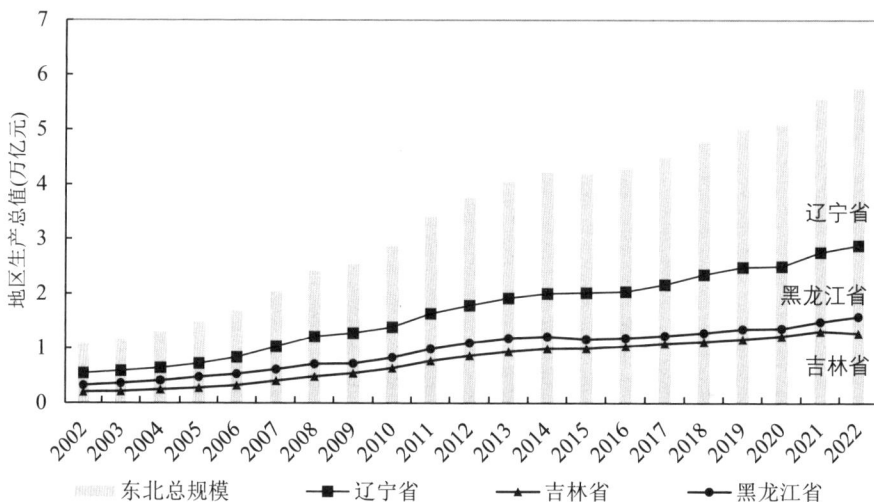

图 2-3　2002—2022 年东北地区生产总值变化趋势

从我国四大经济板块地区生产总值占全国比重来看，东北振兴战略实施 20 年来，东北的地区生产总值规模在全国的排名位次不断下滑，经济总量占

① 王菡、单菁菁、武占云：《"东北振兴" 20 年：进展、问题及对策》，《区域经济评论》2024 年第 2 期。

全国的比重自 1976 年后始终在下降，形成局部地区"塌陷"。[①]如表 2-1 所示，2002 年，东北三省地区生产总值规模占全国的比重为 9%，到 2022 年下降到 4.8%，下降了 4.2 个百分点。比较而言，中部地区和西部地区的比重均有一定程度的提升，而东北地区的比重则显著下降。因此，尽管东北三省的地区生产总值规模在过去 20 年中也呈现显著增长态势，但是就其所占全国比重而言，东北三省经济发展相对滞后已成为制约我国区域经济协调发展的最大挑战和最大短板。

表 2-1 2002—2022 年四大经济板块地区生产总值占全国比重

（单位：%）

年份	东北	东部	中部	西部
2002	9.0	54.3	19.2	17.5
2005	7.8	55.3	19.5	17.4
2010	6.9	53.9	20.7	18.5
2015	6.0	52.5	21.4	20.0
2020	5.0	52.0	21.8	21.1
2021	4.9	52.1	21.8	21.2
2022	4.8	52.0	21.8	21.4

数据来源：根据国家统计局数据库（http://data.stats.gov.cn/）相关数据计算得出。

除了从四大经济板块比较以外，还可以通过我国主要城市群所覆盖的区域进行区域比较。城市群是网络空间格局的战略骨架，其背后是市场、资源、产业链与基础设施的层级分工与区域化进程，城市群正在成为现代经济活动的集聚区。[②]其中，京津冀地区、长江三角洲、粤港澳大湾区是我国三大

---

① 刘瑞、郭涛：《高质量发展指数的构建及应用——兼评东北经济高质量发展》，《东北大学学报（社会科学版）》2020 年第 1 期。

② 刘一鸣、杨静萱、刘青：《中国人口发展的空间格局研究——基于"七普"数据的实证》，《统计与决策》2024 年第 2 期。

重要城市群和经济发达地区，在国家区域发展战略中发挥重要作用，已形成产业、人口、城市比较密集的城市群。2021 年，京津冀、长三角、粤港澳大湾区内地 9 市的地区生产总值分别达 9.6 万亿元、27.6 万亿元、10.1 万亿元，总量超过了全国的 40%，发挥了全国经济压舱石、高质量发展动力源、改革试验田的重要作用。① 而成渝地区双城经济圈也成为我国西部地区的重要经济区，成为中国经济增长的重要一极。成渝地区双城经济圈虽然位于我国西部内陆地区，但依托长江黄金水道，成为"非沿海的沿海"，具有巨大的发展潜力。2018 年 11 月 18 日发布的《中共中央　国务院关于建立更加有效的区域协调发展新机制的意见》中明确提出，要以京津冀城市群、长三角城市群、粤港澳大湾区、成渝城市群等城市群推动国家重大区域战略融合发展。

与上述四个区域相比，2002 年东北三省地区生产总值总量与京津冀地区规模相当，明显高于成渝地区双城经济圈。然而，2002—2022 年期间，东北三省的地区生产总值规模逐渐被京津冀地区拉开差距，而且在 2017 年也被成渝地区双城经济圈超过（见图 2-4）。东北三省占全国（包含港澳）地区生产总值比重落后于长三角、粤港澳大湾区与京津冀，由 2002 年的

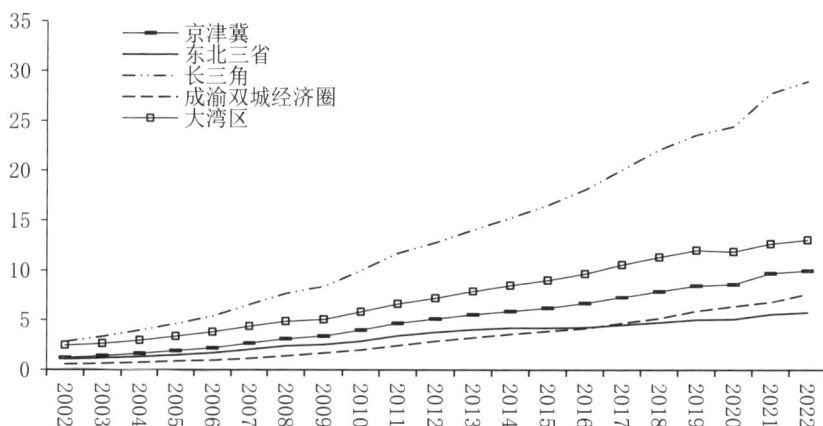

图 2-4　2002—2022 年各地区生产总值规模（单位：万亿元）
数据来源：根据各省市统计年鉴整理得出。

---

① 数据来源：https://www.gov.cn/xinwen/2022-09/20/content_5710818.htm。

7.9% 下降至 2022 年的 4.7%，下降了 3.2 个百分点，而同期长三角地区的地区生产总值占比始终维持较高水平。从 2017 年开始，东北三省占全国（包含港澳）地区生产总值比重落后于成渝地区双城经济圈，显著下滑，而成渝地区双城经济圈的地区生产总值占比则明显升高（见图 2-5、表 2-2）。

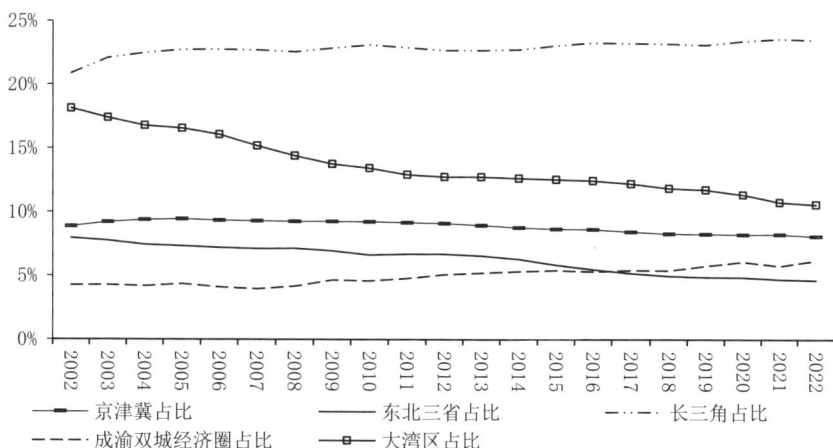

图 2-5　2002—2022 年各地区生产总值规模占全国地区生产总值比重

数据来源：根据各省市统计年鉴整理得出。

表 2-2　2002—2022 年各地区生产总值占全国（包含港澳）比例变化

（单位：%）

地区	2002	2005	2010	2015	2016	2017	2018	2019	2020	2021	2022
东北三省	7.9	7.3	6.6	5.9	5.5	5.2	5.0	4.9	4.9	4.7	4.7
京津冀	8.9	9.4	9.2	8.7	8.7	8.5	8.3	8.3	8.3	8.3	8.1
长三角	20.0	22.7	23.1	23.1	23.3	23.3	23.2	23.2	23.5	23.6	23.5
成渝双城经济圈	4.2	4.4	4.6	5.4	5.3	5.4	5.4	5.8	6.1	5.8	6.2
大湾区	18.1	16.6	13.4	12.6	12.5	12.2	11.9	11.8	11.4	10.8	10.6

数据来源：根据各省市统计年鉴整理得出。

二、人均地区生产总值

总体来看，东北三省人均地区生产总值在 2002—2022 年期间呈现明显上升态势。东北三省的人均地区生产总值由 2002 年的 1 万元、2003 年的 1.09 万元，增加到 2013 年的 3.78 万元、2022 年的 5.96 万元。2002 年，辽宁、黑龙江、吉林三省的人均地区生产总值分别为 1.30 万元、0.85 万元、0.76 万元，2003 年分别为 1.40 万元、0.95 万元、0.79 万元，到 2013 年分别达到 4.40 万元、3.23 万元、3.53 万元，至 2022 年人均地区生产总值已分别达到 6.87 万元、5.11 万元、5.46 万元，人均经济产出稳步提升，其中辽宁省人均地区生产总值始终高于东北三省的人均地区生产总值平均水平（见图 2-6）。

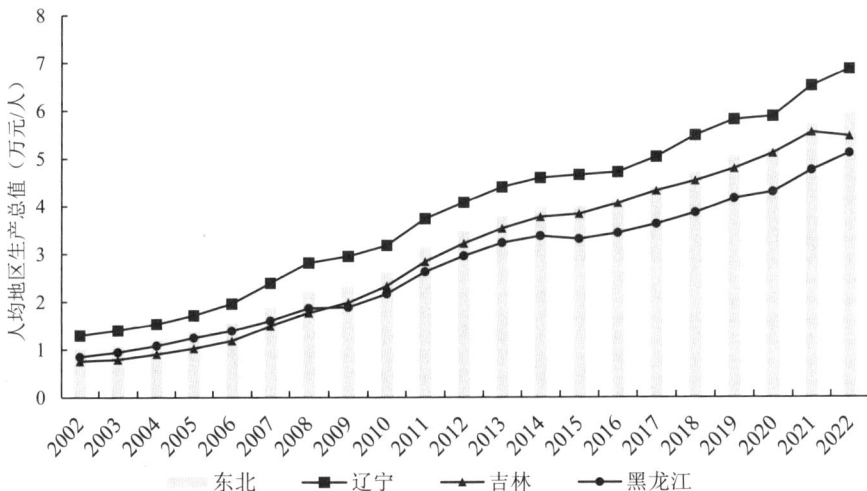

图 2-6　2002—2022 年东北地区人均地区生产总值变化趋势（单位：万元 / 人）

从五大区域人均地区生产总值的比较来看，东北三省的人均地区生产总值明显落后于粤港澳大湾区、长三角与京津冀地区，2015 年开始被成渝地区双城经济圈反超（见图 2-7）。此外，东北三省的人均地区生产总值远低于全国平均水平，远远落后于粤港澳大湾区、长三角与京津冀，由 2002 年为全国平均水平的 96.1% 逐步下滑至 2022 年为全国平均水平的 70% 以下，并在 2015 年跌至成渝地区双城经济圈之下，增长势头放缓，而成渝地区双城经济圈近年来逐步与全国（包含港澳）平均水平齐平（见表 2-3）。当前，东北地区的整体增长势头也已明显落后于成渝地区双城经济圈。以上数据进一步表明，东北地区已成为我国经济增长的"洼地"。

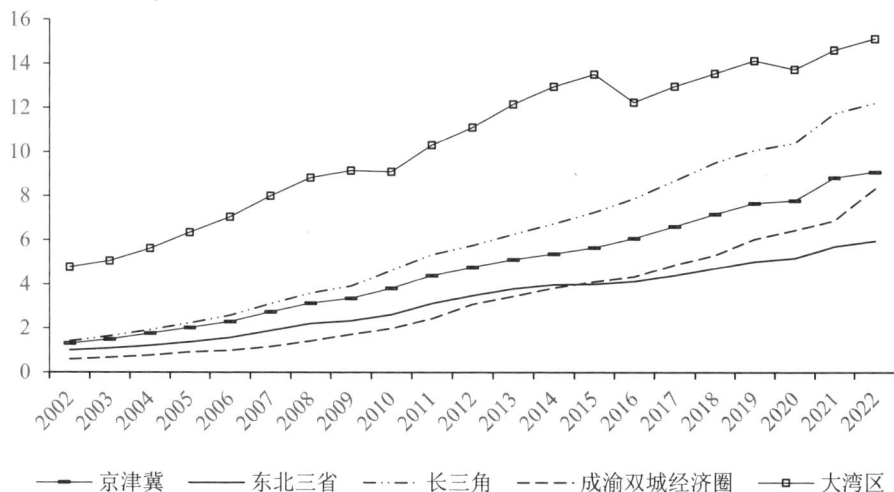

图 2-7 2002—2022 年五大区域人均地区生产总值的比较（单位：万元 / 人）
数据来源：根据各省市统计年鉴整理得出。

表 2-3 2002—2022 年五大区域人均地区生产总值与全国（包含港澳）
平均水平的比较

（单位：%）

地区	2002	2005	2010	2015	2020	2021	2022
东北三省	96.1	87.1	80.6	77.0	70.7	69 4	69.3
京津冀	125.2	128.1	117.5	108.9	106.3	107.1	105.6
长三角	135.2	141.6	143.0	140.0	141.8	142.6	142.0
成渝双城经济圈	56.5	58.0	61.4	79.0	88.0	83.6	96.9
大湾区	457.8	402.4	280.8	260.4	187.6	177.5	175.9

数据来源：根据各省市统计年鉴整理得出。

第三节　东北地区的人口趋势

一、东北地区的人口规模

人口是经济发展的重要因素，对一个地区的经济增长潜力和产业结构调整具有深远影响。长期以来，对于东北发展的关注主要着眼于经济发展方面。然而，随着东北经济发展相较于其他地区的相对滞后，人口与劳动力的流出既成为东北经济发展相对滞后的结果，也成为制约东北发展的突出性因素。

从人口总量来看，中国人口普查数据显示，2020年东北地区的总人口约为9851万人，相比于2010年减少了大约1100万人。而从全国来看，2010—2020年期间，全国人口总量从13.4亿人增加到14.4亿人，净增1亿人口。对比全国人口总量趋势，东北地区的人口减少已经成为全国人口布局的突出现象。东北地区的人口问题日益突出，对地区经济发展和社会稳定带来了重要的挑战和影响。

总体而言，东北地区的人口问题是劳动力人口流失和人口老龄化问题，而劳动力人口流失也导致东北地区的老龄化形势更为严峻。劳动力人口的流失，特别是高素质的年轻劳动力流出，制约了东北地区的产业发展和升级。此外，人口老龄化问题也给社会保障、医疗、养老等方面带来了巨大挑战。因此，深入研究和分析东北地区的人口情况，探讨人口问题对地区经济发展和社会稳定的影响，具有重要的理论和实践意义。

比较不同区域人口规模的动态变化，在一定程度上也可以透视不同区域发展活力的动态变化。从五大区域人口总量的对比来看，以上海为中心的长三角区域是五大城市群中人口占全国人口比重最高的地区，同时其人口规模也在逐步上升。[①] 尽管粤港澳大湾区的人口规模小于其他四大区域，但是其人

---

① 刘一鸣、杨静萱、刘青：《中国人口发展的空间格局研究——基于"七普"数据的实证》，《统计与决策》2024年第2期。

口呈现稳步上升趋势。而东北三省的人口规模于 2013 年被京津冀地区反超，近年来逐步接近成渝地区双城经济圈与粤港澳大湾区的人口规模，东北三省的人口规模下滑趋势并未得到有效控制（见图 2-8）。从某种意义上讲，"人口失血"已经成为东北发展的突出性问题。一方面，人口流失是东北经济发展相对滞后导致的结果；另一方面，人口流失也成为东北发展能力衰退的首要因素。

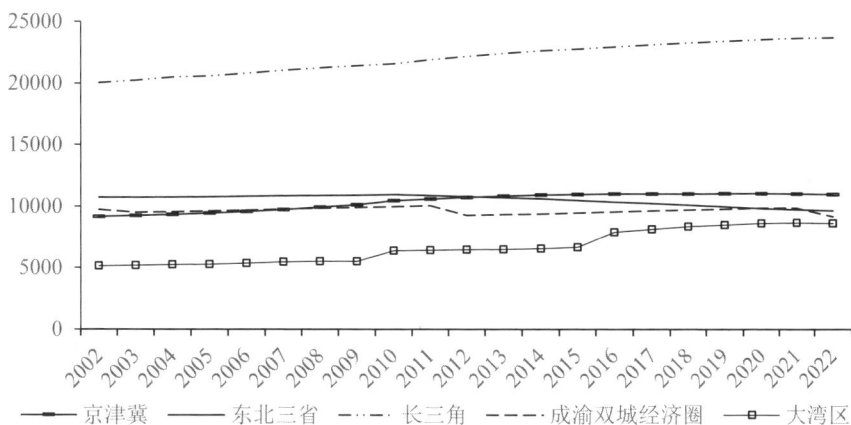

图 2-8　2002—2022 年五大区域人口规模的比较（单位：万人）
数据来源：根据各省市统计年鉴整理得出。

二、东北地区人口的年龄结构

人口流失也成为东北人口老龄化程度加剧的重要因素。根据中国第五、第六、第七次人口普查数据（见表 2-4），东北地区的人口规模以及各年龄段人口数量在全国的占比呈现不断降低的趋势，尤其在 2010 年后，人口规模的下降更加明显。截至 2020 年，东北地区的常住人口规模约为 9851.5 万人，占全国总人口的 7%，较 2010 年的 8.2% 下降了 1.2 个百分点，总人数减少了 1100 万人。值得关注的是，东北地区 0—9 岁的儿童人口仅占全国的 4%，远低于东北地区人口在全国人口中的比例（7%），这反映了东北地区的低生育率问题，也意味着东北地区的年轻人口比例正在下降。然而，东北地区 60—

69 岁的人口占全国比例却高达 9.9%，超过了全体人口的平均水平，从而凸显了东北地区人口老龄化的问题。这种情况可能对社会保障系统造成压力，并对经济发展构成挑战。另一方面，东北地区 20—49 岁的人口，即社会主要的劳动力人口，在全国人口中的比例也在下降。这一年龄段的人口数量是决定社会经济活力和社会发展潜力的关键因素，其下降可能对东北地区的经济发展产生影响。

表 2-4　2000—2020 年东北地区人口年龄分布情况

	2000			2010			2020		
	全国（万人）	东北三省（万人）	占全国比重	全国（万人）	东北三省（万人）	占全国比重	全国（万人）	东北三省（万人）	占全国比重
合计	124261.2	10486.4	8.4%	133281.1	10951.3	8.2%	140977.9	9851.5	7.0%
0—9岁	15913.1	1024.6	6.4%	14641.4	822.4	5.6%	16812.8	674.3	4.0%
10—19岁	22842.8	1697.5	7.4%	17479.8	1109.4	6.3%	15794.0	823.1	5.2%
20—29岁	21217.5	1789.6	8.4%	22842.6	1730.6	7.6%	16678.9	935.6	5.6%
30—39岁	23646.2	2162.0	9.1%	21516.4	1872.5	8.7%	22315.8	1472.5	6.6%
40—49岁	16676.4	1776.4	10.7%	23034.9	2158.1	9.4%	20718.0	1644.1	7.9%
50—59岁	10967.5	971.4	8.9%	16006.6	1721.3	10.8%	22256.5	1911.7	8.6%
60—69岁	7648.4	659.2	8.6%	9978.1	892.0	8.9%	14738.8	1459.7	9.9%
70—79岁	4150.2	325.7	7.8%	5682.5	484.5	8.5%	8082.9	653.6	8.1%
80岁及以上	1199.1	80.1	6.7%	2098.9	160.5	7.6%	3580.1	276.8	7.7%

注：本表结果为使用国家统计局人口普查年鉴数据测算得出。

为了更精确地描绘东北地区不同年龄段人口数量的变化，我们引入了一个新的度量标准——人口比例偏离度。[①] 该指标是东北地区某年龄段人口占全国人口的比例与东北地区总人口占全国人口的比例之差。正值表示东北地区在某年龄段的人口比例高于全国平均水平，负值则表示低于全国平均水平。图 2-9 展示了 2000—2020 年东北地区不同年龄段人口比例偏离度的变化趋势。可以发现，东北地区在各个年龄段的人口比例偏离度发生了显著变化，表明东北地区 20 年来的人口年龄结构持续朝着老龄化程度高于全国的方向发展。例如，0—9 岁年龄段的人口偏离度到 2020 年达到了 –3%，表明东北地区的年轻人口比例呈现持续下降趋势。在 30—39 岁和 40—49 岁的年龄段，即社会主要的劳动力年龄段，人口比例偏离度也出现下降，说明东北地区的劳动力人口占全国的比例正在下滑，可能影响到经济发展的活力和潜力。相比之下，60—69 岁年龄段的人口比例溢出率从 2000 年的 0.18% 上升至 2020 年的 2.9%，这一明显的增长趋势再次凸显了东北地区面临的人口老龄化问题。70—79 岁和 80 岁及以上年龄段的人口比例溢出率也呈上升趋势，进一步揭示了老龄人口的增长。

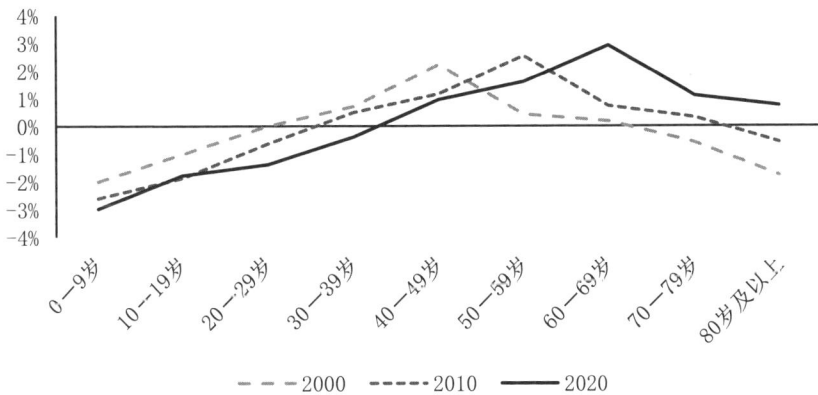

图 2-9　2000—2020 年东北地区分年龄段人口比例溢出率

注：本图结果为使用国家统计局人口普查年鉴数据测算得出。

---

① 本书人口比例偏离度指标的定义为当前年份某年龄段东北地区人口数占全国比重 – 当前年份东北地区总人口数占全国比重。该指标反映区域不同年龄段人口结构相较全国水平的失衡程度。比如 2020 年东北地区 0—9 岁群体的人口比例溢出率为 4%-7%=–3%，反映东北地区幼儿人口相较于整体水准的缺失。

表 2-5 是东北三省的人口年龄结构，并与全国情况进行对照。基于 2000 年、2010 年和 2020 年三次人口普查统计，各年龄段的人口比例变化表现出显著的特征。针对 70 岁以上的高龄老人，东北地区的人口比例虽然稍高于全国水平，但差距仅限于 1% 以内。这显示出在高龄老人的分布上，东北地区与全国整体相差不大。但是在中老龄人口（包括 40—59 岁的中年人口以及 60—69 岁的老年人口）上，东北地区的人口比例超过全国平均水平 2%—4%，这也预示着未来东北的老龄化程度将持续高于全国平均水平。另一方面，东北地区 30 岁以下的青少年人口比例较低，表明东北的青壮年劳动力供给相对不足。

人口年龄结构的变化主要是由历史人口结构性因素所致。举例来说，目前 20—29 岁人口比例的偏低主要源自 2000 年 0—9 岁出生人口的减少。从人口趋势来看，这种人口结构的影响将在未来继续显现。未来 10 年，随着年轻人群比例的继续下降以及 50—59 岁中年群体进入老年阶段，东北地区的老龄化程度将大幅加深，这将对东北三省的经济社会带来一系列挑战。

表 2-5　2000—2020 年东北三省人口年龄结构

（单位：%）

年龄组	2000		2010		2020	
	全国	东北地区	全国	东北地区	全国	东北地区
合计	100.0	100.0	100.0	100.0	100.0	100.0
0—9 岁	12.8	9.8	11.0	7.5	11.9	6.8
10—19 岁	18.4	16.2	13.1	10.1	11.2	8.4
20—29 岁	17.1	17.1	17.1	15.8	11.8	9.5
30—39 岁	19.0	20.6	16.1	17.1	15.8	14.9
40—49 岁	13.4	16.9	17.3	19.7	14.7	16.7

续表

年龄组	2000		2010		2020	
	全国	东北地区	全国	东北地区	全国	东北地区
50—59 岁	8.8	9.3	12.0	15.7	15.8	19.4
60—69 岁	6.2	6.3	7.5	8.1	10.5	14.8
70—79 岁	3.3	3.1	4.3	4.4	5.7	6.6
80 岁及以上	1.0	0.8	1.6	1.5	2.5	2.8

注：本表结果为使用国家统计局人口普查年鉴数据测算得出。表中数值为各年龄段人数占地区总人数比例。

除了直接对各个年龄段的人口比例进行分析，人口抚养比也是揭示地区人口状况的重要指标。这个指标也是从总体上衡量人口劳动力结构的主要指标。在人口学上，人口总抚养比是指非劳动年龄人口数量（通常包括 14 岁以下和 65 岁以上）与劳动年龄人口数量（15—64 岁）的比例。这个指标的数值越高，表明从全社会来看每个劳动力所需要负担的非劳动力人口越多。进一步地，人口总抚养比可以分为少儿抚养比和老年抚养比。少儿抚养比是指 0 至 14 岁人口占 15 至 64 岁劳动年龄人口的比重，老年抚养比则是指 65 岁以上人口占 15 至 64 岁劳动年龄人口的比重。由表 2-6 可知，在 2000 年、2010 年和 2020 年期间，东北地区的总抚养比均低于全国平均水平，但差距正在缩小。特别是到了 2020 年，东北三省的总抚养比达到了 37.74%，接近全国的 45.98%。

表 2-6　2000—2020 年东北三省与全国的抚养比比较

（单位：%）

	2000		2010		2020	
	全国	东北三省	全国	东北三省	全国	东北三省
抚养比	42.86	33.38	34.28	26.36	45.98	37.74

	2000		2010		2020	
	全国	东北三省	全国	东北三省	全国	东北三省
少儿抚养比	32.71	24.56	22.30	14.84	26.24	15.16
老年抚养比	10.15	8.82	11.98	11.52	19.74	22.58

注：抚养比计算公式为：非劳动年龄人口数量／劳动年龄人口数（15—64岁）×100%；少儿抚养比计算公式为：少儿人口数量（0—14岁）／劳动年龄人口数（15—64岁）×100%；老年抚养比计算公式为：老年人口数量（65岁以上）／劳动年龄人口数（15—64岁）×100%。本表数值为国家统计局人口普查年鉴数据测算结果。

在少儿抚养比方面，东北三省在各个年份的数据都显著低于全国平均水平，反映出东北地区的年轻人口比例较低。从趋势上看，2000—2010年期间是全国以及东北三省少儿抚养比迅速下降的时期，而2010—2020年期间，全国少儿抚养比提高近4个百分点，而东北三省仅提高0.3个百分点，反映了这一时期东北地区生育年龄人口的流出。在老年抚养比方面，全国以及东北三省均呈现老年抚养比持续提高的趋势。全国老年抚养比的提升主要体现在2010—2020年这一时期，提高了7.7个百分点，而2000—2010年期间仅提高了1.8个百分点。相对于全国平均水平，东北地区的老年抚养比提升更快。2000年，东北三省的老年抚养比低于全国平均水平1.3个百分点，2010年与全国平均水平相当，到了2020年则高出全国平均水平2.8个百分点。因此，从东北地区的少儿抚养比和老年抚养比的变动趋势以及与全国平均水平的对比来看，东北地区的少儿抚养比低于全国平均水平，老年抚养比提升较快且明显高于全国平均水平，这也意味着东北三省将面临更加严峻的老龄化问题。因此，人口问题也将成为东北三省发展的突出性问题，应当考虑采取超常规政策抑制东北三省的人口条件恶化。

需要指出的是，抚养比指标的计算是基于人口年龄结构的。然而，随着青少年受教育年限的提升而延迟进入劳动力市场，15—65岁的人口中有相当一部分并未进入劳动力市场，而是在校求学，这部分人口的存在将造成实际抚养比被低估[1]，也就是低估了养育压力的现状。

为了进一步对这种压力进行分析，我们使用核心劳动参与率来反映劳动年龄人口中核心劳动人口的比例，以此探究对于养育压力的低估程度。[2] 由于大多数青少年在 20 多岁时还处于求学阶段，以及部分女性在 55 岁之后处于退休或者半退休状态，因此我们将 25—54 岁群体定义为核心劳动人口。计算结果显示，2020 年东北地区的核心劳动参与率为 64.4%，略低于全国水平的 66.6%。进一步地，在忽略人口流动以及死亡等因素的情况下，我们简单预测了未来 5 年以及未来 10 年东北地区核心劳动人口的数量变化。计算结果显示，未来 5 年东北地区核心劳动人口数量将下降 12.0%，全国的核心劳动人口数量将下降 7.2%；未来 10 年东北地区核心劳动人口数量将下降 22.7%，全国的核心劳动人口数量将下降 13.6%。这说明，即使不考虑人口流动因素，东北地区的人口养育压力在未来几年内也将面临巨大的挑战。

三、东北地区人口的性别结构

人口性别比例也是衡量人口结构的一个重要视角。其中，出生性别比是反映生命之初性别平等状况的基本指标，正常值为 103—107（女孩为 100）。因此，低龄人口的性别比例失衡往往反映了出生性别比失衡，受性别偏好等社会文化因素影响，强烈的男孩偏好导致的胎儿性别选择是出生人口性别比失调的直接原因。例如，在很多国家和地区存在对男孩的偏好，导致家庭更倾向于生育男孩，甚至采用干预手段选择生育男孩。20 世纪 80 年代中期以来，我国出生性别比偏离正常值且不断升高，2020 年仍为 111.3，尚未恢复到正常范围。而高龄人口的性别比例失衡在很大程度上与高龄人口男女预期寿命差异有关。例如，2019 年，中国男性的预期寿命为 74.7 岁，而女性的预期寿命为 80.5 岁。

---

[1] 李雨潼、张剑宇：《从抚养比变化看东北地区人口老龄化》，《人口学刊》2010 年第 6 期。

[2] 计算公式为：核心劳动参与率 = 核心劳动人口人数 / 劳动人口人数 ×100%。

根据表 2-7，可以发现东北地区与全国整体的性别比例存在一定差异。2000 年、2010 年和 2020 年东北地区 0 岁新生儿性别比例分别为 111.4%、111.2% 和 106.3%；而全国的水平分别为 117.8%、118.0% 和 111.2%。总体来看，60 岁以下人口中，东北三省的性别比例失衡状态要好于全国平均水平。从出生性别比来看，东北三省的性别比例失衡状况要好于全国平均水平。值得注意的是，到 2020 年，东北地区的性别比例已经低于 100%，即女性人口数量已经超过了男性，这可能与东北地区的经济发展水平逐年下滑，大量选择外出谋生的人中男性青壮年劳动力居多有关。[①] 例如，2010 年的 10—19 岁人口段的性别比例为 107.1，该年龄段人口在 2020 年为 20—29 岁，性别比例为 105.9，性别比例下降了 1.2%，这种现象在其他年龄段也有所体现。但是，60 岁以上人口的性别比例失衡状况总体上比全国平均水平更高。

表 2-7　2000—2020 年全国和东北地区人口性别结构（女性 =100）

	2000		2010		2020	
	全国	东北地区	全国	东北地区	全国	东北地区
合计	106.3	104.4	104.9	102.7	104.8	99.9
0—9 岁	117.5	109.8	118.9	110.8	112.4	107.2
10—19 岁	107.3	105.7	111.6	107.1	115.5	108.8
20—29 岁	104.0	104.6	101.1	101.4	111.3	105.9
30—39 岁	105.7	105.3	104.4	104.3	106.0	103.2
40—49 岁	107.0	103.6	103.9	104.2	104.4	102.6
50—59 岁	107.7	99.9	103.6	100.8	101.2	99.8

[①] 段成荣、盛丹阳：《1953 年以来东北三省人口跨省迁移研究——基于普查存活比法》，《人口学刊》2022 年第 4 期。

续表

	2000		2010		2020	
	全国	东北地区	全国	东北地区	全国	东北地区
60—69 岁	105.3	101.3	102.8	96.3	98.7	94.1
70—79 岁	89.6	102.4	95.0	94.8	92.8	85.5
80 岁及以上	61.1	89.5	71.8	91.5	74.3	76.6

注：本表结果为使用国家统计局人口普查年鉴数据测算得出。表中数值为（地区各年龄段男性人数比上女性人数）×100。

四、东北地区人口的教育结构

教育是衡量人口素质的关键指标，人口的教育结构反映一个地区的教育水平和人力资本积累情况。通过对东北三省人口受教育情况的分析，我们可以更全面地了解该地区的教育发展情况和未来人力资本趋势。表 2-8 显示了东北三省从 2000 年到 2020 年各教育水平的人口数量和占全国同水平人数比重。在总人数方面，东北地区接受高等教育的人数在 2020 年相比 2010 年增加了 505.8 万人，增长率达到 44.2%。然而，全国范围内同期的高等教育人数增长率则为 83.5%。这表明，尽管东北地区的高等教育人数在增长，但是其增长速度未能跟上全国的平均水平。造成这一现象可能有两方面原因：一方面是东北高等教育人口的向外迁移，根据国研中心的研究报告《从东北高校毕业生就业去向看东北人才流失问题》，基于吉林大学、哈尔滨工业大学、东北大学等 20 所代表性高校 2019 届毕业生年度就业质量报告的数据，按毕业生总数和东北生源口径统计，毕业生流失率分别高达 63.46% 和 26.45%，流失毕业生多前往华南、华东和华北地区就业。[1] 另外一方面是东

---

[1] 国研中心：《从东北高校毕业生就业去向看东北人才流失问题》，澎湃网 2022 年 1 月 13 日。https://www.thepaper.cn/newsDetail_forward_16217483。

北高质量人才增速的收敛，由于东北地区人口受教育水平一直高于全国平均水平，东北高等教育人口增长空间相对较小，因而低于全国人才增长的平均速度。

表2-8　2000—2020年全国和东北三省人口受教育情况

	2000			2010			2020		
	全国（万人）	东北地区（万人）	占比	全国（万人）	东北地区（万人）	占比	全国（万人）	东北地区（万人）	占比
合计	124261.2	10486.4	8.4%	133281.1	10951.3	8.2%	140977.9	9851.5	7.0%
小学以下	19630.9	1136.5	5.8%	15240.1	741.0	4.9%	14359.0	526.8	3.7%
小学	44161.3	3280.9	7.4%	35721.2	2518.1	7.0%	34965.9	2038.1	5.8%
初中	42238.7	4043.9	9.6%	51817.6	4862.4	9.4%	48709.5	4106.3	8.4%
高中	13828.3	1460.3	10.6%	18664.7	1685.6	9.0%	21221.0	1530.5	7.2%
大学专科	2898.5	370.5	12.8%	6861.1	622.8	9.1%	11230.3	791.8	7.1%
大学本科	1415.1	185.0	13.1%	4562.6	486.3	10.7%	9415.6	785.1	8.3%
研究生	88.4	9.3	10.5%	413.9	35.0	8.5%	1076.6	73.0	6.8%

注：本表结果为使用国家统计局人口普查年鉴数据测算得出。

表2-9进一步关注了东北地区的人口教育结构。可以发现，从2000年至2020年，无论是在全国层面还是在东北地区，小学以下和小学阶段的人口比例均呈现出下降的趋势，初中阶段的人口比重在2000—2010年上升，而在2010—2020年期间下降，但是高中阶段及以上的人口比重持续上升。从整体来看，人口教育水平得到了大幅度提升。与全国平均水平相比，东北三省的人口受教育水平总体要高一些。例如，受教育程度为小学以及小学以下的人口比例，东北三省低于全国平均水平，而受教育程度为高中至大学本科的

人口比例，东北三省则高于全国平均水平。从人均人力资本来看，2000 年至 2020 年东北地区的人均人力资本从 7.85 提高到了 9.48，一直处于全国平均水平之上。这表明，虽然东北三省的经济发展相较于全国平均水平相对滞后，但是依然保持着人力资本较高的优势。但是，东北三省人口受教育程度相对于全国平均水平的优势也出现明显的下降。与全国对比来看，东北地区的人均人力资本在 2000 年比全国平均水平高出 11.0%，2010 年高出 8.3%，到 2020 年时高出 7.6%。

表 2-9　2000—2020 年全国和东北地区人口教育结构

	2000		2010		2020	
	全国	东北三省	全国	东北三省	全国	东北三省
合计	100.0%	100.0%	100.0%	100.0%	100.0%	100.0%
小学以下	15.8%	10.8%	11.4%	6.8%	10.2%	5.3%
小学	35.5%	31.3%	26.8%	23.0%	24.8%	20.7%
初中	34.0%	38.6%	38.9%	44.4%	34.6%	41.7%
高中	11.1%	13.9%	14.0%	15.4%	15.1%	15.5%
大学专科	2.3%	3.5%	5.1%	5.7%	8.0%	8.0%
大学本科	1.1%	1.8%	3.4%	4.4%	6.7%	8.0%
研究生	0.1%	0.1%	0.3%	0.3%	0.8%	0.7%
人均人力资本	7.07	7.85	8.17	8.85	8.81	9.48

注：本表结果为使用国家统计局人口普查年鉴数据测算得出。表中数值为地区各教育水平人数比上地区总人数。人均人力资本 = 小学以下人口比例 ×0+ 小学人口比例 ×6+ 初中人口比例 ×9+ 高中人口比例 ×12+ 大学专科人口比例 ×15+ 大学本科人口比例 ×16+ 研究生人口比例 ×19。

五、东北地区人口的城乡结构

城乡人口结构既是人口结构的重要指标，也反映一个地区的发展状况。表 2-10 统计了 2000—2020 年期间东北三省和全国的城乡人口分布情况。从东北三省的城镇人口来看，2000—2010 年 10 年间增加了 821 万人，城镇人口规模增加了 14.9%；而 2010—2020 年 10 年间增加了 354 万人，城镇人口规模仅增加了 5.6%。在这两个时期，全国城镇人口规模增长率分别为 46.0% 和 34.3%。导致这一现象的可能原因在于：一方面，东北地区在很长一段时间都是我国城镇化水平较高的地区，城镇化趋近饱和，城镇人口的增长率渐趋收敛；另一方面，东北三省城镇人口规模增速低于全国平均水平也表明，东北三省城镇地区的人口集聚能力低于全国平均水平，集聚优势并不明显，而持续的高城镇化率是低城镇人口增加与高人口净流出的结果。[①]

表 2-10　2000—2020 年全国和东北地区城乡人口分布

	2000			2010			2020		
	城镇人口规模（万人）	农村人口规模（万人）	城镇化率（%）	城镇人口规模（万人）	农村人口规模（万人）	城镇化率（%）	城镇人口规模（万人）	农村人口规模（万人）	城镇化率（%）
全国	45877.1	78384.1	36.9	67000.6	66280.5	50.3	89999.1	50978.8	63.8
东北三省	5494.9	4991.5	52.4	6316.0	4635.3	57.7	6670.3	3181.2	67.7

注：本表结果为使用国家统计局人口普查年鉴数据测算得出。

从农村人口规模来看，2000—2010 年期间，东北地区农村人口规模降低 356 万，10 年下降 7.1%，低于全国农村人口规模下降幅度（15.4%）；而

[①] 王媛玉、杨开忠：《数字经济赋能东北经济高质量发展——基于新空间经济学"4D"框架的分析》，《社会科学辑刊》2024 年第 2 期。

2010—2020 年期间，东北地区人口规模下降 1454 万，10 年下降 31.4%，下降幅度明显高于全国平均水平（23.1%）。从总人口规模来看，2000—2010 年期间东北三省人口规模增加 465 万，10 年人口规模增长了 4.4%，低于全国平均水平（7.3%）；而 2010—2020 年期间，东北三省人口规模下降了 1099 万，10 年人口规模减少了 10.0%，其间全国人口规模则增长 5.8%。总体来看，东北三省的人口形势体现为两个方面。一方面，城市聚集人口的能力不足，这是东北城市经济发展不充分导致创造就业能力不足的直接结果。另一方面，农村人口的大规模下降也将直接导致部分东北农村地区的人口空心化，这对于东北三省承担国家粮食安全的重要使命定位无疑是一个威胁。

从城市化率的发展来看，长期以来东北三省都是中国城镇化率较高的地区。特别是在计划经济时代，东北地区的工业化水平相对较高，推动了人口向城市地区集聚。到了 2000 年，东北三省的城镇化率为 52.4%，比全国平均水平的 36.9% 高出 15.5 个百分点。到了 2020 年，东北三省的城镇化率为 67.7%，高出全国平均水平 3.9 个百分点，差距显著下降。

第四节　东北发展滞后成因分析

回望新中国经济发展 70 余载，东北地区为我国形成独立、完整的工业体系和国民经济体系，为改革开放和现代化建设做出了历史性重大贡献。[①] 然而，改革开放以后，随着中国经济体制逐步从计划经济体制向市场经济体制转型，东北地区由于转型包袱重、市场机制发育相对迟缓，经济增长动能相对不足，从而与沿海地区逐步拉开了发展差距。这也是提出东北振兴战略的基本背景和原因。

自 2003 年至今，东北振兴已有 20 余年的历史。从总体经济发展态势来

---

① 刘海军、张超、闫莉：《东北振兴二十年历程与新时代推动东北全面振兴》，《改革》2023 年第 9 期。

看，东北三省发展动能式微。从全国各个区域的发展比较来看，增长"洼地"与人口"失血"是东北发展的突出性特征。过去 20 余年东北三省的地区生产总值和人口占全国的比重均呈现持续下降趋势，东北与东部的发展差距不断扩大，经济发展态势也明显弱于中西部地区，陷入人口条件恶化与经济增长滞后的恶性循环。东北发展滞后的根本原因在于发展内生动力不足，具体映射为产业竞争力式微、对内对外经济联系程度较弱。这既有传统体制机制的阻碍，也有经济发展模式的问题，是资源优势逐步丧失、市场化机制发育不健全、对外开放水平下降、创新能力不足等多方因素的叠加。

一、资源条件恶化引发产业优势逐步丧失

历史上，东北地区矿产资源丰富，也是中国工业化发展起步较早的地区。新中国成立之初，东北地区是国家重工业发展的重点布局地区。在国民经济恢复时期、"一五"计划以及"二五"计划时期，东北基本上是以苏联援建的 56 项重点工程为核心，同时加上限额以上项目，再辅之以地方工业的配套项目，建成了冶金、煤炭、木材、化工、电力、机械制造、军工等产业，后来又陆续建成了石油、电子等产业。[①]总体来看，在计划经济时期，东北地区的经济发展模式体现为要素和资源驱动型的重工业发展模式。例如，在工农业总产值中，辽宁省的重工业占工农业总产值的比重由 1952 年的 42.1%上升到 1978 年的 64.6%，黑龙江省的重工业占工农业总产值的比重由 1952 年的 31.3%上升为 1978 年的 55.2%。[②]

重工业独大的发展模式对东北经济发展产生了长期影响，这种模式也与计划经济体制存在紧密联系。一方面，工业化发展模式导致东北经济长期依赖资源投入，而且使得东北地区成为全国工业发展的资源输出地区和钢材、木材、石油等资源型产品的全国供应基地，这种发展模式的长期累积也必然使得东北地区的某些资源逐步走向枯竭。将经济发展建立在资源

---

① ② 石建国：《中国工业化的路径转换与东北工业基地的兴衰》，《中共党史研究》2009 年第 3 期。

开发和投入的基础上，使得东北已探明的资源储备严重削减。[①]2003 年以来，东北石油基础储量减少了约 20%，占全国的比例由 2003 年的 38.1% 降至 2016 年的 21.3%。东北煤炭储量占全国总储量的比例由 2003 年的 4.8% 降至 2016 年的 4.0%，同期铁矿资源的占比由 29.8% 降至 28.0%（见表 2-11）。

表 2-11　2003 年与 2016 年东北三省资源状况对比

2003 年							
地区	煤炭储量（亿吨）	石油储量（万吨）	天然气储量（亿立方米）	铁矿储量（亿吨）	煤炭储量全国占比	石油储量全国占比	天然气储量全国占比	铁矿储量全国占比
辽宁	48.20	18414.3	228.20	61.00	1.44	7.57	1.02	28.72
吉林	15.30	14479.8	171.30	1.80	0.46	5.95	0.77	0.85
黑龙江	95.90	59881.9	467.80	0.50	2.87	24.62	2.10	0.24
2016 年							
地区	煤炭储量（亿吨）	石油储量（万吨）	天然气储量（亿立方米）	铁矿储量（亿吨）	煤炭储量全国占比	石油储量全国占比	天然气储量全国占比	铁矿储量全国占比
辽宁	26.73	14351.6	154.54	50.96	1.07	4.10	0.28	25.33
吉林	9.71	17500.6	731.25	5.02	0.39	5.00	1.35	2.50
黑龙江	62.28	42665.8	1302.33	0.34	2.50	12.19	2.40	0.17

数据来源：《中国环境统计年鉴》（具体省份的重要资源储量仅在 2003 年—2016 年有统计）。

另一方面，重工业发展模式也使得东北地区的城市呈现明显的产业结构单一以及就业结构单一状态。随着资源走向衰竭，东北的许多资源型城市逐渐转变为资源枯竭型城市。在 2008 年、2009 年、2011 年我国分批确定的 69

[①] 汤吉军：《沉没成本、锁定效应与东北国企改革方略》，《地方财政研究》2019 年第 1 期。

个资源枯竭型城市中，东北地区占据 20 个 [①]，超过总数的 25%（见表 2-12）。随着国家产业结构的调整和全球经济竞争的改变，资源衰退型城市面临城市支柱产业萎缩、经济增长动力不足等问题，进而导致人口规模萎缩。资源枯竭还会导致财政收入骤减，进而影响财政对于民生发展和城市建设等方面的保障能力。特别是，东北地区有部分资源型中小城市因资源而生，产业结构单一，产业升级动力缺乏，人口流失现象极为严重。

表 2-12　东北三省的资源型城市与资源衰退型城市名单

所在省	地级行政区	县级市	县（自治县、林区）	市辖区
辽宁	阜新市 *、抚顺市 *、本溪市、鞍山市、盘锦市 *、葫芦岛市	北票市 *、调兵山市、凤城市、大石桥市	宽甸满族自治县、义县	弓长岭区 *、南票区 *、杨家杖子开发区 *
吉林	松原市、吉林市、辽源市 *、通化市、白山市 *、延边朝鲜族自治州	九台市 *、舒兰市 *、敦化市 *	汪清县 *	二道江区 *
黑龙江	黑河市、大庆市、伊春市 *、鹤岗市 *、双鸭山市 *、七台河市 *、鸡西市、牡丹江市、大兴安岭地区 *	尚志市、五大连池市 *	—	—

资料来源：国家发展和改革委员会相关政策文件。带 * 的为资源衰退型城市。

二、体制机制转型滞后导致东北市场机制发育不充分

长期以来，东北地区受计划经济思维影响较重，政府与市场的关系错位，政府主导的发展模式导致市场经济机制不健全，营商环境不佳。一方面，东北地区国有企业改革不到位严重制约着国有企业自身与国有经济整体的发展。相当一部分技术水平高、产业基础好的东北制造业国有企业因企业

---

① 参见：《全国资源枯竭城市名单》，http://district.ce.cn/zt/zlk/jjsj/201304/09/t20130409_24275042. shtml。

经营管理机制转换不到位而破产重组，阻碍了国有经济发展。基于公开报道的数据估计，2020 年东北三省的地方国有企业资产总额约为 7 万亿元，仅为江苏省的 30% 左右。[①] 这也意味着国有企业改革不到位实际上也制约了国有经济的发展。另一方面，营商环境欠佳制约了东北民营经济发展。2023 年中华全国工商业联合会发布的报告表明，在中国民营企业五百强中，东北仅有 5 家，其中辽宁 3 家、吉林 1 家、黑龙江 1 家；而同期东部地区有 396 家，中部地区有 58 家，西部地区有 41 家上榜企业。[②] 需要指出的是，2018 年东北三省有 14 家民营企业进入五百强。显然，这不仅与东部地区存在巨大的差距，同时也明显落后于中西部地区。因此，东北三省无论在国有经济上还是在民营经济上都存在发展滞后的问题。

造成这种局面的根本原因是，体制机制改革滞后导致市场机制发育不健全，市场机制在资源配置中没有起到决定性作用，民营企业往往在融资、用地等方面相比国有企业存在明显劣势，压制了民营经济市场主体的活力和创新潜能，从而限制了地区产业升级，导致东北三省作为老工业基地的制造业竞争力明显衰落。此外，受传统计划经济影响而形成的地方性文化阻碍了市场机制的有效运行及市场充分发挥资源配置的作用。例如，在居民就业偏好方面，对国有单位的就业偏好限制了民营经济的发展；在商业文化方面，官本位思想严重以及契约精神淡薄也导致市场机制发育缺乏文化支撑。总体来讲，市场机制发育不健全压制了东北经济发展的潜能，最终影响家庭收入增长及消费需求扩张。

三、东北对外开放水平相对于其他地区持续下降

东北三省地处东北亚核心区域，是我国与东北亚各国交往的重要门户。然

---

① 根据《辽宁发布加快推进辽宁国资国企改革专项工作方案》《黑龙江省地方国有企业实现资产总额、营收双增长》《吉林省人民政府关于 2020 年度国有资产管理情况的综合报告》公布数据计算得出。

② 数据来源：中华全国工商业联合会《2022 中国民营企业 500 强调研分析报告》。

而，受制于东北地区的经济发展减缓以及产业竞争力下降，2002 年以来，东北三省进出口占全国的比重持续下降，已经成为我国对外贸易的边缘化地区。如表 2-13 所示，2002—2022 年，东北三省出口占全国出口比重由 5% 下降到 2%，占比从高于中西部地区转为明显低于中西部地区。与此同时，东北地区进口占全国的比重也略有下降，从高于中西部地区转为明显低于中西部地区。

表 2-13　2002—2022 年四大经济板块进出口占全国比重

（单位：%）

年份	出口占全国出口比重				进口占全国进口比重			
	东北	东部	中部	西部	东北	东部	中部	西部
2002	5.0	88.0	3.4	3.6	4.6	90.0	2.4	3.0
2005	4.2	89.2	3.2	3.4	3.8	90.7	2.6	2.9
2010	4.0	87.4	4.0	4.6	4.2	87.9	3.8	4.0
2015	2.8	81.5	7.3	8.4	4.3	84.5	5.3	5.9
2020	1.8	79.1	9.5	9.5	4.3	80.1	6.9	8.7
2021	1.9	78.5	10.1	9.5	4.1	80.5	6.8	8.6
2022	2.0	77.7	10.7	9.7	4.2	80.7	6.7	8.4

数据来源：根据国家统计局数据库（http://data.stats.gov.cn/）相关数据计算得出。

四、创新驱动能力不足成为东北产业竞争力衰落的直接原因

2008 年全球金融危机之后，创新成为各地区能否实现产业升级的关键因素。而且，创新能力与经济增长呈现出更加紧密的联系，创新能力对于一个地区的产业升级和经济发展效益提升至关重要，因此也成为一个地区适应和引领新常态的

重要支撑。2008 年全球金融危机以后，创新能力的差异成为各地区经济增长差异的重要影响因素，也成为解释东北地区经济增长相对滞后的重要原因。

从创新能力综合指标排名来看，2010 年后，东北三省的创新能力综合指标排名持续下降，辽宁、吉林、黑龙江三省的创新指数排名分别从第 8 名、第 15 名、第 16 名，下滑至 2022 年的第 23 名、第 18 名和第 21 名，表明其创新能力显著下滑（见图 2-10）。这也对应了该时期东北相对于其他地区经济排名显著下滑的态势。其中，2001—2012 年期间，辽宁省创新能力排名基本稳定在全国前 10 位，而后辽宁省创新能力排名从全国第 8 位一直下降到第 23 位。尽管吉林省的创新能力综合指标得分排名在 2021 年上升至第 19 位，但 2001—2020 年，吉林省创新能力综合指标得分的全国排名由第 10 名下滑至第 28 名。同期，黑龙江省的创新能力排名总体也呈现下滑趋势，2014 年以来排名始终在 20 名之后，2020 年已下降至第 29 名。根据创新能力分项指标测度及排名，创新绩效成为制约东北地区创新能力提升的重要原因之一，辽宁、吉林、黑龙江三省的创新环境得分全国排名在 2022 年分别为第 30 名、第 29 名和第 31 名（见图 2-11）。这也意味着，三个省份在把创新资源转化为经济增长的绩效方面能力不足，而这往往与制度环境有关，即制度环境不能把创

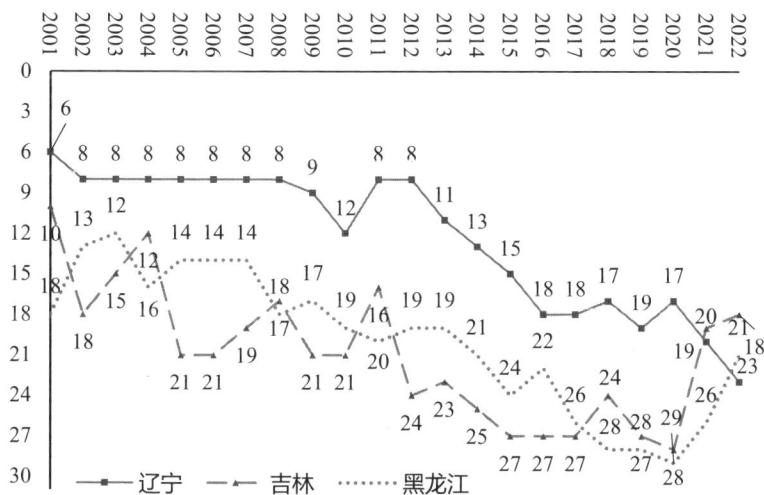

图 2-10 2001—2022 年东北三省创新能力综合指标全国排名趋势

新潜能有效转化为实际的经济发展动能。

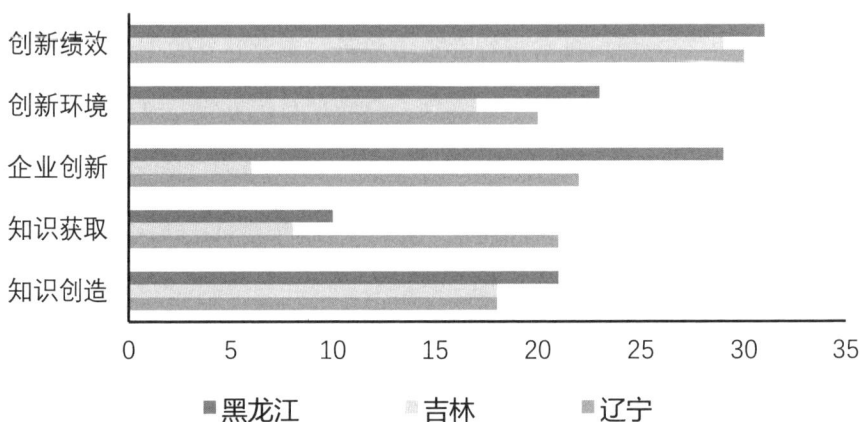

图 2-11 2022 年东北三省创新能力分项指标全国排名
数据来源：根据《中国区域创新能力评价报告 2022》整理得出。

创新能力不足也是东北制造业整体竞争力较差的原因之一。根据中国企业联合会和中国企业家协会公布的数据，2022 年中国制造企业五百强，东部地区有 362 家，中部地区有 73 家，西部地区有 55 家，东北三省仅有 10 家上榜，与广西壮族自治区相当。[①] 其中，辽宁 4 家，吉林和黑龙江各 3 家。从制造业民营企业五百强的区域比较来看，2021 年东北地区仅有 8 家，营业收入仅占 1.51%；而东部地区有 371 家，中部地区有 76 家，西部地区有 45 家上榜企业。[②] 从制造业集群发展来看，在 45 个国家先进制造业集群中，东部地区有 30 个，中部地区有 8 个，西部地区有 5 个，而东北地区仅有 2 个。[③]

总体来看，资源条件恶化、市场化机制发育不完善、对外开放水平较低、创新生态相对落后等因素导致了东北产业竞争力弱化，参与国内、国际双循环水平较低，最终经济发展内生动力不足，引发东北地区人才流失、人口锐减以及投资、消费、进出口的增长缓慢甚至下降。

① 数据来源：中国企业联合会、中国企业家协会《2022 中国制造业企业 500 强名单》。
② 数据来源：中华全国工商业联合会《2022 中国制造业民营企业 500 强榜单》。
③ 数据来源：工业和信息化部公布的 45 个国家先进制造业集群名单。

国际
比较篇

第三章
德国鲁尔区

德国的鲁尔区和中国的东北地区都在各自国家经济发展中扮演着不可或缺的角色。鲁尔区以其强大的钢铁、化工和机械制造业而著称，曾是工业革命的发源地之一。而中国东北地区在新中国成立后，尤其是"一五""二五"时期，凭借其丰富的煤炭、钢铁和汽车制造资源、前期积累的产业优势和苏联援建的外部优势成为工业化的"先头兵"。[①] 同时，鲁尔区和中国东北地区在产业结构、地理位置、资源禀赋、发展困境等方面也有诸多相似之处。鲁尔区和东北地区都曾面临工业结构调整、环境可持续性和社会发展等方面的问题。截至目前，鲁尔区已经基本完成了产业转型，成为世界知名的典型案例，而东北老工业基地的振兴仍在进行当中。将鲁尔区与中国东北地区进行比较分析，能够为我们提供对于东北振兴的一些洞见和启示。

在全球化和信息时代的今天，国际合作与经验交流至关重要，尤其是在解决产业转型、环境保护问题等方面。本章旨在回顾鲁尔区产业升级转型的过程，结合其客观背景，深入探讨鲁尔区和东北工业区之间的相似之处和不同之处。通过对这两个地区的细致分析，我们不仅可以深入了解鲁尔区产业转型的成功经验，还将更好地理解工业化和经济转型对不同国家和地区的影响，以及传统工业区如何面对全球化和可持续经济发展的挑战。

---

① 刘威、张丹：《迈向后增长社会的东北振兴：回顾与前瞻》，《理论探讨》2023 年第 5 期。

第一节　鲁尔工业区概述

鲁尔区是德国乃至欧洲最重要的老工业区之一。19 世纪，鲁尔工业区成为德国煤矿的中心，也成为以钢铁为代表的相关产业的重镇，进而在 20 世纪上半叶成为德国的"工业心脏"。到了 20 世纪下半叶，鲁尔区在国际市场的竞争中逐渐衰落，面临污染严重、失业率激增等一系列发展问题。经过德国政府与地方政府数十年的努力，鲁尔区在冷战后通过信息技术、生物科技、文化旅游等多个新兴行业实现了转型，从环境恶化、资源消耗的重工业区变成了绿色美丽、产业丰富的新经济区。与我国东北地区不同的是，鲁尔区本身并不是一个行政上的具体区划，只是在地理上指代鲁尔河流域的一段城市带。该城市带位于北莱茵 - 威斯特伐利亚州境内，处于鲁尔河与利珀河之间，与法国、比利时、荷兰等国的工业区距离很近。

鲁尔区面积 4435 平方公里，占北威州面积 13%；人口约 570 万，占北威州人口三分之一；核心地区人口密度超过每平方公里 2700 人，是德国人口最为稠密的地区。[①] 由于鲁尔区与鲁尔河、利珀河、莱茵河相连，并且处于西欧北部平原地带，再加上丰富的能源、钢铁、化工产业，这里的水路与铁路网建设发达，交通便利，可以为整个西欧提供能源与基础工业品的供应。19 世纪上半叶开始，伴随着煤矿开采和钢铁生产产量的急剧增加，德国鲁尔区逐渐发展成为世界上最著名的重工业区之一。[②] 第二次世界大战时期，鲁尔工业区为纳粹德国发动战争奠定了物质基础。战后，伴随着石油开采量和消费量的增加，鲁尔区的炼油业和石油化工等行业迅速发展起来。鲁尔区的重工业资源又大力推动了西德经济的恢复，其工业产值曾一度占全国的 40%。[③]

---

① 惠利、陈锐钒、黄斌：《新结构经济学视角下资源型城市高质量发展研究——以德国鲁尔区的产业转型与战略选择为例》，《宏观质量研究》2020 年第 9 期。

② 宋欣然：《工业遗产保护：从德国鲁尔区的经验看中国》，《城市建设理论研究（电子版）》2013 年第 10 期。

③ 高晓龙：《鲁尔区：严控倒逼解危机》，《中国生态文明》2014 第 1 期。

20 世纪 70 年代之后，鲁尔工业区传统的发展模式逐渐暴露出问题，产业发展态势出现明显的衰退迹象。例如：在政治上，政府与煤铁行业进行利益捆绑；在经济上，传统煤炭行业的地位下降，但替代能源尚未形成；在文化上，缺乏高校和科研院所，其研发能力不足；在生态上，环境污染严重，处理成本较高。[①] 然后，20 世纪 80 年代以来，德国鲁尔区通过大力发展工业经济和调整产业结构等举措，基本实现了生产中心和消费中心的发展，推动了产业和生态的双轮驱动。习近平总书记在考察东北三省时，对我国东北振兴的"双轮驱动"战略也作出过重要指示。他在主持召开新时代推动东北全面振兴座谈会时强调，推动东北全面振兴，根基在实体经济，关键在科技创新，方向是产业升级。东北地区要牢牢把握维护国家国防、粮食、能源、生态、产业"五大安全"的重要使命，整合科技创新资源，引领发展战略性新兴产业和未来产业，加快形成新质生产力，坚持制度创新和科技创新"双轮驱动"，将科技资源优势转化为高质量发展优势，为全面振兴取得新突破注入不竭内生动力。[②]

第二节　鲁尔工业区的兴起与鼎盛

关于鲁尔区煤矿的记录可以追溯到中世纪晚期。到了 19 世纪，德国在鲁尔区探明大量煤矿之后开始大规模开采煤矿。鲁尔区煤田储量大，开采条件好，虽然铁矿资源比较匮乏，但离法国东北部的铁矿较近，便于铁矿石的输入。在这种背景下，鲁尔区最具代表性之一的克虏伯公司于 1811 年在埃森市成立，鲁尔区进入到了大规模采煤的时代。到 19 世纪下半叶，成百上千的煤

---

① 黄天航、赵小渝、陈劲锋：《多层次视角方法分析创新发展的可持续转型研究——以德国鲁尔区转型发展为例》，《行政管理改革》2021 年第 12 期。

② 龚雪辉、郁振一：《再开东北振兴座谈会，这些关键词引人关注》，《党的生活（黑龙江）》2023 年第 9 期。

窑星罗棋布在河道之间，再经由水路输送到全国乃至整个西欧。同时，普法战争后的德国得到了阿尔萨斯－洛林地区，其与鲁尔区之间的便捷交通保障了充足的铁矿供应，使得鲁尔区的钢铁冶炼产业得以持续兴盛，成为西欧的钢铁重镇。然而，由于阿尔萨斯－洛林地区在第一次世界大战后重新成为法国领土，鲁尔区的钢铁产量锐减。此外，作为战争赔偿一部分的工业原材料供应也一落千丈，导致法国对德国的赔偿极为不满。1924年，鲁尔危机爆发，法国出兵占领了鲁尔区，要求德国偿还。在英国和美国的压力下，法国在一年多之后同意了下调赔偿数额，并从鲁尔区撤兵。

在道威斯计划以及之后的杨格计划[①]的影响下，德国的赔偿义务逐渐减轻，到1933年纳粹党上台后更是不再承认赔偿。至此，鲁尔区的工业生产已大致恢复元气，并且凭借健全的煤铁体系重新成为德国工业生产的力量源泉。第二次世界大战前，鲁尔区生产了德国67%的煤钢和77%的焦炭[②]，这些工业产出强化了纳粹的"战争机器"。到二战后，西德成了资本主义世界对抗社会主义世界的"桥头堡"，鲁尔区得到了发达国家的支持和保护，成为了战后经济恢复的基石。1946年，北莱茵与威斯特伐利亚的州界被移除，这使得分散在两州的鲁尔区被整合，鲁尔区的工业进一步得以发展。

在采煤业最鼎盛的20世纪50年代，鲁尔区产出了全德国82%的煤矿。同时，在鲁尔区有约60万人从事采煤工作，占全区总人口超过10%[③]，比例远高于我国山西省的3.3%[④]。可以说，此时的鲁尔区平均每三个家庭就有一个靠着采煤业谋生，全区对煤矿资源的依赖程度极高。

---

① 道威斯计划：1924年，为了用恢复德国经济的办法来保证德国赔付第一次世界大战赔款，协约国拟定了一项解决赔款问题的计划，史称道威斯计划。杨格计划：1930年3月，德国国会正式批准了关于第一次世界大战赔偿问题的经济方案，这一赔偿方案因由美国银行家欧文·杨格主持制定，被称为杨格计划。杨格计划降低了凡尔赛会议上确定的德国赔偿金额，并取消了对德国的经济管制，减轻了德国的赔款负担。

② 柯文：《鲁尔工业区的振兴及其启示》，《管理世界》1992年第2期。

③ 计算数据来源：https://kohlenstatistik.de/wp-content/uploads/2019/10/Kohlenwirt_Silberheft_final.pdf。

④ 计算数据来源：http://www.sxxingxian.gov.cn/xxgk/ghjh/202004/t20200403_1387126.shtml。

第三节　鲁尔工业区的发展问题与衰落

20 世纪 50 年代的鲁尔工业区已经形成了以下特点：第一，产业结构畸形，经济生产完全倚重能源行业与重工业，缺少可行的替代产业；第二，高度依赖单一资源，日常生活的用电、机械、化学品都依赖煤炭作为能源，缺少替代品；第三，工人数量众多，社会中群体职能单一，缺少其他的技能种类，许多其他类型的行业人才稀缺；第四，人口与资本密集，作为西欧人口最稠密、人均产值较高的地区，鲁尔工业区本身是一个相当大的市场，具备转型后的发展潜力。这些与我国东北在能源和重工业转型上曾面临或正面临的发展问题可以在一定程度上进行比较，但是也需要注意到，鲁尔区在面积与人口上与我国整个东北地区相去甚远，资源和产业的丰富程度也更低。因此，与地大物博、人口众多的我国东北地区相比，德国鲁尔工业区的发展问题体现得更加集中，解决方案也更加明确。

作为最典型的依赖能源与重工业的地区之一，鲁尔区面临的问题具有一定的普遍性。

首先，鲁尔区煤矿开采成本日益增高。依赖资源禀赋发展的区域通常会面临资源获取成本逐渐增加的问题，这往往是两方面因素导致的：一是随着资源密度降低，开采难度逐渐增大；二是随着经济和价格水平的增长，劳动力的数量和平均薪酬逐渐增加。当采煤业越过效率顶峰时，无论是开掘的成本，还是人力的成本，鲁尔工业区都在国际市场上逐渐不敌其他地区。与此同时，世界经济正处于全球化进程的初始阶段，也正处于以苏联和美国为首的东、西方两大阵营开始寻求合作的转折点，东欧、日本等地区的煤矿价格更加低廉，在国际市场的占有率越来越高。这导致鲁尔区的煤铁销量锐减，许多企业被迫关门。在 20 世纪 50 年代末，鲁尔工业区的硬煤产量和雇员人数都达到顶峰，分别达到 1.5 亿吨和 60 万人。[1] 然而，随着物价水平和人力

---

[1] 数据来源：WWF German, Berlin. Just Transitions for Regions and Generations, 2019。

成本的提高，鲁尔工业区采煤行业的雇员人数在进入 20 世纪 60 年代后迅速下降，在不到十年里减少了一半。[1]

其次，煤炭能源本身也随着技术进步和新能源的出现被逐渐淘汰。在西欧度过战后重建期（20 世纪 50—60 年代）后，煤炭这种污染严重的传统能源需要被淘汰逐渐成为了社会的共识。与石油、天然气等主要产自世界其他地区的能源相比，煤炭虽然在欧洲价格相对低廉，但是污染环境，带来了严重的负外部性。在能源全球化的总体背景下，欧洲各国对煤炭的需求持续下降。即便是在很长时间内油气无法替代煤炭的电力行业，欧洲各国也在通过风力、核电等技术逐渐减少煤炭能源的使用。1950 年，西德煤炭在一次能源中占比88%，而在 1972 年这一数字下降到了 32.3%[2]；与之相应，石油、天然气、可再生能源从非主流能源逐渐形成了与煤炭四足鼎立的局面。

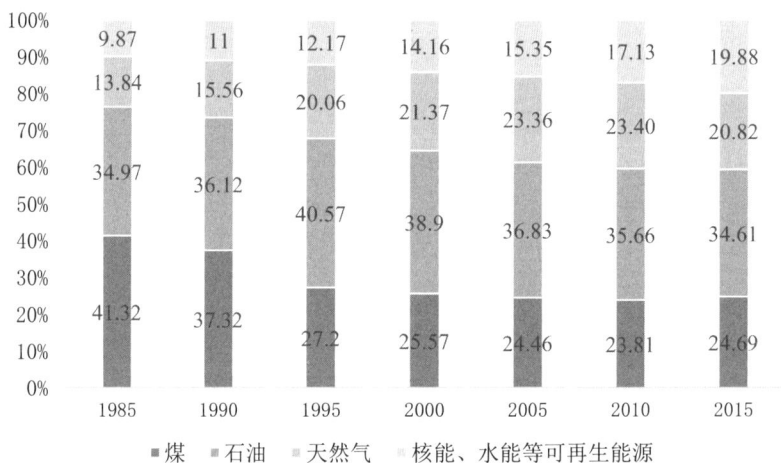

图 3-1　1985—2015 年德国能源结构变化

图片来源：https://blog.sciencenet.cn/blog-609047-1172453.html。

图 3-1 显示，硬煤在能源中的主体地位在 20 世纪 90 年代逐渐被石油取

---

[1] Stefan Gärtner. "An attempt at preventive action in the transformation of coal-mining regions in Germany". In *Towards a just transition: Coal, cars and the world of work*, 2019.
[2] 柯文：《鲁尔工业区的振兴及其启示》，《管理世界》1992 年第 2 期。

代，到了 21 世纪初，其在能源中的占比仅仅与天然气相当。而到了 2015 年，硬煤成了排名在石油、天然气、可再生能源之后的第四大能源。值得注意的是，与西德硬煤能源在占比中显著的变化相比，东德地区对于褐煤的依赖维持了相对稳定的状态，在 1960 年到 1990 年这 30 年期间基本保持不变。这表明计划经济下的东德地区相较于资本主义阵营的西德地区在能源转型上有着更缓慢的速度和更不积极的规划，而这也为 20 世纪 90 年代两德合并后东德地区资源型城市出现的动荡埋下了隐患。总的来说，以煤炭为代表的化石能源被取代是科学技术与时代发展的必然，对于世界各地的煤炭资源型城市都是共通的。

第三点是德国经济中心向南迁移。20 世纪 70 年代以来，代表西德南方的巴登－符腾堡和巴伐利亚地区经历了非常迅猛的经济增长，而与之同时，北方经济却陷入停滞。[①] 这一趋势并没有因为两德合并而发生改变，时至今日，巴登－符腾堡州和巴伐利亚州也是位居德国地区第二、第三的经济体，仅次于鲁尔区所在的北莱茵－威斯特伐利亚州。这一南北分化的过程也被称为 Nord-Süd-Gefälle（南北落差），体现南升北降的趋势。这一变化的发生并不是直接影响鲁尔工业区发展的主要因素，但是在南方经济增长的同时，鲁尔工业区等北方地区的人口逐渐向南迁移，一些企业也更加愿意在南方购置工厂或设立总部。这样的大背景与我国东北地区发展的问题有相似之处。改革开放以来，我国经济同样呈现南升北降的形势，南方沿海地区有着更好的投资环境和发展潜力，而这也吸引以东北为代表的北方地区的人才向南方迁徙。因此，东北振兴与鲁尔区转型类似，需要留住有外迁倾向的高质量人才和优良资本。

这些内外部的变化都导致鲁尔区面临经济停滞、失业率激增、人口流失

---

① 和平年代的欧洲逐渐走向了联合，法国、德国、意大利等欧陆大国在经济与科技领域交往日益密切，南德的交通枢纽地位的重要性日渐显现。更为重要的是，南德地区因为自身自然环境相对欠佳，所以在产业更新换代上的负担与阻碍相对较轻。于是，南德地区在 20 世纪 70 年代大规模引进高新技术产业落户安家，包括电子设备、精密仪器、高端汽车制造与飞机制造等高附加值行业纷纷落户以慕尼黑为中心的南德地区，从而为南德经济注入了强大动力。

等一系列问题。1955—1990 年间，鲁尔区采煤工作岗位减少了 79.4%。1979 年，鲁尔区失业率高达 5.7%，远超全国 3.8% 的平均水平。而失业也导致了人口的流失，以鲁尔工业区内的盖尔森基兴为例，该城市人口从 1959 年的 39 万下滑至 1979 年的 31.5 万。[①] 整个鲁尔工业区人口同期减少了 3.5%，与之相对，全联邦德国人口同期增长了 10.6%。[②]

第四节　鲁尔工业区的结构性政策与转型

对于鲁尔工业区的衰落，联邦与地区政府给予了高度重视，进行了一系列的整顿和规划，并成功实现了产业转型。鲁尔区协会（Regionalverbands Ruhr，RVR）将过去 60 年的转型过程分为四个阶段：综合结构性政策（1966—1974 年）、集中结构性政策（1975—1986 年）、区域结构性政策（1987—1999 年）、自我组织的结构性政策（2000 年至今）。[③] 经过这四个阶段，鲁尔工业区实现了从"综合统筹规划"到"具体职能部门的治理"，并且扭转了下滑的经济形势，使得北莱茵 - 威斯特伐利亚州继续成为德国经济最发达的地区。

一、综合结构性政策（1966—1974 年）

1920 年成立的鲁尔区开发协会（SVR）在 1979 年升级成为鲁尔区市镇协会（KVR），并于 2004 年改组为鲁尔区协会（RVR）。其总部设在埃森，由当地州政府直接管辖。协会成立初期的主要职责是规划工业用地、绿化、交通

---

① 数据来源：https://www.washingtonpost.com/archive/politics/1979/08/18/w-germanys-ruhr-declines/fda25980-3333-4454-8142-cac41ed1cbd3。

② 柯文：《鲁尔工业区的振兴及其启示》，《管理世界》1992 年第 2 期。

③ http://www.ruhrgebiet-regionalkunde.de/html/erneuerung_der_infrastruktur/strukturpolitik_fuer_das_ruhrgebiet/strukturpolitik.php%3Fp=4.html。

线路的布局，到 20 世纪 60 年代开始承担全区的建设与发展。1968 年，制定了鲁尔发展规划（EPR）方案。

EPR 方案主要包括以下几个方面：第一，创造新产业的工作，这既包括为新的投资提供帮助，也包括为新产业落地提供空间；第二，发展交通网络与城市中心，这需要兴建道路和快速交通体系，还要扩张城市和区域中心；第三，扩张学校与大学教育，这包括整个学校体系，尤其是工程学校和大学教育；第四，保持空气与水体清洁；第五，增加城市休闲设施，增加城市绿化。[1]该规划最初只是一个五年规划，但是在 1970 年被提交给州政府后，得到了从联邦政府划拨的 170 亿马克的经费。该机构至今依然统筹规划着鲁尔区经济生产各方面的工作，并且基本指导了这几十年鲁尔区全方位的发展规划。

EPR 首先认为，鲁尔区经济形势面临的最基本问题是煤炭消费量的下降限制了生产力，而地区治理的首要任务就是为多余的劳动力创造新的、更具保障性的就业机会。[2]方案的前三条就是围绕着这一首要任务展开的。鲁尔区具体措施的基本思路是增加土地、人力和资本的流动性，比如：加速关停工业生产区域并把土地提供给其他企业，增加工人从事新职业的意愿和能力，用公共资金支持并扩大基本公共服务设施。

提高流动性的一个重要举措是改善交通状况。规划提出，要修建更加密集的公路网和快速铁路，计划在鲁尔区修建总长度达到 500 公里的四车道高速公路，进而和邻国、海港实现有效连接；此外，还包括铁路、轻轨等一系列轨道交通，州政府就这些基础设施的建设向联邦政府提出超过 4 亿马克的资金需求。与此同时，在城市规划上要实现工商业、住房、各类机构的集中化，并且对于这样的迁移提供补贴，通过这样的方法实现城市中心的扩张。

---

①State government of North Rhine-Westphalia: Ruhr Development Program 1968 – 1973. Düsseldorf, 1968.

②State government of North Rhine-Westphalia: Ruhr Development Program 1968 – 1973. Düsseldorf, 1968.

流动性的另外一个方面体现在劳动力市场的流动性。规划提出，知识和职业流动必须成为所有教育和培训努力的一个中心目标。[①]州政府计划分阶段提高接受教育程度，目标是从 1980 年起，同年龄组中，大约 45% 的年轻人能够完成初中学业，35% 的年轻人能够完成高中学业，15% 的年轻人能够完成高等教育。由于鲁尔区本身已经有了相对成熟的继续教育网络，大量下岗的矿业工人可以得到资助，总体上规划对于这部分目标相当乐观。方案还指出，大学对研究机构有吸引力，而研究机构又吸引了许多商业机构。因此，发展高等教育不仅意味着可以吸引更高质量的人才，也意味着更好的投资机会。

EPR 在力图创造新的产业和就业机会的同时，还关注环境污染问题。长年作为资源型地区的鲁尔工业区空气和水体污染严重，全德国大部分重度污染区集聚于此。发展规划将环境保护列为重要的子任务，计划关闭 80 余个大型工业空气污染厂，要求联邦政府额外增加超过两倍的资金用于减少空气污染和粉尘排放。此外，通过建设大型污水处理厂、重建运河、修理被破坏的下水道，解决水体清洁问题，保障居民身体健康。

二、集中结构性政策（1975—1986 年）

在石油危机过后，鲁尔工业区的产业竞争形势发生了微妙的变化。此时，地区政府将需要解决的主要问题修改为如何提高当地大型企业的生产力、减少环境污染和优化技术转移，政策的总体思路也从之前综合的需求侧方针转变为了更加中央的供应侧方案。这个阶段的主要政策包括职业学校扩张、建立技术转移中心以及建立鲁尔财产基金。[②]其中，鲁尔财产基金的建立是这个阶段最主要的创新之一。该基金的主要用途是修复旧有土地、资助新兴企业，并且在之后进一步发展为"北莱茵 – 威斯特伐利亚财产基金"，管理

①State government of North Rhine-Westphalia: Ruhr Development Program 1968 – 1973. Düsseldorf, 1968.

②Landesregierung von Nordrhein-Westfalen. Politik für das Ruhrgebiet. Das Aktionsprogramm. Düsseldorf, 1979.

全州的事务。

这个阶段出现的一个表面上的错误在于，由于石油危机的发生，煤炭作为能源的希望重新燃起，政策制定者在这段时间持续对煤炭行业进行补贴。这使煤炭行业从业人数和产量在一定程度上维持了稳定，并没有继续实行让煤炭行业平稳退出的政策，这导致结构转型的基本任务并没有很好地实现。这一问题的根源是，中央的、集中化的政策往往是由州政府甚至联邦政府制定的，地区政府只是执行者；而鲁尔工业区长期以来呈现出由煤钢复合体主导的垂直结构，这些大型的煤钢产业链与当地大量中小企业锁定，并且和当地政府、媒体紧密关联，一切研发活动、环境保护、能源升级等事务都在原有的框架内进行。所有联邦政府或北莱茵－威斯特伐利亚州政府的政策必须通过与这一复合体进行互动才能得到落实，导致新兴产业的发展受到了严重的制约。因此，尽管煤钢复合体自身在不断衰弱，但是形成的路径依赖严重阻碍了产业的转型。

由于 APR 在政策总体上维持了原来的规划方案，没有能够进一步深化改革，所以这一时期的政策并没有取得很显著的成效。到了 20 世纪 90 年代，人们普遍批评这个项目财政开销巨大却收效甚微。在 20 世纪 80 年代，鲁尔工业区失业率高达 15%[①]，远远高于州内其他地区；且鲁尔区的地区生产总值在全国的占比也较低。

三、区域结构性政策（1987—1999 年）

在意识到中央化的政策已经举步维艰后，RVR 及时调整了总体思路。在与 APR 方针上大体一致的同时，迭代了政策精神，将中央统筹的结构性政策订正为区域内自主的结构性政策。事实上，北莱茵－威斯特伐利亚州政府已经意识到了鲁尔区的经济结构需要因地制宜，区域利益的主导者应该被允许积极地参与到地区政策的制定中。在这种背景下，1987 年召开的州议会发布

---

① 数据来源：https://www.rvr.ruhr/fileadmin/user_upload/metropoleruhr.de/Bilder/Daten___Fakten/
　Regionalstatistik_PDF/Arbeitsmarkt/06_Zeitr_Arbeitsmarkt_13.pdf。

了《煤炭和钢铁区域未来倡议》，代表着联邦政府层面的中央控制被削弱。这一倡议在 1989 年被扩展至全州。

在该倡议实施阶段，最具有代表性的成果是建成了埃姆舍公园。在 1989—1999 年之间，由埃姆舍河流域的地区企业、政府、专家和个人共同组建的半官方机构通过重新绿化工业用地、净化水域、发展新能源与文化创意产业，打造出了这样一座城市景观，使该城市的文化遗产得以彰显。这个项目通常被视为一次成功的政治形象工程以及一起旅游业的里程碑事件，但我们要注意的是，该项目的成功正是在区域结构性政策实施之后，由地方产业牵头引导，在政府的资助下完成的。该项目超过一半的经费来自公共财政，但是规划和建设由当地行为主体广泛参与合作。

1998 年，鲁尔区制定了区域性工业文化旅游系统规划，并在 2007 年全面落实，这进一步促进了鲁尔区工业文化旅游的一体化。[①]与埃姆舍公园项目类似，鲁尔区出现了许多后工业景观。这些景观是此前几十年从 EPR 开始的一系列政策导向的自然延续，是区域结构性政策落地后的一大成就。但是需要注意的是，此时鲁尔区依然不是一个正式的地区行政规划。此前中央和州政府的政策无法有效执行，而此时地区的工作又以各个地市各自为政，缺乏协调性。因此，尽管此时鲁尔区已经在失业率改善、产业升级、环境保护等方面取得了不错的成效，但是工业增加值的增长速度依然落后于北莱茵 – 威斯特伐利亚州的其他地区，也落后于德国整体平均水平。

四、自我组织的结构性政策（2000 年至今）

21 世纪以来，随着煤钢复合体巨头企业在地区的行政力量逐渐减弱，鲁尔区终于将 KVR 改组为 RVR，并且将协调统筹各地区组织作为自己的主要任务。之后，鲁尔工业区进入了自我组织的结构性政策时期。由于此时大型企

[①] 张晓飞等：《超越德国鲁尔的辽宁产业振兴之路——从工业文化游到文旅康养》，《辽宁经济》2022 年第 11 期。

业的传统部门已经基本消亡，蒂森和克虏伯等巨头公司也因为形势所迫逐渐合并，鲁尔区的主要矛盾不再是如何淘汰旧有的产业，而是如何构建新的发展方式。这一时期鲁尔区结构政策最主要的特点是强化鲁尔区的优势，寻求快速且可持续的发展。2002 年，RVR 发布了《鲁尔前景——鲁尔结构政策项目》，作为新时期鲁尔发展的指导方针。

这一时期一个标志性的政策是建立工业园区。尽管工业基础雄厚的鲁尔区在此前并不缺少科研环境，以克虏伯公司为代表的传统大型企业的各个研发部门有着不俗的实力；但是也正如上文所说，这些大型企业主导的一系列研发方向依然围绕着自身的优势领域，例如化工流程、机床数控、流程自动化等技术的优化与升级。由于这些企业本身所在的行业处于即将消亡或待淘汰的状态，过去几十年里，他们科研能力的优势并没有充分展现出来。在自我组织的结构性政策引导下，相关的科研机构被整合到相近地区，并成立一系列科技园、孵化器，这些科研创新导向的产业本身也提供了上万的工作岗位。在研发园区的基础上，又形成了一系列类似硅谷的产业群，这些集群被描述为"相互依赖的企业在价值链的垂直关系层面和研发、资质和技术促进之间的水平关系层面上的空间集中"[1]。

通过工业园区和空间聚集的模式，鲁尔工业区不仅发挥了企业研发部门的优势，还发挥了高校在科研上的优势。经过几十年的建设，鲁尔区目前有22 所大学，是全欧洲高等教育院校最稠密的地区。[2]波鸿鲁尔大学、多特蒙德理工大学、杜伊斯堡 – 埃森大学等高等院校在德国名列前茅，尤以理工科见长，稳居世界排名前三百。[3]鲁尔区政府在这一时期的政策以"加强学校、企业和政府的协作"为主，发展了一系列环境技术、电力技术、媒体技术、

[1]Fernandez-Sanchez, N., Muth, J. & Rehfeld, D. Structural policy in selected European regions: results of a comparative assessment (discussion paper). Gelsenkirchen: Institut Arbeit und Technik, 2004.

[2] 数据来源：https://www.welcome.ruhr/en/career/studying。

[3] 数据来源：https://www.shanghairanking.com/rankings/gras/2022。

信息科技等此前并不具备的高新产业。例如多特蒙德市形成了完整的信息技术、芯片产业链，而埃森市则有着大量的环境技术和医疗科技的产业园。

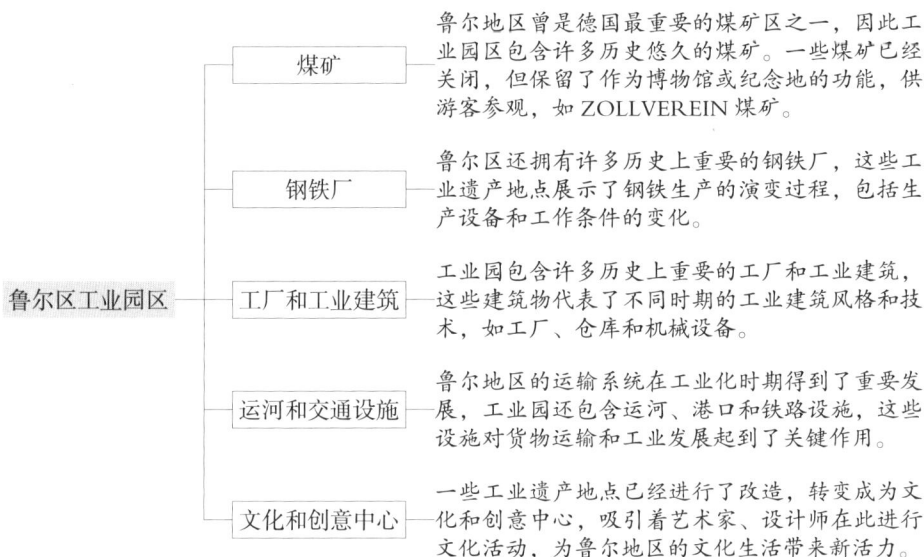

图 3-2　鲁尔区工业园区的构成

第五节　鲁尔工业区转型的经验与教训

从结果上看，鲁尔工业区实现了产业转型。鲁尔区依然是人口稠密、人均收入高的德国工业中心，传统的煤钢产业彻底退出历史舞台，取而代之的是创新的、智能的、环保的、现代的先进制造业，并且已经形成了发达的城市群。在 RVR 2021—2027 年的规划中，鲁尔区已经将自己的下一步发展目标设定为大都会，力图持续扩张鲁尔区城市群，将其打造为欧盟国家绿色的、现代化的投资中心，持续用科技创新为先进制造赋能。[1]鲁尔工业区成功转型依赖于以下优势：

---

[1]Regionalverband Ruhr. Positionen der Metropole Ruhr zur EU-Strukturförderung 2021–2027. Essen, 2020.

　　首先是人口优势，包括整体人口规模和技术工人数量优势。作为德国人口密度最高的区域，鲁尔区本身就是新行业腾飞的沃土，也是大学等科研机构的摇篮，与德国其他地区相比有着显著的比较优势。这与新中国成立初期的东北地区相似，但也存在差异。东北地区工业基础雄厚，煤炭等自然资源较为丰富，拥有较高水平的技术人员，形成了较为完整的工业化体系。[①]我国东北地区总体上是一个相当大的地理区域，虽然有人口密度相似甚至更胜一筹的大型城市，但是也有更加遥远的城市间距离。2008年全球金融危机爆发以后，我国南北差距开始显现并逐步拉大，东北地区是体现南北差距的重点区域，存在较为严重的资本效率低下、创新驱动发展动能不足等问题。[②]我国东北地区在新动能培育领域较为落后。以计算机、通信和其他电子设备制造业为例，2020年东北地区该行业规模以上企业营业收入745.58亿元，仅占全国的0.6%。从科技创新来看，东北地区规模以上企业的研发人均经费支出为499.17元，仅为全国平均水平989.37元的50.45%；每万人国内专利申请量为16.71件，仅为全国平均水平36.78件的45.44%，居于全国中下水平。[③]想要吸引投资和研究机构，还需要更大力度的政策支持。

　　其次是鲁尔区经济对政策的依赖。作为一个战后借由政治形势快速发展的区域，鲁尔区自身的经济从一开始就对政策十分依赖，在许多方面带有一定计划经济的色彩。地区经济在当时严重依赖能源和基础工业品与其他地区的贸易，受到政策影响明显；这样的传统反过来也使得在鲁尔区发动改革是相对容易的，在中央政府指导下，地方政府和几乎关联所有经济部门的大型企业合作，可以较为快速地推进措施。鲁尔区在改革过程中考虑了产业结构格局对企业制度的要求，大力扶植中小企业，新建企业多为中小型企业，为

① 管昌臻：《鲁尔区转型对东北地区的启示》，《纳税》2017年第11期。

② 耿瑞霞、胡鞍钢、周绍杰：《我国经济发展南北差距：基本判断、主要原因与政策建议》，《中共中央党校（国家行政学院）学报》2022年第5期。

③ 数据来源：国家统计局与《中国工业统计年鉴》。

整个地区经济发展带来了活力。① 在这一点上，我国试图发展资源型城市时也有相同的优势。例如，2023 年 6 月 25 日，辽宁省、吉林省、黑龙江省及内蒙古自治区在沈阳联合举办国资央企助力东北全面振兴座谈会，与多家央企签约合作项目 111 个，总投资超 5000 亿元，涵盖工业、农业、能源、基础设施等多个领域。②

最后是采煤业本身的特点。鲁尔区以采煤工业起家，自 19 世纪中叶开始的一个世纪中，煤炭产量一直占全国的 80% 以上，钢产量占全国的 70% 以上。③ 采煤是劳动密集型工作，大量工人本身就需要在 50 岁左右退休，并且由于煤矿工作的特殊性，意外死亡率相当高，相关慢性疾病也导致工人平均寿命不高。④ 这些工人提前退休的年限并不算很长，他们对于社会体制改革和自己寻求转业的反抗心理并不强，也能够认同政策上保护环境、发展科创的方针，比较易于接受这样的变化。这种行业内总体上更加愿意接受改变的心态使工会的谈判磋商更加容易，所以关闭煤矿导致的下岗并不会引发极为严重的社会动荡，也有利于改革的进一步实施。采煤业曾经也是我国东北地区的主要产业之一，面临着巨大的结构性问题。例如，阜新市煤炭工业税收占地方财政收入的 1/3 以上，矿区人口占全市人口 59.7%。此外，辽宁省的 35 座重点煤矿 10 年内有 11 座报废，8 户国有有色金属矿山中有 7 户已于 2000 年破产。⑤ 然而同时，我国东北地区的重工业种类更加多样，拥有丰富的煤炭、石油、钢铁等自然资源和健全的能源、化工、

① 郑适、汪洋：《借鉴德国鲁尔工业区发展经验 推进吉林省产业结构调整》，《经济纵横》2006 年第 14 期。

② 数据来源：https://fgw.ln.gov.cn/fgw/lnqmzxxtpzl/20230805130703799833/index.shtml。

③ 李晟晖：《矿业城市产业转型研究——以德国鲁尔区为例》，《中国人口·资源与环境》2003 年第 4 期。

④ 2013—2020 年，我国煤矿共发生生产安全事故 2450 起，死亡 4374 人，平均每年死亡 546.75 人（参见冯宇峰等：《20 世纪以来我国煤矿安全发展历程及事故总体规律研究》，《煤矿安全》2022 年第 3 期）。同时，煤矿开采过程中会产生大量煤矿粉尘，从事煤矿工作的工人很容易患有尘肺病，煤矿工人尘肺病患者因为呼吸功能的迅速减退，生命质量大大降低。

⑤ 李晟晖：《德国鲁尔区产业结构调整对我国矿业城市的启示》，《国土经济》2002 年第 9 期。

汽车、装备制造等产业体系，特点各不相同，关停转型所面临的问题也更加复杂。①

　　然而，鲁尔工业区的转型过程也出现了一系列问题，其中一个最具有代表性的问题是，前文提到的没有专门对鲁尔区负责的行政机构。鲁尔区自始至终也没有被设立为一个行政区划，这和我国东北地区的情况不同。无论是在北莱茵－威斯特伐利亚州内还是在德国境内，都没有代表鲁尔区的政治声音，也没有具体实施鲁尔区发展规划的政府职能部门，只有进行政策建议和统筹规划的机构。另一个问题是，一些历史上形成的大型企业在地区经济转型的前期依然高度捆绑了经济结构和地区行政。在这种背景下，由于无法脱离过去的结构单独运作，RVR 所提出的结构性政策也就不能真正地发挥作用。如果不能破除旧有的经济结构，减少对于大型企业的保护和扶持，就不能真正地实现经济转型。这一点在前文已经讨论过，但是在我国情况并不完全相同。与鲁尔区相比，我国东北地区政府的行政力量更加强大，推动国有企业接受转型相对更容易做到。但是这些地方支柱产业和地方政府、地方社会形态存在着紧密关联，政府亦不能轻举妄动，依然要审慎综合考虑多方因素，进而做好"软着陆"。

　　同时，鲁尔区的经验也启示我们，老工业基地的改造与振兴是一项长期而复杂的工程。虽然德国鲁尔区从 20 世纪 60 年代开始进行改造，历经 50 多年的不懈努力取得了一定的成效，但并没有全面解决当地的就业问题。鲁尔区的人口总量从 20 世纪 70 年代的 560 多万人，下降到当前的 530 万人，若不计算新增的约 24 万在校大学生，鲁尔区人口总量在近 40 年转型发展中已经下降了 54 万人。根据德国研究机构的预测，这种趋势还将持续，到 2030 年，鲁尔区人口总量可能下降到 480 万人以下。②

① 姚树洁、刘嶺：《新发展阶段东北地区高质量发展探究》，《学习与探索》2022 年第 9 期。

② 姜四清、张庆杰、赵文广：《德国鲁尔老工业区转型发展的经验与借鉴》，《中国经贸导刊》2015 年第 10 期。

第六节　鲁尔区转型经验在东北地区的实践与讨论

转型前的德国鲁尔工业区和中国东北老工业基地在自然资源、产业结构、国内经济地位等方面均具有较多相似性和较大可比性。在自然资源方面，两个地区都曾以丰富的煤炭资源而闻名。在鲁尔区，煤炭一度是支撑其工业的主要能源来源；在中国东北，煤炭也一直是主要的能源资源。在产业结构方面，两者都曾以重工业为主导，包括钢铁、化工和机械制造。在国内经济地位方面，德国鲁尔区和中国东北地区都是各自国家的重要工业基地。鲁尔区是德国最大的工业区之一，也是工业革命的发源地之一；而东北地区是中国的重要工业区域，在新中国成立后，尤其是"一五""二五"时期，成为我国工业化的"先头兵"。[①] 如今，东北地区面临的工业结构调整、环境可持续性和社会发展等方面的困境也是鲁尔区曾经面临的问题，鲁尔区的转型实践能够为我国东北老工业基地振兴提供一定经验。

首先，从宏观机构设置来看，老工业基地转型改造是一项复杂的综合性工程，在改造的过程中会涉及诸多部门和地区的利益。根据德国鲁尔区的治理经验，可以由有关部门共同成立全国老工业基地调整改造指导委员会，负责老工业基地调整改造规划的制定实施、部门间协调以及资金的管理和效果评价。根据德国鲁尔区的经验，鲁尔区内各行政单元（市、县）以北威州出台的《地区联盟法》为基本依据，将政府职能赋予鲁尔区联盟，在改造过程中发挥统筹协调作用。[②] 我国东北地区应积极吸取鲁尔区转型的教训，不仅要设置建议和规划部门，还需要设置具体实施发展规划的政府职能部门，提高政策实施效率。例如，设置协助吸引国内外投资、提供优惠政策和服务的投资促进局，结合自身条件，紧跟国家战略布局，择

---

① 刘威、张丹：《迈向后增长社会的东北振兴：回顾与前瞻》，《理论探讨》2023 年第 5 期。

② 姜四清、张庆杰、赵文广：《德国鲁尔老工业区转型发展的经验与借鉴》，《中国经贸导刊》2015 年第 10 期。

优发展战略新兴产业；通过加大投资力度推动产业规模扩张，加速资本积累，充分利用其边际生产率较高的特点，推动产业融合化、集群化、生态化发展。[1]

第二，从产业结构调整来看，要把改造传统制造业与发展高新技术产业结合起来，把第二产业的高质量发展与第三产业的大力开发结合起来。[2] 政府应该积极发挥东北地区资源型城市在基础设施、产业基础、技术工人储备等方面的优势，运用高新技术和新工艺来升级传统落后产业。[3] 在东北地区工业化衰退期间，煤钢工业、化学工业、机械工程等领域会出现就业人数显著下降、厂房空置废弃等问题。对于旧工业遗产，可以学习鲁尔区"博物馆式开发"、打造"区域公园"等思路，进行工业景观化处理，对工业遗产进行改造升级和景观再利用，促进旅游等第三产业的开发。[4] 同时，还可以利用东北地区优质的自然环境和冰雪旅游资源大力发展环境友好型的第三产业，弥补第二产业失去的工作岗位，并创造新的经济增长点。[5] 例如，鲁尔区通过新工业化的措施推动了产业结构的调整，第三产业逐渐处于主导地位。2011 年，鲁尔区第一、二、三产业的产值比重依次为 0.2%、31.1%、68.8%。其中，第二产业增长率为 9.4%，第三产业增长率为 7.2%；而同期，德国第二、三产业增长率分别为 21.5%、4.5%。这表明，鲁尔区的新兴服务业成为拉动地区增

---

① 徐杰：《基于要素配置效率改进的东北地区产业结构优化研究》，吉林大学 2022 年博士学位论文。

② 惠利、陈锐钒、黄斌：《新结构经济学视角下资源型城市高质量发展研究——以德国鲁尔区的产业转型与战略选择为例》，《宏观质量研究》2020 年第 9 期。

③ 高潮：《东北老工业区振兴收效甚微，德国鲁尔成功转型值得借鉴》，《中国对外贸易》2016 年第 8 期。

④ 里志胜、王立新：《德国鲁尔区的工业遗产利用方式研究》，《城市建筑》2022 年第 2 期。

⑤ 鲁尔区第三产业受雇人员的比例不断上升。第一、二、三产业的从业人员比例由 1960 年的 2.4%、61%、36.6% 上升到 2004 年的 1.3%、31.5%、67.7%，高于同期德国第一、二、三产业的平均水平（2.5%、31.9%、65.6%）。第二产业内部分化也相当明显：1980—1991 年间，第二产业领域的就业人数由 72.2 万减少到 57.1 万，其中传统的矿冶工业的就业岗位减少 10.3 万个，占第二产业就业人数的比重由 41.2% 下降到 33.0%。而同期机械制造、电子、汽车、化学以及食品工业占第二产业就业总人数的比重却由 34.4% 大幅上升至 41.1%。参见张秀娥、孙建军：《从鲁尔区振兴看东北地区资源型城市经济转型》，《学习与探索》2009 年第 3 期。

长的新引擎。^① 在当今时代背景下，东北地区亦可以运用直播等新型传媒形式进行旅游宣传。还可以学习鲁尔区工业园区的设置，在东北地区建立工业园区，同时也是文化创意产业园区，在展示工业遗址的同时吸引艺术家、设计师、文化企业和创意初创企业入驻。园区可以提供艺术工作室、展览空间、创意办公室和创业支持服务，政府提供土地、税收减免和创业补贴，吸引创意人才和企业。

第三，从转型具体路径来看，东北地区可以借鉴鲁尔区转型过程"软着陆"的经验，一方面对衰退企业退出实行援助政策，另一方面重视扶持创新能力较强的中小企业并发展高等教育，推动科研成果转化。^② 鲁尔区重点改造项目之一是对矿区进行清理整顿。通过价格补贴、税收优惠、投资补贴等一系列优惠政策，将采煤集中到盈利多和机械化水平高的大矿井，大幅度改造煤钢业。^③ 鉴于此，我国东北地区应主要实行两类援助政策：一是援助煤炭、森工、有色金属等资源性衰退产业的退出；二是援助缺乏竞争优势、长期亏损、资不抵债的国企退出。要着力解决体制性机制性问题，推进国有企业公司制股份制改革，建立现代企业制度，鼓励非公经济参与国企改制重组。^④

同时，要大力扶持高新技术中小企业，加大对中小企业科研和开发的支持力度，积极引进人才。与鲁尔区科研基础雄厚的背景不同，我国东北地区科研基础相对较为薄弱，并不是我国的高新技术集中地区。^⑤ 而文化氛围的培育、教育机构的发展需要较长的时间周期，因此东北地区可以在学习鲁尔区

---

① 管昌臻：《鲁尔区转型对东北地区的启示》，《纳税》2017 年第 11 期。

② 付天海：《德国鲁尔工业区经济振兴对我国东北老工业基地改造的启示》，《北方经济》2007 年第 9 期。

③ 高潮：《东北老工业区振兴收效甚微，德国鲁尔成功转型值得借鉴》，《中国对外贸易》2016 年第 8 期。

④ 刘海军、张超、闫莉：《东北振兴二十年历程与新时代推动东北全面振兴》，《改革》2023 年第 9 期。

⑤ 在世界科技史上，德国的工业技术占有重要的一席，而鲁尔区就是德国许多技术发明诞生地，科研基础十分雄厚。参见付天海：《德国鲁尔工业区经济振兴对我国东北老工业基地改造的启示》，《北方经济》2007 年第 9 期。

大力发展高等教育并将高等教育与本地区经济发展结合的同时，加大人才引进力度，为经济发展提供及时的智力支持。[1]2020 年习近平总书记赴吉林考察时强调，要创新人才工作政策、体制机制、方式方法，积极营造拴心留才的良好环境。2023 年 9 月，习近平总书记再次强调，要提高人口整体素质，以人口高质量发展支撑东北全面振兴；支持东北留住人才、引进人才。[2] 具体措施包括：增加研究经费投入，支持学者研究项目和团队；为高素质人才提供税收减免、住房津贴、子女教育等方面的福利待遇；通过国际化招聘计划吸引国内外优秀教师、研究人员和管理人才，提供合适的工作条件、薪资和生活待遇，帮助他们更容易融入东北地区的教育体系等。

从职工利益来看，我国东北地区与鲁尔区在产业类型、所有制上存在着较大差异，比如我国东北地区不仅拥有煤炭工业，还有其他多种重工业；东北地区企业的国有化程度也较深。因此，转型过程中职工的相关问题会更加尖锐复杂，需要得到更多重视、采取更多措施来妥善合理地解决。对此，可能的具体措施包括：制定全面的职业培训计划，帮助下岗职工获取新的职业技能以适应市场需求；开展再就业计划，政府与企业和社会组织合作，建立下岗工人再就业培训制度，为就业转移创造条件[3]；确保下岗职工的基本生活保障，提供失业救济金和社会救助；结合工业遗产旅游项目发展文创、服务型企业，就地安置下岗职工[4]；建立职业技能认证体系，帮助下岗职工证明其技能和资质，增加他们在就业市场上的竞争力；建立就业服务中心，提供就业信息、职业指导、招聘会等服务，帮助下岗职工寻找合适的工作机会；建

---

① 鲁尔区在教育科研领域采取的措施主要包括加强科研界与经济界的合作，把区内的经济中心和科研中心联系起来，以加快科研成果的应用；改革传统教育，创立新兴学科，并把高等院校的教育与本地区经济发展相结合；州政府试图将鲁尔区建成 "欧洲高等院校区" 等。参见付天海：《德国鲁尔工业区经济振兴对我国东北老工业基地改造的启示》，《北方经济》2007 年第 9 期。

② 《习近平主持召开新时代推动东北全面振兴座谈会强调　牢牢把握东北的重要使命　奋力谱写东北全面振兴新篇章》，《人民日报》2023 年 9 月 10 日，第 1 版。

③ 付天海：《德国鲁尔工业区经济振兴对我国东北老工业基地改造的启示》，《北方经济》2007 年第 9 期。

④ 陇明：《德国鲁尔区工业文明探秘》，《国际人才交流》2022 年第 3 期。

立监测和评估机制，定期追踪下岗职工的就业状况和生活质量，并根据评估结果及时调整和改进支持政策和措施等。

从文化教育来看，东北地区需要进一步投资一流大学和研究机构的建设，提高教育水平和科研实力。[1]可以将职业教育作为抓手，强化对职业教育的重视程度。可能的具体措施包括：建立现代化的职业技术培训中心，配备先进的实验室和技术设备，提供多种职业培训课程；推动职业教育学校与本地企业合作，共同制订培训计划，为学生提供实际工作机会和技术培训；引进国内外专业师资，提升教学水平和教育质量等。同时，也需要在大学生人才工作上积极作为，在大学生人才的"养""留""引"上采取新举措，多维度齐发力做好大学生人才工作。[2]

从环境保护来看，鲁尔区既反映了工业环境污染严重的一面，也展示了生态修复所带来的无限可能性。鲁尔区的成功经验可以归结为许多要素耦合联动的结果，东北地区可以借鉴的经验包括成立环保机构、颁布相关政策、新闻媒体的宣传报道和有效监督、公民动议和社会机构的广泛支持、提高排污效率、鼓励技术革新等。[3]

第七节　结语

本章主要介绍了德国鲁尔区的转型历程，并讨论了其对振兴东北老工业基地的借鉴意义。我国东北地区可以借鉴德国鲁尔区的经验，通过产业结构调整、培育新兴产业等措施来带动老工业基地改造，促进国有企业改革等问

[1] 惠利、陈锐钒、黄斌：《新结构经济学视角下资源型城市高质量发展研究——以德国鲁尔区的产业转型与战略选择为例》，《宏观质量研究》2020 年第 9 期。

[2] 王晓东、李佳洋、南丽军：《东北振兴视角下的大学生人才"养""留""引"》，《经济师》2023 年第 5 期。

[3] 江山、林超君：《19世纪和20世纪德国鲁尔工业区环境问题与综合治理》，《南京林业大学学报（人文社会科学版）》2020 年第 5 期。

题的解决，推动东北经济高质量发展。

　　然而，值得注意的是，虽然转型前的德国鲁尔区和我国东北地区在产业结构、区位条件、面临的困境等方面有较多相似之处，但鲁尔区与我国东北地区实际上仍在客观上存在许多差异，鲁尔区的转型经验并不能全部直接应用于我国东北地区。从空间上来说，二者的面积、人口数量相差悬殊；从时间上来说，鲁尔区的兴盛与转型过程处于第一次工业革命到两次世界大战前后的特殊节点，而东北则是在中国经济对外开放和区域经济格局转换的过程中需要解决发展转型问题；从政治角度来说，鲁尔区并非行政区划，而东北地区由我国三个省份组成；从经济角度来说，二者企业的所有制结构也不同。同时，考虑到我国东北地区的体量和所有制等历史因素，东北地区的转型过程确实可能更加艰难且缓慢，也需要更加谨慎地规划执行。

第四章

法国洛林工业区

与我国东北地区相似，法国洛林工业区也是历史悠久的老工业区，并且同样处于国家的东北边境。自 19 世纪以来，在战争中几经易手与摧毁的洛林地区，由于铁矿的开掘与相关加工业、制造业的快速增长，成为了西欧地区的另一个工业中心。然而，随着国际竞争日益激烈，洛林工业区不得不经历向高新产业、服务业的转型。通过扶持高新技术产业、引入外来投资，并改善交通促进物流业发展，洛林工业区用较低的财政预算实现了高水平且迅速的去工业化，完成了转型。法国洛林工业区的发展历程以及转型中的经验教训，为我国东北地区的振兴提供借鉴与思考。

第一节　洛林工业区概述

洛林大区位于法国东北部，和比利时、卢森堡、德国等国家毗邻，位于伦敦到米兰的蓝香蕉地带，处于西欧经济最发达的地区。该大区包括默尔特－摩泽尔省、默兹省、摩泽尔省和孚日省共四个省。2020 年，四个省的人口分别为 73.2 万人、18.3 万人、104.9 万人、36.2 万人，总人口为 232.7 万人[1]，同年我国东北地区总人口为9851.5万人[2]，是洛林大区人口的42.3倍。洛林大区总面积大约为2.35万平方公里，是我国东北地区的3%。值得注意的是，法国洛林区在人口密度上与我国东北地区相对比较接近，这使得洛林地区的转型经验可供如今我国东北地区全面振兴作参考。此外，洛林地区的人口变化趋势并不太乐观，从2008年到2030年，地区人口预期仅仅增加2%，在法国所有大区中排名倒数第二，仅高于香槟-阿登地区的-1%，面临着人口老龄化、年轻人口外移等一系列问题[3]，这些问题在我国东北地区同样正在发生。

在历史上，洛林区因为位居世界前列的铁矿储量和发达的冶金工业在20世纪长期作为西欧的重工业基地，并且和阿尔萨斯一同成为德法两国争夺易手的区域。洛林区高速发展的这段时间，也是东北地区开始成为中国重要的重工业基地的时间。随着二战后法国收复了这一区域，洛林区成立了大型的国有冶金企业，并且为法国的战后重建持续贡献了重要力量。然而，随着国际形势的变化和钢铁产业的衰落，洛林地区不得不采取了转型措施，有组织地迅速淘汰传统工业，并且将物流业和高新科技作为本地新的支柱产业。洛林大区处于西欧地区的中心地带，毗邻多个国家，交通条件非常便利，这对于其转型具有一定帮助，比如向物流业的转型。相较之下，我国东北地区处于国家边境，对内交通发展极其受限。同时，虽然东北地区拥有较长的国境线，位于东北亚地区的核心区域，但其所接壤的国家地区发展情况远落后于洛林地区接壤的国家地区，洛林地区的转型成果能否可靠地服务于我国东北振兴的方案，还需要进一步考证。

综上所述，洛林区在人口密度、产业结构和地理禀赋上，都与我国的东北地区非常相似，这是我们可以从洛林区成功的转型经验入手，为我国东北

---

[1] 数据来源：https://www.insee.fr/fr/information/7619431。

[2] 数据来源：第七次全国人口普查公报（第三号）。

[3] 数据来源：Berrard, Pierre-Yves & Phillipe Debard. La population lorraine en 2030. N° 275, Feb 2012. INSEE, Lorraine。

全面振兴提供借鉴和参考的重要原因。但是，即便地理位置极其相似，我们在将洛林区和我国东北地区进行比较时也需要客观地看待。

第二节　洛林工业区的历史沿革

一、起步期（1878 年以前）

洛林区自 18 世纪中期开始受到法国控制，并逐渐成为法国的一个省。来自法国的强大中央集权制度取代了此前洛林公国松散的封建主义制度，其资源也在此时开始得到发展。然而，在这一时期，东北地区依然实行着诸如"柳条边"等一系列相对严苛的禁止移民政策，直到 18 世纪末才逐渐得到放开。因此，相较而言，洛林区作为法国的边境省份，其开发和建设的历史更为悠久。也正是在这一时期，洛林区丰富的铁矿储量被逐渐探明，但是由于这些出产的铁矿主要为难以冶炼的磷铁矿，所以在很长一段时间里，洛林区的钢铁产业并没有得到大规模扩张。然而，洛林区位于多国交界地区，其丰富的资源一旦得到开采和加工，商品可以极为方便地运送至法国国内及其毗邻的德国地区和瓦隆尼亚地区，乃至更远的荷兰地区，具有广阔的市场和购买力。故而，在洛林区还未投入大规模开采及生产的时期，普鲁士便已经盯上了这一处物产丰饶、四通八达的风水宝地，随即在普法战争胜利时，将此处作为条约的一部分划入到了自己的领土之中，洛林区因此开始了普鲁士占领的时期。

二、发展阶段（1878—1962 年）

1878 年，托马斯和吉尔克里斯特发现了磷铁矿的冶炼方法，洛林区的钢铁开始得到大规模生产。在普鲁士的占领下，洛林区的铁矿得以和鲁尔区的煤矿协同发展，生产规模得到了进一步扩张。直到第一次世界大战后洛林地区被法国收复，此时的洛林地区每年可以生产法国接近 70% 的钢铁，并在第二次世界大战后依然生产着法国过半的钢铁。[①] 在 1960 年，人口仅有 200 万的洛林区产出了历史巅峰的 6270 万吨钢材料，而我国全国直到 1990 年才追赶上这一数字，相当于 2022 年我国河北省钢铁年产量的一半。[②] 这样的惊人产出一方面使其成为了欧洲战后黄金年代的工业基础来源，另一方面也使得本地经济对钢铁的倚重程度日益增高。

三、衰落阶段（1963—1979 年）

由于东欧、亚洲地区的崛起，欧洲的钢铁产业在国际竞争中不再具有优势，从 20 世纪 60 年代开始，洛林区的钢铁营业额和从业人数日益下滑。尤其是 1974 年爆发了欧洲钢铁危机，这场由能源危机带来的波澜对于洛林地区是一场重大打击。法国钢铁企业债务占营业额比重从 1971 年的 64% 飞升到 1975 年的 100%，情况类似的还有与洛林区毗邻的卢森堡地区，从 1971 年的 15% 增加到 1975 年的 37%。[③] 从 1963 年到 1997 年最后一处铁矿关闭，洛林工业区的矿工人数年均减少 9.1%，而在 1974 年到 1984 年最高峰的十年间，全法国钢铁产业年均总劳动力下降率为 6.3%。[④] 由此可见，洛林区是受到波及十分严重的区域，也是寻求替代产业、探索新出路任务最紧要的区域。

值得一提的是，由于洛林区几经易手，这里的钢铁企业难以有长久和平

[①] 数据来源：Alain Alcouffe. Die Auswirkungen des europäischen Binnenmarktes auf die Wirtschaft Lothringens. uswirkungen des EG–Binnenmarktes auf den Wirtschaftsraum Südwestdeutschland – Elsaß– Lothringen, Institut für Mittelstandsforschung der Universität Mannheim Working paper, Oct 1991, Mannheim, Germany。

[②] 数据来源：Pascal Raggi. La Désindustrialisation de la Lorraine du fer. Paris: Classiques Garnier. 2018。

[③] 数据来源：Sinou Bernard. La Lorraine face à la crise sidérurgique. In: Economie et statistique, Septembre 1977. pp. 29–36。

[④] 数据来源：Pascal Raggi. La Désindustrialisation de la Lorraine du fer. Paris: Classiques Garnier. 2018。

的发展环境。因此到第二次世界大战后，洛林地区的钢铁企业以初创或者重建的中小型企业为主。这些企业在几十年里分阶段进行了合并，形成了一些具有一定规模但是业务布局限定在洛林工业区的较新的大型企业。例如，索拉克钢铁公司在 1948 年由 9 家法国钢铁企业合并而来，并在 1973 年被整合进入 Wendel-Sidelor 集团，直到 1986 年成为法国北方钢铁联合公司的子公司。在这一过程中，每次合并与注资后，国有控股的成分都有所提高，乃至于到了洛林区开始转型政策的 20 世纪 80 年代，法国 95% 的钢铁产业都已经被国家控制，这使得洛林工业区的企业并不具有"地头蛇"的属性，也为即将展开的改革提供了便利。

第三节　转型中的问题

正如今天的我国东北地区一样，洛林大区在钢铁产业陷入衰退的局面之下，开始寻求转型。1979 年，洛林大区开始整顿日益衰落的传统工业，寻求用高新产业替代原有工业，并且普及各水平的教育，修建交通网络，进行城市绿化与环境治理。洛林工业区转型的一个重要任务就是解决就业问题。传统工业的退出意味着就业岗位的减少，这也是洛林地区和东北地区同样产生"下岗潮"[①] 的原因，如何发展新产业、增加就业岗位是本地发展的关键。洛林区试图通过产学研融合，借助产业园和集群的方式加速孵化本地新企业的产生、提高本地创新力，例如大力发展核电站替代传统能源。高等教育是提高本地创新力的一大有效途径，通过培养高校学生并对口提供就业岗位，可以促进周边地区的优秀人才定居本地，同时通过支持高校研究团队的本地

---

① 自 20 世纪 60 年代开始，以洛林地区为代表的法国钢铁产业不断受到来自世界各地的竞争，因其开采成本较高，其产品逐渐开始失去优势，产品滞销，产业衰退。产业衰退造成了产业工人的下岗。在以冶金工业为主的洛林地区，这一现象尤为严重。在 20 世纪 90 年代中后期，随着社会主义市场经济的进一步发展，中国很多地区发生了大规模的社会变革，在国有企业改革中产生了大量下岗工人，而在国有企业尤为重要和密集的东北地区，这一现象则更为明显。

研究项目，能够提高本地创新力。但是洛林区长期忽视了高等教育的投入。事实上，洛林大区在法国各大区中长期处于较差的高等教育水平。1990 年，只有 10.7% 的成年人口接受过高等教育，而时至 2012 年，这一数字依然只有24.6%，低于法国各大区平均水平。[1] 此外，洛林大区的研究机构并不强大，在 QS 排行榜上，仅有一所位于南锡的洛林大学排在世界前 1000 名。这也是洛林工业区发展陷入瓶颈的一个潜在原因，即无法通过高等教育吸引并培养具有创新能力的青年人才。与之相对，我国东北地区坐拥哈尔滨工业大学、东北大学、吉林大学、大连理工大学等一众世界名校[2]，具有更加出色的科研与成果转化能力，可以为可持续的发展提供基石。

在本地创新能力不足的情况下，吸引更多的企业办厂成为了洛林地区转型的首要选择。洛林区拥有得天独厚的地理位置，无论是铁路、水路还是公路都连接着整个西欧的交通网络。作为法国唯一同时与三国接壤的大区，这里长期以来有着大量来自德国、比利时、卢森堡地区的外来务工人员，本地国际化程度和外语普及度都相对比较高。在冷战后欧洲一体化的大背景下，政府对于进驻洛林区的企业提供贷款优惠，成功吸引到德国的梅赛德斯奔驰和瑞士的斯沃琪于 1997 年在洛林大区的昂巴克建立 Smart 汽车厂[3]，并且在之后吸引法国本土的雷诺、标致等品牌形成产业集群，具有相当的产业规模。此外，一些来自日本、美国的消费电子企业同样选择将厂区设于洛林区，包括松下等国际知名品牌。但是值得注意的是，洛林区引进的企业并未带来技术上的革新。以汽车工业为例，洛林区引进的汽车企业事实上仅将此地作为加工厂，并未带来技术研发中心等可以推进新技术产生的部门。这样片面地引入劳动密集型企业看似并不合理，但处于当时的时代环境下，洛林区亟须

---

① 数据来源：Pierre-Yves Berrard, Jean-Jacques Pierre, INSEE Lorraine. Les diplômés du supérieur en Lorraine: surtout nés lorrains, à l' étranger ou franciliens. 2015.

② 据 QS 世界排名 2024 年版数据，哈尔滨工业大学居世界第 256 名，东北大学居世界第 375 名，吉林大学居世界第 502 名，大连理工大学居世界第 491 名。

③ 引自：https://www.autocar.co.uk/car-news/industry/mercedes-benz-sell-smart-factory-france。

吸引此类企业以迅速增加就业岗位。这样的转型只是简单地替代了原有的工业，产业革命发生后逐渐落后而被淘汰。故而应当辩证地看待洛林工业区吸引投资办厂的努力。

同时，在去工业化的程度上，洛林大区也较鲁尔区实行得更加彻底。在响应法国政府对于老工业区最初的改革措施时，洛林地区也尝试过对生产效率尚能维系日常生产的企业进行追加投资和政策支持，但收效甚微，并随着20世纪70年代末期世界钢铁产能过剩造成了进一步的亏损。因此法国政府和洛林区各级政府采取了更为严苛的改革政策，大幅淘汰亏损甚至低效益的企业，大幅裁员以提高生产率，更大程度地压缩钢铁企业的规模。冷战后，随着全球化和欧洲一体化的加速，法国总体上执行了更加彻底的去工业化政策，全国各地的第三产业在经济体中的比例显著提高。经过30年的去工业化政策，在2000年，工业在洛林区的地区生产总值占比已经下降至30.7%，只是略高于法国全国的25.6%；而服务业的地区生产总值占比达到了66.8%，远远超过工业的占比，也接近法国全国的71.6%。在1982年，洛林大区的制造业从业人数依然占据了全部从业人数的23%，到了2012年只有11%，减少了50%，而法国同期减少了39%。曾经产量最大的铁矿石产业，到目前也已完全停工。换言之，通过关停大型的国有制造业部门并扶持中小型制造业和服务业，只用了30年的时间，洛林区就从多达10%的人口依赖钢铁产业的重工业区变成了以服务业为主体、多种经济结构综合发展的地区，甚至可以被称为法国经济结构最多样化的地区。

在这一过程中，为了安置下岗的工人，洛林地区采取了一系列措施，推行临时性就业政策和补贴制度，并且奖励在该地区新建设的小型企业。例如，在洛林地区，每提供一个新的就业岗位就可以获得5万法郎的奖金，这也使得洛林地区在1982年激发出了6000个就业机会，为下岗工人提供了尽可能多的便于周转的岗位。此外，他们还加强职业技术培训，在传统的重工业部门执行"转业假"制度，为下岗工人提供两年的培训假期，费用由国家、企业和失业保险机构共同承担。经过培训，这些下岗再就业的工人能够更好地胜任新的高技术产业工作或者第三产业工作。

此外，作为欧洲西部的交通枢纽和历史上的兵家必争之地，洛林地区非常适合发展物流业，这也是最近十几年其最具代表性的第三产业。在 2006 年，洛林大区从事物流业的人数占据该地区就业人数的 7.3%，与全法总体水平相近。随着电子商务的腾飞和消费水平的提高，面向商品的物流超越了面向存货的物流，物流业成了横向的、综合的专业化产业，作为交通中转站的洛林在该产业发展极为迅猛。法国本国的弗玛物流、跨联盟等大型物流公司落地该区域，梅斯也发展了蚂蚁路径等新兴企业，宜家、格兰富水泵等全球闻名的大型跨国公司也纷纷来到洛林。[1] 通过扩建公路和铁路的交通网络以实现铁路、公路、河流联运，物流业在 21 世纪的第二个十年成了洛林大区增长最快的主要产业。显然，东北地区并不具有如此的交通优势，片面地学习洛林区发展物流业的经验并不可取。应当从宏观上认识到产业升级的作用，即从以第二产业为主转向以第三产业为主的产业结构，推动产业附加值提升，快速地替代由第二产业退出产生的空白。

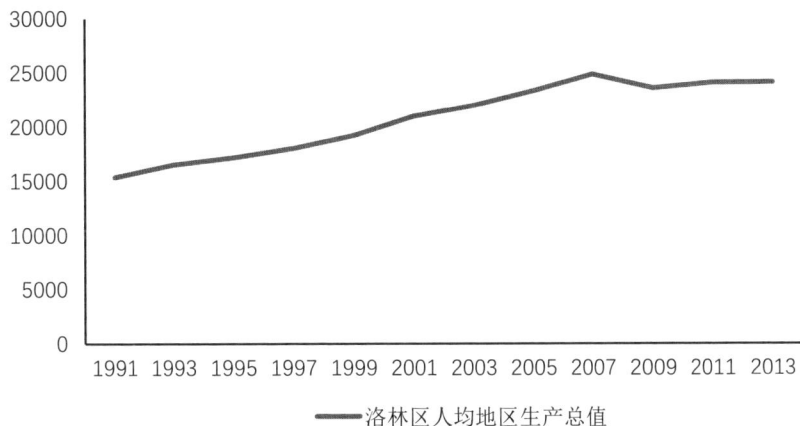

图 4-1　洛林区人均地区生产总值在 2007 年以后陷入停滞（单位：欧元）

数据来源：CEIC 数据，https://www.ceicdata.com/en/france/esa-2010-gdp-per-capita-by-region/gdp-per-capita-lorraine。

---

[1] 引自：Thierry Houe. Le developpement des activites logistiques operationnelles: Une analyse comparee des pratiques d'attractivite en Lorraine et au Grand-Duche de Luxembourg. Les Cahiers Scientifiques du Transport / Scientific Papers in Transportation, 2013, 63, pp.63 – 91。

尽管法国政府和洛林大区各级政府采取了一系列措施，完成了老工业区的去工业化转型，试图将洛林大区带上可持续发展的道路。但是自 2008 年金融危机以来，洛林大区的经济增长并不理想（见图 4-1）。以 2014 年为例，洛林区工业从业人数减少 2%，失业率超过 10%，各项数据都比本身就趋向于增长停滞的法国整体水平更为糟糕。而且，2010 年以来，洛林地区的投资和教育水平都没有得到提高，只有家庭可支配收入有微弱的提高。

如前文所述，洛林区并未强调高等教育和研发部门在地区经济中的长期作用，故并不能像硅谷或鲁尔区一样长期吸引高新产业留在本地。同时，洛林区片面地引入更偏向于劳动密集型的企业，虽然增加了就业岗位，但也带来了新问题。随着 21 世纪以来中国和东南亚地区在劳力市场上占据显著优势，而洛林区并未有明显的劳动力优势，许多欧洲地区的投资者都开始寻求将产业转移到这些发展中国家。以前文提到的 Smart 汽车厂为例，梅赛德斯奔驰在 2018 年以 5 亿欧元的价格将 Smart 商标 50% 的所有权卖给了中国企业吉利，并且将按照协议逐步转移产能。尽管昂巴克的产业链将得以保留，但是其产能和规模会维持在什么水平依然是一个未知数。[①] 在这样的整体背景下，洛林的发展优势将不断缩小，其过去吸引其他国家和地区高新产业的方法不再可行，高等教育和科学研究的本地研发部门的相对缺乏也将导致洛林地区后继发展乏力。

第四节　转型经验在东北振兴中的借鉴与讨论

洛林工业区位于法国的东北边境，与许多重要的国家接壤，同我国东北地区与邻国间的地理位置较为相似。这里以铁矿发家，快速汇聚了冶金工业和一系列制造业，成为西欧工业革命的先驱，而我国东北地区铁矿资源也同

---

① 数据来源：https://www.autocar.co.uk/car-news/industry/mercedes-benz-sell-smart-factory-france。

样尤为丰富。在工业化进程中，这里经过多次战争与他国的占据，并在第二次世界大战后重新回归了法国，此方面又与我国东北地区在近代波折且惨痛的历史极为相似。如今，这个地区还有着与我国东北地区同样的人口密度。以上这些特点都使得洛林区很适合作为我国东北地区的比较对象。

洛林工业区主要在以下几个方面可供我国东北地区借鉴：

首先，洛林工业区将就业问题作为转型的核心问题。洛林区转型的一个关键就是减少老工业的就业岗位，创造新产业的就业岗位。在这一层面，吸引新产业相关的企业就成为了核心要务。在转型期间，洛林工业区并没有将过多的财政预算花在基础设施建设上，而是鼓励创造就业岗位，对中小企业乃至外来企业创造的就业岗位提供非常丰厚的补助政策，积极拓宽各种产业。[1]洛林工业区也发挥了拥有大量掌握多门外语的工人和处于西欧重要交通枢纽的区位优势，除了吸收法国本土的企业，还致力于吸引德国、瑞士等邻国乃至美国、日本等其他重要国家的大型企业来此办厂。新中国成立以来，作为"共和国长子"的我国东北地区同样有相当丰富的劳动力，其中也有一定数量掌握多门外语的工人，并且和许多国家接壤，具有非常不错的先天优势。但是洛林区地理位置的优势并不可复制，与我国东北地区相毗邻的俄罗斯远东、朝鲜和蒙古国都是经济不发达的地区，这使得我国东北地区很可能没有能力如洛林地区一般发展物流业；而我国东北地区和这些地区人口密度大致相近，无法通过发挥劳动力优势实现超车，也很难广泛吸引外资。但值得肯定的是，我国东北地区作为东北亚地区的核心地带，如果能在增加就业及提升外资吸引力方面作出努力，也足以吸引东北亚地区相对发达的日韩外资企业来到我国东北地区投资办厂。因此，进一步改善投资环境并吸引外资在当前显得更为重要，甚至是首要。

其次，洛林工业区对于转型的决心更为坚决，采取的去工业化措施更为彻底。洛林工业区曾经在温和的改革措施中颇为挣扎地转型，后来在产业进

---

[1] 杨雪：《法国东北老工业区振兴中的就业政策——对我国老工业基地振兴的启示》，《人口学刊》2004年第5期。

一步衰退的情况下，下定决心采取"紧缩"的生产政策，关停了生产效率较低和亏损的企业。这样的政策固然会导致大规模的失业和社会危机，但其产生的产业空白能够更好地服务于新兴产业的引入。因此，洛林工业区很快就完成了传统工业的退出和新产业的引入。但是从长期视角进行观察，如若不能找到真正适合地区发展的新产业，这样的政策只会进一步加剧社会混乱。在进入 21 世纪之后，新产业发展的停滞进一步加深了洛林工业区的经济危机和社会危机，经济陷入到了长期的停滞，人民生活水平落后于法国大部分地区。故而应辩证地看待当时的这一举措。自 20 世纪 80 年代以来，我国东北地区的改革措施相对较为温和，对低效益企业的措施也更多以整改和重组为主，但这也导致了东北地区产业转型较为缓慢，改革效果相对洛林工业区而言较为迟缓。因此，我国东北工业区在今后的产业转型中找到一个合适的"速度平衡点"是至关重要的。

再次，洛林工业区的工人拥有较好的补助，使其在重工业迅速退出的过程中并没有产生严重的社会动荡。除了上述的快速创造新岗位外，法国政府推行的"转业假"制度，也让这些工人减少了经济压力，并且在政府和企业的支持下得以掌握重新就业的能力。事实上，我国东北地区也曾经历过类似的"下岗潮"[1]，在当时引发了严重的社会问题，并激发了阶层矛盾。但伴随着我国改革开放的深化，像法国洛林工业区类似的举措一样，对失业、转业群体社会保障制度的不断完善，逐步稳定了东北的经济局势。

最后，洛林工业区的转型过程也产生了一定的教训。时至今日，洛林工业区虽然完成了转型，但是经济并没有持续且高速地增长，人均地区生产总值在法国本土诸省中排名倒数第二，人口老龄化、外迁等问题越发严重，曾经吸引的外来企业也有离开的趋势。[2] 这说明，过于关注创造就业岗位的政策

---

① 在 20 世纪 90 年代中后期，随着社会主义市场经济的进一步发展，中国很多地区发生了大规模的社会变革，在国有企业改革中产生了大量下岗工人，而在国有企业尤为重要和密集的东北地区，这一现象则更为明显。

②Dorothée Ast, Laurent Clavel, Insee Lorraine. Synthèse régionale 2014 : conjoncture toujours difficile en Lorraine. n° 5, mai 2015.

并不能做到可持续的发展。同时，创新性的匮乏也是洛林区转型后经济受挫的一大原因。洛林工业区在已有产业中进行探索，一味地从周边地区的新兴产业探索出路，忽视了竞争的关系。由于其他地区具有明显的先发优势，后发模仿的洛林工业区缺乏足够的竞争力，经济未能取得长足发展。因此，必须重视本地企业的创新能力，通过发展高等教育机构以及本地的高新技术产研模式，打造高精尖技术的产业园区，才能够实现更长久强健的发展。虽然我国东北地区拥有很多出色的高等教育机构，但这些院校的地理位置相对偏远，技术互动性以及科研成果转化效率不高。因此，今后需进一步加强跨省合作，积极吸引北京乃至其他地区顶尖高校的学术资源，努力培育好东北的科创环境，为东北地区振兴提供智力支撑。

同时，由于洛林区各级政府"一刀切"地对工业产业进行改革的政策，地区逐渐丧失了原先积累的产业优势。这一政策固然可以更快地推动新产业的落地和发展，带来更为彻底的转型和一定时间内的新兴产业繁荣。但正如前文所述，新产业的落地仍需要一定的试错。从更长远的时间来看，洛林区引进的新产业不能良好地替代和填补工业带来的产业空白，过于急迫和严厉的改革措施只会加剧产业衰退和失业率等问题。因此必须更为客观地审视地区发展的问题，对于原有企业的改革必须做出适当的评估和预测，既不能放任不管也不能操之过急。可以将原有工业产业进行合理的兼并和整合，能够集中化原先积累的优势，也为新产业的发展留出足够的空间。同时更应该时刻审视已有转型中产生的经验教训，及时把握最新成果，据此调整改革政策以适应局势的变化。

第五节　结语

本章通过归纳法国洛林工业区的发展沿革，介绍了法国洛林区这一老工业区的转型经验。由于洛林地区在近代历史、地理位置、人口密度、自然资源上与我国东北地区具有一定相似度，而且都同样遇到了诸如产业衰退、企业亏损、失业率上涨等问题，因此其转型过程对于我国东北地区的振兴具有深刻的借鉴意义。法国及洛林地区各级政府在转型过程中对就业岗位的补贴、转业假的施行都很好地保障了转型的进行，实现了重工业的逐步退出，完成了对外来新兴工业与服务业的吸收，这些经验非常值得如今的东北地区进行参考和借鉴。也应当注意，洛林区转型的成功在很大程度上依赖其地理位置优势，而我国东北地区并不与发达国家接壤，也并非地区大动脉的交通枢纽，因此洛林工业区吸引外资、发展物流业的思路并不能被一味照搬。

洛林工业区最近 15 年经济发展的停滞也为我们提供了经验教训，如果本地没有足够的创新能力，只依赖资本与劳动力的增长和盲目学习和发展其他地区的新产业，经济增长势必是无法持续的。缺乏科创与成果转化能力的洛林地区人均地区生产总值依然低迷，值得我国东北地区引以为戒。

第五章
美国底特律

底特律，曾是"美国梦"最耀眼的象征。一个世纪以来，它见证了美国汽车工业的兴衰历程。但是，2013 年 12 月 3 日，底特律正式宣布破产，这成为美国历史上最大的破产城市。这座曾象征着美式浪漫的汽车之城，宛如一座被遗弃的矿脉，散发出荒芜没落的气息。本章以美国底特律为例，介绍其发展历程以及转型失败的历史教训，以便在我国东北振兴实践中做到未雨绸缪、防微杜渐。

第一节　底特律简介

底特律（Detroit）之名源于法语"海峡"，位于美国东北部及美加边境上，也是五大湖与北大西洋之间的重要水路交通关隘。底特律市占地 370 平方公里，底特律大都会区面积超过 1 万平方公里，主要由底特律市及其周边数百个中心城镇构成。

20 世纪初，底特律开始进入汽车制造业的黄金时期。众多汽车制造商在此生根发芽，底特律市区周边逐渐形成数个卫星城，在美国汽车设计、销售及服务等领域发挥着重要的作用，聚合了底特律市近一半就业人口。[①] 在 20 世纪前半期，底特律主导着美国汽车生产，但从 20 世纪后半期开始，底特律经历了多次较大规模的经济衰退，其衰败的核心区域是城市核心区，尤其是以制造业为主的老旧工业区。

第二节　发展历程

一、起步期（1815 年以前）

1701 年，法国探险家卡迪拉克率领一支 200 余人的探险队沿底特律河逆流而上，到达今天底特律城的位置。法国海军大臣蓬查特兰用自己的名字命名了底特律河畔蓬查特兰堡要塞，这里可以作为皮毛交易中心，同时也可以用于法国军舰的保护。到了 1760 年，英国军队控制了该区域并将其命名为底特律。1796 年，底特律正式加入美利坚合众国。1805 年，一场大火烧毁了底特律的大部分房屋，建筑物遭到严重的破坏。1815 年，城市规划获得批准，标志着底特律市正式建立。

二、成长期（1815 年—20 世纪 30 年代）

底特律建市以后，凭借区位优势很快成为美加地区的航运贸易中心，五大湖所产的原材料通过这里转至纽约州等其他地区。1825 年伊利运河开通，进一步缩短了五大湖经哈德逊河到大西洋以及欧洲的航线，节约了运输成本。伴随着航运业、造船业的兴起，底特律的工业产值也在逐年增加。19 世纪 90 年代，底特律逐渐发展成为美国重工业的支柱，主要涵盖了卡车、火炉制造和造船等三大支柱性产业。[②]

---

① 赵云伟：《底特律城市转型启示》，《城市开发》2013 年第 5 期。
② 马秀莲：《工业城市底特律发展转型研究》，《中国名城》2017 年第 4 期。

1903 年，机械工程师亨利·福特创办了福特公司，底特律的汽车制造业开始突飞猛进。20 世纪初期，底特律兴起了 125 家汽车厂，成为全世界汽车产业最集中的地区。汽车工业的高速发展推动了底特律市人口迅速增长，1860—1930 年的 70 年间，底特律每十年的人口增长率都保持在 30% 以上。[①]人口的集聚和科技的创新发展带来了产业的集聚效应。1925 年前后，美国的三大汽车公司通用汽车、福特公司和克莱斯勒汽车公司及其汽车部件供应商陆续将总部搬到底特律或其近郊，逐渐形成了汽车产业群。

三、成熟期（20 世纪 30 年代—50 年代）

20 世纪 30 年代投入使用的底特律韦恩国际机场，是北美最大航空公司达美航空的运营基地之一，与 100 多个目的地城市和地区通航，航线遍及世界各地。伴随着产业的快速发展，到 1930 年，底特律成为美国的第四大城市，人口高达 56.9 万人，是 1900 年时的 5.5 倍。[②]战争在客观上带动了底特律向军事产业倾斜。二战期间，为了满足国防需求，底特律将生产流水线转向军工用品，逐步成为军事工业综合体之一。到 20 世纪 50 年代，底特律城市人口达到 185 万人的峰值，解决了 22 万个制造业岗位，人均收入居于美国首位。[③]仅在 1949—1953 年的 4 年间，福特汽车就由原来的 2 条生产线、7 种车型，发展到 4 条生产线和 17 种车型。[④]此时的底特律，一跃成为世界汽车工业之都。

四、衰退期（20 世纪 50 年代至今）

从 20 世纪 60 年代开始，种族暴动、石油危机、金融危机等不确定因素直接或间接阻碍了底特律的城市发展，使其发展进程迟缓。20 世纪 70 年代

---

① 刁大明：《底特律：一座大城的破产》，《世界态势》2013 年第 7 期。

② 虞虎、王开泳、丁悦：《美国底特律"城市破产"对我国城市发展的警示》，《中国名城》2014 年第 5 期。

③ 梅新育：《底特律破产谁之过？》，《社会观察》2013 年第 5 期。

④ 张力：《底特律的神话：福特家族》，社会科学文献出版社 1998 年版，第 335—336 页。

的石油危机后，受到日本等国汽车业兴起以及底特律生产的汽车因高价位和高油耗日益不适应消费市场的影响，通用、福特和克莱斯勒三大汽车公司的市场逐渐萎缩。2008 年爆发的金融危机加剧了底特律汽车产业的衰败，使底特律逐渐沦为无产业支撑的空心城市。底特律市政府曾试图通过开设赌场、举办体育赛事等举措复苏城市经济，但效果并不显著。2010 年，底特律人口已降至 71 万人，比鼎盛时期的 185 万人减少了 114 万人，降幅达 62%，全市31% 以上的居民处于贫困线以下水平。[①] 贫困问题的背后还有暴力犯罪事件的持续增高。2013 年 7 月 18 日，因无力维系高达 180 亿美元的负债，底特律市正式向法院申请破产保护，同年 12 月 3 日获得批准。由此，底特律破产案成为美国历史上最大的破产案件。

现在的底特律依然面临诸多挑战，但也具备很大潜力。底特律的地理位置优越，曾经拥有众多优秀的企业和创新者。底特律的未来一定程度上取决于当地社区的努力，以及投资者和企业家的兴趣与投入。

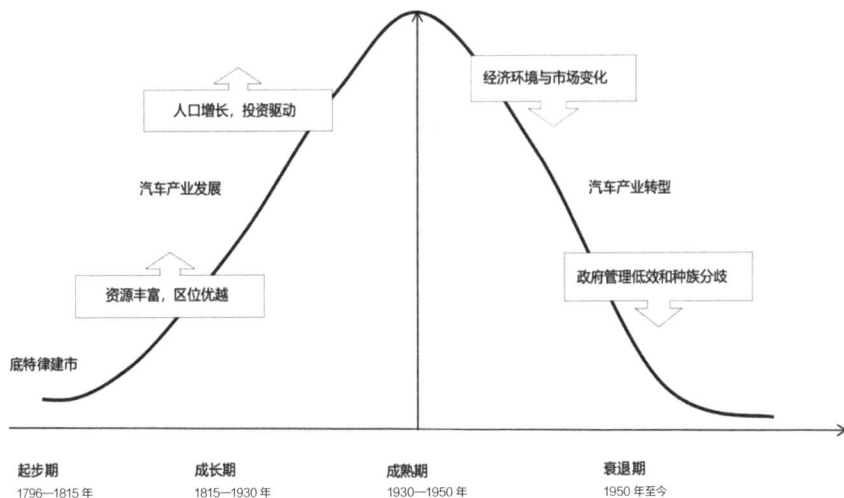

图 5-1　底特律城市发展阶段

资料来源：虞虎、王开泳、丁悦：《美国底特律"城市破产"对我国城市发展的警示》，《中国名城》2014 年第 5 期。

---

① 马秀莲：《工业城市底特律发展转型研究》，《中国名城》2017 年第 4 期。

第三节　衰落的原因

底特律的衰落是多方面因素长期综合作用的结果。各因素之间彼此联系、相互作用，形成环环相扣的恶性循环，产生了非常大的累积效应，最终把底特律推向破产的境地。概括起来，底特律城市衰落应该主要归因于以下几个方面。

一、城市产业结构单一

底特律的发展主要依靠汽车产业，是美国汽车工业的摇篮，其衰退的根本原因是经济结构过于依赖汽车产业，未能及时培育接替产业和进行产业创新，脆弱的汽车工业体系难以应对不确定因素带来的持续冲击。与此相似的是，我国东北地区近年来的经济衰退除了严寒气候的影响之外，主要原因也在于经济结构相对单一，创新生态未能满足社会发展的需要。

在美国城市发展进程中，一部分大型工厂为了节约成本和应对污染管制措施，沿交通线到城市的边缘或远郊建立卫星工业城。如 20 世纪 50 年代以后，通用、福特和克莱斯勒三大汽车巨头都在外迁工厂，相当数量的新厂建到了中西部的中小城市。随着汽车制造的外迁，汽车相关产业，尤其是机床、金属加工和部件生产等，也都一同外迁。同时，自动化也对底特律的工作岗位产生了一定的冲击。尤其是 2008 年金融危机爆发后，汽车行业面临严重危机，产业布局单一化的弊端逐渐显现出来。2009 年，克莱斯勒和通用汽车也相继宣布破产。

二、政府负债过高且管理低效

底特律的税收主要来源于汽车行业。汽车产业的衰退使得底特律财政收入锐减，但公共支出却依然庞大。例如，仅政府雇员的薪水和福利支出就占到预算的约五分之四。① 除了庞大的公共支出以外，过高的社会福利是另一个让政府负债的原因。1948 年，通用、福特和克莱斯勒公司将汽车工人高工资和良好的福利制度固定了下来：汽车工人不仅可以获得高额的工资收入，还可以享受"从摇篮到坟墓"的全方位福利；在职员工和退休员工几乎享受着同样的福利待遇，即便被辞退后，仍然可以享受类似的福利。这一制度的实施给企业带来了巨大的负担，使得其竞争力锐减。

为提振城市经济、走出萧条，政府试图通过大规模修建办公楼、交通设施来刺激增长，但对教育、职业培训等长期见效的人力资本投资不足，在支持产业创新、促进产业转型方面未能发挥好引导作用。底特律政府还发行城市债券，计划通过增加基础设施建设和旧城改造来推动城市的复兴，但收效甚微，这进一步消耗了大量的财政资金，加速了底特律的衰落。

此外，底特律市的官僚体系长期存在机构臃肿、行政腐败等问题。美国民选也被利益集团操纵，城市发展的决策经常出于地方利益集团短期利益的考量，缺乏长远的规划，这些都使得底特律问题进一步恶化。

三、族群矛盾激烈难调

由于种族隔离与歧视问题严重，底特律先后于 1943 年和 1967 年发生大规模城市暴乱。受影响的地区几十年后都还处于废墟之中，通用、福特和克莱斯勒三大汽车业巨头全部停工停产。② 暴乱后，大量中产阶级为寻求和平安宁的生活环境开始搬离底特律。大规模的人口流失使得底特律几乎成为一个荒芜的孤岛。空荡荡的大楼、废弃的房屋，还有大片的空地成为底特律的标志性特征。同时，犯罪比率大幅增加，社会安全形势变得严峻。底特律政府财政状况日益恶化，配套服务跟不上，严重阻碍了人口的流入，底特律的城市发展逐渐陷入恶性循环。

---

① 贾宇清、贾廷源：《底特律破产对城市发展的启示》，《中国国情国力》2014 年第 7 期。
② 马坤：《底特律破产的原因及对中国城镇化的启示》，《对外经贸实务》2014 年第 1 期。

四、多重危机持续冲击

20世纪70年代的两次石油危机沉重打击了底特律的汽车工业，在国际化竞争日趋激烈的背景下，笨重费油的美国汽车逐渐失去竞争优势。以丰田为代表的日本汽车采用弹性化生产方式，大力发展外包网络，迅速挤占了美国汽车的市场。底特律各大汽车公司长期采用独立封闭式的生产方式，地区文化又以保守著称，创业冒险精神不够，汽车制造商不愿采用新技术、新工艺，相比日本汽车制造商的劳动生产率较低。表5-1清楚地显示了底特律汽车制造商和日本汽车制造商在劳动生产率方面的差异。

表5-1　美国和日本的劳动力生产率差异

	日本厂商	美国厂商	美国/日本
每天产量	1000	860	0.86
员工总人数	1000	2150	2.15
单位产能人力资本投入	1	2.5	2.5

资料来源：［美］米什莱恩·梅纳德：《底特律的没落：三大汽车公司如何丧失美国本土市场》，朱敏、杨力峰等译，上海译文出版社2010年版，第11—13页，第184—191页。

研究显示，1973年开始，日本成为汽车出口第一大国。到20世纪80年代后期，丰田人均汽车产量为70辆，而通用的人均产量仅为10辆。[1]与此同时，汽车专利过期也给美国汽车产业带来了一定的冲击。尤其在2008年金融危机期间，订单急剧减少，福特、通用、克莱斯勒三大汽车公司共裁掉14万人。[2]2010年6月，通用汽车宣布破产重组，底特律的失业率一度位居美国

---

① 褚劲风：《试论美国汽车工业的国际化与空间格局》，《世界地理研究》1997年第2期。

② Scott A., Storper M., *Production, Work, Territory: The Geographical Anatomy of Industrial Capitalism*, London: Allen and Unwin Press, 1986.

各大城市之首。[①] 随着就业机会减少，人口大量迁出，仅 2000—2010 年间，底特律的人口就减少了 25%。[②] 汽车工业的衰落导致城市税收不断下降，无数建筑和房屋被遗弃，底特律成为美国"铁锈地带"锈迹最深的城市。

<h2 style="text-align:center">第四节　转型实践</h2>

面对汽车产业的衰退，底特律也在不断寻求转型，主要采取了以下几项措施。

一、再工业化的尝试——让工厂回来

20 世纪 70 年代末，底特律开始实施"让工厂回来"的再工业化战略。为了修建通用底特律/汉姆川克整车厂，底特律市政府动用了征地权，在当地居民的抗议和起诉中，强制拆除了一个波兰移民社区，约 1.46 平方公里区域，迫使 1400 户人家（共 4200 名居民）、140 家店（厂）、6 座教堂和 1 家医院搬迁。其中，一座天主教堂的拆迁，引起了长达 29 天的静坐，最后以警察逮捕 12 人后用推土机夷平教堂而告终。政府耗资 2 亿美元拆迁地块后，以 800 万美元的价格卖给了通用公司，后者承诺创造 6000 个新工作岗位。1988 年，工厂仅雇用 2500 人，2013 年进一步下降到 1600 人。另外，三分之一的小店主在被迫搬迁不久后永久歇业，该项目实际造成了就业净损失。[③]

二、城市更新计划的实施——大规模建造

底特律政府试图通过建设大规模基础设施的方式推动城市振兴。在从前

---

① 数据来源：美国人口普查局 2010 年 12 月公布的报告。

② 数据来源：美国人口普查局 2010 年 12 月公布的报告。

③ 马秀莲、吴志明：《挣扎的底特律：后工业城市复兴的理论、实践与评述》，《北京行政学院学报》2015 年第 4 期。

的废旧仓库和铁路货场上，一系列旗舰项目拔地而起。[①] 例如，建造河滨产权公寓和米兰德中心公寓等高级公寓。人民捷运的设计日运载量为67700人次，但是第一年运营的实际日运载量只有11000人次，不到设计预期目标的六分之一，之后状况亦未见改善。[②]

三、娱乐经济的发展——球馆与赌场

20 世纪 90 年代中后期，新市长丹尼斯·阿彻上台，继续以建造为主的城市更新，将消费型城市经济进一步向娱乐方向转化。首先，改造 1928 年建成的福克斯戏院，配套了影院、饭店、酒吧等设施。然后，在福克斯城内，为底特律老虎队和雄狮队分别修建了露天棒球场和室内美式足球场。1999—2000 年间，米高梅、汽车城和希腊城三大临时赌场相继落成。大规模的城市更新改造，不仅没有改变底特律的颓势，反而让其失业率、贫困率和犯罪率排在美国首位，城市人口持续下降（见图 5-2）。与简单地"让工厂回来"相比，美国其他城市早已经开始大力发展高新技术产业，迅速实现了城市转型。如原本是石油工业城市的休斯敦大力发展航空航天产

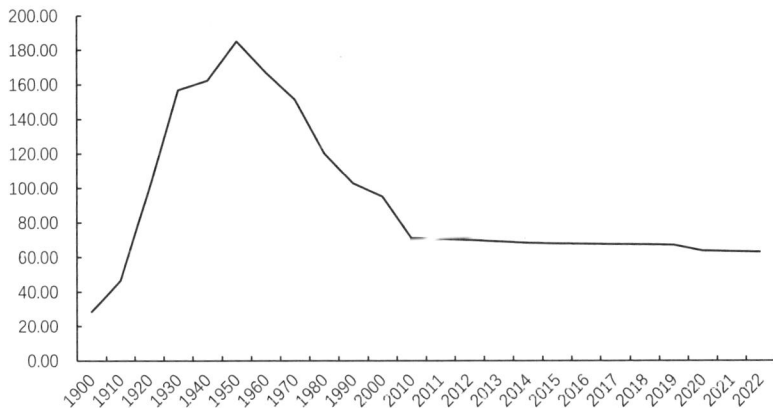

图 5-2　1900—2020 年底特律人口数量变化（单位：万人）
资料来源：美国人口普查局十年一次普查数据。

① 马秀莲：《工业城市底特律发展转型研究》，《中国名城》2017 年第 4 期。
② 西土瓦：《转型的质量——底特律的启示》，《上海质量》2013 年第 7 期。

业，旧金山依托硅谷大力发展电子科技产业，有"世界钢都"之称的匹兹堡努力建设创新推动型城市，转向金融、医疗、高科技等多方面发展。而曾经繁荣辉煌的底特律，住房资产贬值，城市一片荒芜，逐渐跌落至全美20大城市之外。

第五节　转型失败的教训与启示

老工业基地振兴是很多国家工业化进程中遇到的共同课题，也是世界性难题。在众多经历结构性衰落的工业城市中，底特律是最具代表性的典型之一，其转型失败的教训是极为深刻的。我国东北老工业基地可以从底特律产业转型和城市发展的教训中得到积极有益的启示。对于一个老工业城市或者一个老工业区来说，在发展过程中建议从以下四个方面统筹规划、谨慎实施。

一、优化产业发展，形成新质生产力

优化产业发展就是努力改造升级传统支柱产业，培育发展多元化新兴产业。底特律的转型采用的是以通用、福特和克莱斯勒三大汽车制造公司为龙头，整合传统汽车制造业，大规模进行城市改造来刺激经济增长的战略。其结果是进一步强化了汽车产业的地位，错失了改革和转型的时机。我国东北在改革开放以后至20世纪末期，一直把重化工业作为支柱产业。随着市场化的不断推进，东南沿海工业迅速崛起，对东北老工业基地构成有力挑战。21世纪以来，东北地区主动求变，新兴产业逐渐兴起。在新一轮科技革命和产业变革的背景下，东北老工业城市应进一步推动新旧动能转化，彻底改变结构单一、少数企业支撑的经济结构。区别对待传统支柱产业，对于能够嫁接新技术的产业予以保留，并推动产业升级；对于资源枯竭或技术工艺落后的产业，加快产业退出和落后产能淘汰，以更快摆脱其带来的历史性负担。东北各地应结合自身实际，大力发展航空制造、新材料、集成电路等战略性新兴产业，重点部署量子科技、储能材料等未来产业，形成集聚产业群。

二、加快科技创新，扩大对外开放

底特律的汽车企业在历经辉煌之后，满足于维护既得利益，不重视长远发展，未及时开发、投放符合市场需求变化的产品。我国东北地区拥有众多的科研机构，在科技创新方面具备一定的基础，但与国内发达地区相比，还存在较大的差距。东北振兴亟须激发企业和科技人才的创新动力，整合科技创新资源，引领发展战略性新兴产业和未来产业。[①]东北地区作为中国通往俄罗斯、蒙古国等国家的重要通道，承担国家向北开放的重要责任，应积极探索如何提升与东北亚地区的贸易空间以及增加贸易额等问题，加强与周边国家的经济合作。

三、合理控制债务，防范政府债务风险

底特律政府在背负沉重的养老金和退休福利负担的情况下，仍举债大量建设公共设施，终因负债180亿美元，不堪重负而倒地。当前中国的地方债数额也已相当庞大，东北要避免重蹈覆辙，必须坚决制止地方政府违法违规举债行为，遏制隐性债务增量，推进地方债务的公开和透明化，确保经济安全与社会稳定。

养老金支出是底特律高负债的重要原因之一，也是东北正在面对的问题。我国现行企业职工基本养老保险制度采用的是现收现付制与基金积累制并存的"统账结合"模式。[②]由于东北地区老龄化严重，养老金储备不足。因此，应提前做好应对策略，规范养老金支出制度，缓解政府养老压力。

---

① 刘翰波：《底特律破产事件的主要启示》，《地方财政研究》2015年第9期。
② 统账结合的主要特点就是由企业和个人共同缴费。个人先根据自己工资一定的百分比建立个人账户，然后其余部分就归为统筹基金，来作为所有参保人员的共同基金。

四、加强宏观调控，实施有效公共政策

城市发展离不开高效有力的政府加以引导。底特律的衰落固然有产业枯萎的客观因素，但城市管理者没有在产业调整过程中及时准确地帮助城市发展转型也是重要原因。政府盲目开发文艺复兴中心等项目，非但没有带来城市的持续繁荣，反而进一步加速了底特律的衰退。

城市发展要谨慎对待城镇化。底特律转型失败的教训告诉我们：大量的投资建设并不能拉动城市走出困境，粗放地推进城镇化进程并不能够给社会带来积极的发展。东北要振兴，就必须将资源配置的决定权交给市场，将新型城镇化的核心放在"体制变革、结构调整、发展方式转变"方面，而不是大规模投资和建设方面。

城市发展需要具有战略眼光的管理者。底特律市惨淡破败，是与市政府内部机构臃肿、主要官员决策失误和贪污腐败分不开的。当前，东北产业转型的关键是要建设高素质专业化干部队伍，加强科学决策，激发城市活力。要做好空间规划顶层设计，大力培育城市群，促进大中小城市和城乡协调发展。①

五、防止阶层分化，重视公平发展和人才培养

种族隔离造成的种族冲突、人口锐减也是加速底特律衰落的重要原因之一。我国东北地区虽不存在种族隔离，但户籍隔离、人口流动等原因导致的阶层分化与固化等现象却不容忽视。人才缺乏可以说是底特律的致命伤。由于底特律拥有众多汽车工厂，年轻人只要获得中学文凭就可找到工作，且能够维持一定的生活水准，这就使当地政府与民众看不到人力资本投资的重要性。我国东北地区要实现全面振兴发展，应努力提高人口整体素质，在培养人才、吸引人才上发力，进一步优化营商环境，让人才安心、安身、安业。

① 夏德仁：《推进新时代东北全面振兴》，《人民日报》2021年10月8日。

第六节　结语

　　底特律的破产是多种因素交织所造成的，最主要的几点教训是：产业结构单一，科技创新不足，债务负担过重，种族矛盾激化，政府管理低效，等等。当今时代，科技是创新发展的重要支撑，产业是一个城市或地区创新发展的物质基础，产业结构多元化是规避风险、实现可持续发展的必由之路。底特律的失败警醒我们，唯有审时度势，找准症结，对症下药，才能实现转型。对于东北老工业基地而言，实现全面振兴要立足地区实际，不断壮大实体经济，促进数字技术和实体经济深度融合。通过广泛培育、吸纳各类人才，大力提升科技创新能力，推动产业多元化均衡发展。

第六章

日本北九州

本章主要介绍日本北九州工业区的发展历程，分析其在产业转型和环境治理中取得的成功经验，并为我国东北振兴提供借鉴。本章主要由以下几个部分构成：第一部分主要阐述北九州工业区的概况；第二部分介绍北九州工业区的发展历程以及当时的状况；第三部分主要分析导致产业衰败的主要原因；第四部分进一步探讨北九州工业区转型过程中的成功经验；第五部分探讨北九州工业区的转型经验在我国东北振兴中的可行性；最后一部分对本章的内容做出归纳与总结。

第一节　北九州工业区的概况

北九州市位于福冈县，是日本九州岛最北部的城市。北九州市北靠日本海的响滩，南邻濑户内海的周防滩，全市总面积约为 488.78 平方公里，是九州岛人口规模第二大的城市。[1]1863 年，若松区、户畑区、八幡区、小仓区[2]以及门司区等五个区域合并为北九州市。1874 年又将八幡区分为

---

① 截至 2022 年 7 月 1 日，北九州市总人口为 925962 人。

② 第二次世界大战期间为军事要地之一，本来作为美国第二次核打击的首要目标，但是由于当天小仓的天气可见度低等原因，最终选择了次要目标长崎市。

东西两个部分，小仓区分为南北两个部分，共计七个区域。北九州不仅是一个重要的港口城市，也是日本最主要的工业城市之一。由于北九州市靠海，进而成为海上物流和重要的交通枢纽，与世界80多个国家建立了航运关系，在国家贸易中具有重要的地位。北九州的产业包括钢铁、机械、化工、陶瓷以及食品加工等多个领域，以重工业为主，是日本经济的重要组成部分。

北九州工业区的成功不仅在于其产业的发展，还在于其环境治理方面取得的成就。与此同时，工业区的发展同样也面临着产业衰败和环境恶化等诸多问题，但日本政府通过建设北九州生态工业园区发挥当地的产业优势，大力扶植环保产业，严格控制废物排放以及强化循环利用，实现了产业经济与环境治理的和谐共存。另一方面，北九州工业区拥有丰富的产业资源和重要的地理位置。虽然北九州凭借其钢铁工业确立了工业城市的地位，但是伴随着公害问题和产业结构的变化，也曾面临产业衰败和人口减少等一系列的问题。然而，通过不断的改善与努力，北九州在城市建设和环境治理等方面取得了显著成就，成为受联合国表彰的环境友好型城市。

第二节　北九州工业区的发展历程

从总体上看，北九州工业区的发展历程经历了从快速发展到环境恶化，再到从污染治理与产业转型的过程。其发展历程可划分为：起步阶段、成长阶段、环境问题凸显阶段以及转型阶段。接下来，本节将主要围绕这四个阶段阐述北九州逐渐发展成为工业区的历史背景、市场条件以及当时的政策。

一、起步阶段（1868—1918 年）

1868 年，日本自上而下地进行了明治维新运动，推翻了德川幕府的封建统治，建立了君主立宪制政府。1871 年开始，日本先后派遣多位大使赴欧美国家考察学习政治、经济、军事和文化等领域。1873 年，大使相继回国并确立了"文明开化、富国强兵"的改革总目标。明治维新以后，日本政府开始了以纺织业为中心的工业革命。1887 年开始开发筑丰煤矿，1889 年修建了门司港口和若松港口，1898 年铺设了筑丰铁路和九州铁路，并于 1901 年建成了拥有日本第一座现代化高炉的八幡炼铁厂[①]，正式拉开了北九州工业化的序幕，北九州成为日本钢铁和重化工业的发祥地。这个时期，北九州以钢铁业为主，同时发展机械化工、食品加工以及陶瓷等产业。此外，日本在中日甲午战争（1894—1895 年）、日俄战争（1904—1905 年）以及第一次世界大战（1914—1918 年）的相继获胜，进一步推动了日本工业化的进程。

二、成长阶段（1919—1945 年）

第一次世界大战之后到第二次世界大战结束，是北九州地区人口和工业化快速增长的时期。但世界经济危机（1929—1933 年）的爆发，导致北九州经济一度处于停滞徘徊的状态。此后，北九州于 1933 年成立小仓陆军造兵厂，1944 年开始制作气球炸弹，是当时日本最大的兵工厂之一。1942 年，连接下关和门司的"关门隧道"[②]开通，这是世界第一条海底隧道。由于北九州是日本的重要军事基地之一，曾三次遭受到美国大规模的空袭轰炸。最危急的一次是 1945 年 8 月 9 日美国原计划在小仓地区投放第二颗原子弹，但当日小仓上空视觉不佳，于是将投弹地点改为长崎，北九州幸免于难。这一事件对北九州的社会和经济结构产生了深远的影响，促使北九州在战后进行经济和产业的重建和转型。北九州工业区在 1919 年至 1945 年期间，经历了工业发展到环境问题凸显，再到战争影响与战后重建的过程。在这一时期，北九州付出了沉重的环境代价，虽然在工业上取得了显著的发展，但同时也面临

① 当时亚洲最大的兵工厂。北九州曾被称为"钢铁工业支柱、军事工业基础"。
② 关于关门隧道的详情，请参阅资料：https://www.jcca.or.jp/kaishi/236/236_doboku.pdf。

着战争重建和环境治理的双重挑战。

三、环境问题凸显阶段（1946—1970 年）

第二次世界大战之后，北九州经济重建获得了美国的支援。1973 年关门桥的修建和 1974 年山阳新干线的开通使得北九州的交通更加便捷。在日本经济高速成长期（1956—1973 年），北九州工业区一跃成为日本四大工业基地之一，工业化取得长足发展。但与此同时，伴随着工业进程的推进，环境问题日益凸显，特别是 20 世纪 60 年代，北九州的年平均降尘量高达 80 吨 / 平方千米 / 月，环境质量严重下降，近海鱼虾绝迹。此时的北九州空气中充满了烟尘，成为日本污染最严重的城市，时称"七色烟城"。从 20 世纪中叶开始，由于产业集聚区的迅速发展，北九州环境迅速恶化，不仅出现了大气污染、水污染以及噪声污染等一系列环境问题，同时也引发了一系列的公害事件。例如，1968 年 3 月，"世界八大环境公害事件"之一的米糠油（多氯联苯）事件爆发，这一事件的发生引起了民众对于环境问题的深度思考，环境保护与治理也从这时起成为日本民众和政府之间的共识。

四、转型阶段（1971 年至今）

1970 年以后，日本政府着力于环境的治理，但伴随着经济的萧条，北九州面临着人口外流和产业转型等问题。受公害事件的影响，20 世纪 60 年代后期，日本国家层面出台了各种环保政策并采取了诸多举措。例如，1967 年颁布了《公害对策基本法》，1968 年出台了《大气污染防治法》。环境治理是北九州妇女组织首先倡议并作为一项议题向政府施压开始的。市民的环保意识高涨对政府和企业治理环境产生了深远的影响。北九州市政府在 20 余年里投资约 8000 亿日元治理环境，环境恶化问题和公害问题得到有效缓解，北九州成为"星空城市"。1979 年 5 月，北九州市与大连市缔结为友好城市关系。1990 年，北九州成为日本第一个由联合国环境规划署颁发的"全球500佳城市"。1994年，构建北九州学术研究域。1997年，建设了北九州生态工业园"Eco-Town"，其三大核心区域为验证研究区、综合环保联合企业群区、响（Hibiki）再生利用工厂群区。园区拥有国际先进的环保技术，聚集了大量可再生可利用型环保企业，致力于实现废弃物零排放。

第三节　导致产业衰败的原因

第二次世界大战后，日本政府为了快速恢复经济，采取了"倾斜生产方式"重点扶持钢铁、煤炭以及电力等产业的发展。通过确立"贸易立国"等发展战略将产业重点转为扶持技术和资本密集型产业。20世纪70年代以后，北九州工业区逐渐走向衰落。北九州工业区的衰退是多重复杂因素影响下的结果，包括产业结构单一、环境污染严重、原材料成本增加以及经济改革推进缓慢等问题。

一、产业结构单一

20世纪50年代，日本政府推行"贸易立国"战略之后，采取了石油进口自由化政策，使得能源结构由原来的"煤主油辅"转变为"油主煤辅"。再加上当时劳动力价格不断攀升，采煤的成本进一步增加，筑丰煤炭的重要性逐步降低，煤炭在北九州一度失去了原有的优势。另外，由于铁矿石由澳大利亚进口，与大阪和横滨相比，北九州工业区失去了在国际竞争中的区位优势。[1] 除此之外，北九州工业区的格局形成于战前，主要注重钢铁、化学等原材料工业，而汽车、集成电路、半导体等新兴产业较少，没有形成完整的生产、加工与外包的生产体系，从而导致了产业结构性矛盾。

---

[1] 竹淳内彦：《北九州工业地域の停滞とその要因》，《地理学評論》1966年第39期。

二、人才流失、公害事件等问题日益突出

大气污染、水质恶化等公害事件频发，导致了北九州居民健康状况和生活质量下降。例如，1965 年洞海湾附近的城山地区年平均降尘量为 80 吨／平方千米／月（最大为 108 吨／平方千米／月），这创下了日本最高纪录。1969 年，北九州成为第一座发布烟雾警报的城市，在被称为"污染之城"的城山地区，很多居民由于空气污染得了哮喘病。由于大量未经处理的工业废水和家庭生活废水的流入，1969 年洞海湾的溶解氧量仅为 0.6 毫克／升，而化学需氧量为 48.4 克／升，不仅鱼类无法生存，就连大肠杆菌也无法栖息，被称为"死海"。与此同时，北九州地区的工业产值下降，从业人员数量不断减少。劳动力和人才的流失，使得北九州工业区失去了创造的活力。

三、原材料成本上升，经济改革迟缓

原材料成本增加以及经济改革迟缓也是导致北九州工业区衰败的重要原因。由于日本从中国进口铁矿石的成本增加，生产所需的原材料价格不断攀升，增加了企业的运营成本，减少了利润空间。这对于严重依赖进口原料的工业区而言是一个沉重的打击，进而在竞争激烈的国际市场上丧失了产品价格优势。与此同时，原材料价格上升还引发了供应链问题、企业财务危机以及市场调整困难。此外，北九州作为日本四大重工业基地之一，产业结构调整难度较大，经济改革较为迟缓。伴随着全球化进程的推进，北九州工业区也面临着来自内部和外部的冲击，无法及时调整产业结构和采取新技术适应市场变化，国际竞争力逐渐弱化，经济活力下降，使得衰败过程加剧。因此可见，北九州工业区的产业衰退是多种因素综合作用下的结果。

第四节　产业转型的成功经验与实践

北九州工业区的产业转型主要包括发展半导体生产和组装、环保产业、工业遗产旅游业，以及通过科技投入推进产业升级和环境保护。北九州工业区成功实现了"环境保护"与"工业振兴"并重的产业转型，1997 年在若松区响滩建立了独具特色的"北九州生态工业区工程"。其中，最核心的是采取了"三位一体"的环境产业发展战略（见表 6-1）。北九州在产业转型中的具体做法，主要有以下几个方面。

一、改造传统产业，大力扶持新兴产业，重视发展第三产业

北九州制定科学合理的规划，大力改造钢铁等传统产业，走循环经济发展道路。政府主导产业升级与环境保护，积极听取民众诉求。通过改造传统产业，使其适应新的市场需求。同时，大力扶持新兴产业并大力发展第三产业，对于提升区域服务水平、增加就业机会具有重要的意义。1997 年，北九州政府提出了"生态城市"的发展构想，实施"三位一体"环境产业战略，以生态工业园为载体，成功实现了城市产业转型。其核心理念是，通过充分利用传统的产业技术优势和克服环境公害的经验，实现"产业环境化和环境产业化"以振兴地方经济。

二、加大科技投入，积极推进产业转型，推动产业结构多元化

北九州市政府注重科技投入，通过引进国外先进的技术并进行消化吸收，逐步形成自己的科技创新能力，这为北九州产业的进一步发展奠定了坚实的经济基础。并且通过科技投入推动产业的技术升级和转型，特别是在半导体技术和人工智能等领域进行重点投入，以提升产业的竞争力和创新能力。与此同时，通过建立北九州生态工业园区，吸引半导体生产和组装以及环保产业入驻，促进了产业结构的多元化发展。

三、治理环境，大力发展环境保护

由于"水俣病"等公害事件的影响，日本政府完善了《大气污染保护法》《水质污染防治法》《恶臭防治法》《噪音规制法》等一系列公害防治条例，明确了企业和政府的各项责任。1967 年颁布了《公害对策基本法》，1971 年设立了环境厅，2000 年将"循环社会"定为基本国策，并颁布了《循环型社会形成推动基本法》。与此同时，北九州政府还建立了大气污染防治设施，设立了环境博物馆，编辑了大量的环境保护资料，并制作了环境保护的视频，加强了当地居民的环境保护意识。

四、重视人才培养，形成了"产—学—官"协作体系

北九州工业区在产业发展过程中，注重人才培养和引进，着重培养具有环保知识和技能的人才，以促进产业的绿色转型和升级。1972—1991 年，北九州市投入环境治理的资金为 8000 多亿日元，其中七成资金来自政府，三成资金来自企业。北九州联合企业与大学组建了北九州环境产业推进会议，为产业转型与环境保护建言献策。此外，北九州通过政府、企业、社区、市民联合治理，形成了"产—学—研"一体化体系。该体系的构建不仅推动了产业的绿色转型，也为全球的资源枯竭型城市转型提供了宝贵的经验。

五、完善交通网络，并加强国际交流和合作

北九州工业区在转型过程中的一个重要策略是拓展交通网。为了便于原料的运进和产品的运出，北九州拓展交通网络，建立了发达的交通网络，提高了物流运输效率。此外，北九州政府还通过创办"北九州环保倡议合作网络"等环保机构①，吸引来自世界各国的考察团来北九州进行实地学习和交流，这既带动了当地经济发展，也推进了环境保护的深度合作。

---

①2000 年 9 月，联合国亚太经社委员会举办的"环境与发展部长会议"在北九州召开，会议肯定了北九州在环境治理方面的突出贡献。

表6-1 北九州生态工业园区"三位一体"的产业振兴策略

	验证研究区	综合环保联合企业群区	响（Hibiki）再生利用工厂区
功能定位	教育与基础研究阶段	技术和验证阶段	商业化阶段
集群特征	通过"产—学—研"等机构的协作对废弃物处理技术和再生利用技术进行实证研究，从而成为北九州综合性的环保技术研发基地	对企业产生的废渣、废弃物等进行处理，熔断后生产再生资源并将产生的热量用于发电，进而形成资源循环基地	汽车再生技术与新环保技术开发区域
产业构成	北九州学术研究城项目早稻田大学、九州工业大学等8个研究机构和40家企业	塑料瓶再生项目家电再生项目建筑材料再生项目等	新兴产业资本密集型产业技术密集型产业
发展机制	北九州生态工业园区的"三位一体"产业振兴战略，主要包括基础性研究、验证性研究、科技产业化的三位一体产业升级模式。该模式的最大特点是将产业振兴和环境保护融合。这一策略以生态城为载体，通过将教育基础研究、技术实证研究、环保技术产业化有机结合，带动了环境保护由技术向产业的迈进，实现了"产业环境化和环境产业化"		

第五节　对东北振兴的启示

北九州工业区的转型经验为我国东北振兴提供了重要的借鉴。纵观世界，很多老工业基地的发展后期都面临着资源枯竭、环境污染、产业结构落后等问题。2016年4月《中共中央　国务院关于全面振兴东北地区等老工业基地的若干意见》以及2021年9月《东北全面振兴"十四五"实施方案》的颁布，进一步表明东北经济振兴受到党和国家的重视。北九州的转型历经60余年的探索，这表明我国东北老工业基地的振兴也任重而道远，不可能一蹴而就，需要一个循序渐进的过程，要充分认识产业转型的长期性与复杂性。

一、注重科技投入，将产业振兴与环境保护有机融合

从北九州的经验来看，该地并没有简单地对"夕阳产业"进行技术升级，而是淘汰一部分、重构一部分、发展一部分，做到了重构衰退产业与发展新兴产业相结合。东北经济振兴应充分利用与俄罗斯、韩国等国毗邻的区位优势，在将当地产品推销出去的同时，将先进的产品和技术引进来。东北各级政府可以借鉴日本北九州的模式，积极打造"环境治理博物馆"，吸引大量的海内外专家学者以及人员参观学习，将旅游开发与老工业基地振兴有机结合起来。

二、构建"产—学—研"为轴心的东北产业振兴园区，发展循环经济

借鉴北九州的发展模式，发挥产业集群效应，构建适合我国的"东北产业振兴工业园区"，开辟一条环境保护与产业振兴并重的发展路径。同时，基于"哈长沈大"区域协同模式，将各类企业发展与东北地区高等院校和科研单位的知识、技术相融合，加大对教育和科研的支持力度，开发出更多适合东北地区的环境保护技术。此外，我国东北工业基地除了要像北九州一样吸引当地教育和科技资源，同时也要加强与京津冀、长三角、珠三角等地在经济上的互联互通与协同合作，为东北产业振兴园区发展循环经济提供资金和智力支持。

三、完善环境法的制定与实施，强化监督机制

东北各级政府应该借鉴和学习北九州产业转型期的环境保护法，制定出适合东北产业振兴和环境治理的各类环境保护法，通过法律法规进一步规范和完善东北振兴的环境，对于转型产业的环境治理进行综合规范，并建立起环保的惩罚机制。目前，我国已经有众多的环境保护法，但是针对东北产业振兴的环境保护法却较少，并且在实施阶段落实不到位的情况时有发生，应该加强舆论监督和执法力度，并积极鼓励公众参与。

四、合理利用产业政策，营造良好的营商环境

北九州工业区的成功转型离不开政府合理的产业政策引导。东北地区在振兴的过程中，需要制定合理的产业政策，及时规避市场调节的滞后性和盲目性，有效发挥政府干预的时效性。此外，东北地区也应该采取经济补贴和政策倾斜的形式，积极吸引更多的海内外企业到东北地区投资建厂，创造更多的就业机会，推进东北地区全面振兴。的确，产业政策引导和经济补贴等优惠政策可以在一定程度上吸引投资，但从长远来看，东北振兴更应该注重营造良好的营商环境，提高政府行政办事效率，让企业想投资、敢投资、能赢利。

五、开展产业和环境等领域的国际合作，广泛吸纳人才

近年来，东北地区也遇到了和北九州类似的人口变化。资源型城市的人口数量经历了由少到多，再由多到少的过程。东北地区不仅面临着劳动力减少的问题，还存在着严重的老龄化问题。因此，东北地区要想留住人才，除了自己培养一部分，还应该面向全国乃至世界开展合作，积极吸纳世界各地的人才投入到东北振兴中去。北九州工业区通过扩大开放和融入全球产业链，形成了新的发展动力。东北地区应该借鉴这一发展经验继续深化国有企业改革，引入民营经济与外资，通过混合所有制等方式激发经济活力。同时，东北地区各级政府要在中央的领导下成立"黑吉辽"高级别东北振兴领导小组，从全盘进行统筹规划，认真分析当前人口、经济、产业、环境等方面出现的问题，制定出适合东北经济的政策。此外，不仅要立足于东北当地，也要整合优势产业不断深化融入全球产业链，形成新的增长动力。

第六节　结语

北九州模式是资源枯竭型城市成功实现产业转型的典范，很值得我国在

振兴东北的实践中借鉴与应用。本章针对日本老工业基地之一的北九州工业区，阐述了其历史背景、发展历程、衰败的原因、产业转型的成功经验及其对我国东北振兴的启示。经研究发现，北九州的环境治理是自下而上的，最大的成功经验是建立了集环境保护与产业振兴为一体的北九州生态工业园区，进而发展了循环经济。我国东北地区不仅面临着产业衰落，同时也出现了劳动力外流以及老龄化严重等问题，当地政府应因地制宜，科学规划，形成黑吉辽高层领导磋商机制，并建立"东北产业振兴工业园区"，走出一条资源循环型的产业发展道路。

北九州工业区与我国东北地区都面临着老工业基地的转型问题，都属于资源枯竭型城市区域，两者在地理位置、产业结构、资源依赖等领域存在着诸多相似之处。北九州工业区的转型经验强调了科技创新和战略性新兴产业的发展对区域经济发展的重要作用，积极培育新能源、新材料、先进制造以及电子信息等战略性新兴产业，可以加快形成新质生产力，增强发展新动能。这一点对于东北地区来说尤为重要，因为这不仅有助于推动产业升级，还能有效提高区域的竞争力，进而实现经济的可持续发展，最终达到东北全面振兴的目标。

但与此同时，也应该注意产业转型的长期性和复杂性，不可急功近利，要注意识别和规避市场的滞后性和盲目性，充分发挥政府的宏观调控机制。也应注意产业调整的艰巨性，不可墨守成规、举步不前，要敢于突破、敢于创新。东北振兴要明确振兴定位，把握全面振兴的根本要求。东北振兴不仅仅是工业的振兴，也要关注农业、服务业等产业发展。此外，东北振兴要坚持"利他主义"，各部门要形成整体性的互动协同机制，营造一个良好的营商环境，还需要认识到自身在全国发展大局中的战略地位，包括在国防安全、粮食安全、生态安全、能源安全、产业安全等方面的作用。这意味着东北地区的振兴要立足于国家发展大局，明确自己的使命定位；同时也需要国家层面出台相关政策，支持东北履行自己的战略使命。

战略
分析篇

第七章
总体思路：加快建设现代化经济体系

第一节　东北进入"全面振兴、全方位振兴"的战略新阶段

　　2018 年 9 月，习近平总书记到东北三省考察，主持召开深入推进东北振兴座谈会并发表重要讲话，明确提出"新时代东北振兴，是全面振兴、全方位振兴"。2019 年，《中共中央　国务院关于支持东北地区深化改革创新推动高质量发展的意见》印发，对东北地区深化改革、创新推动高质量发展作出重要部署。2021 年 9 月，《东北全面振兴"十四五"实施方案》获国务院批复，东北三省的"十四五"规划纲要进一步明确了在中长期实现全面振兴、全方位振兴的目标任务。党的二十大报告进一步提出，推动东北全面振兴取得新突破，强调东北振兴的"全面性"和"新突破"。[1] 立足新时代，面对新发展形势，东北振兴是高质量、可持续的振兴，是全面、全方位的振兴。[2]

---

[1] 周绍杰、薛婧：《构建东北全面振兴的经济地理新格局——基于"哈长沈大"一轴战略的思考》，《社会科学辑刊》2023 年第 6 期。

[2] 习近平：《高举中国特色社会主义伟大旗帜　为全面建设社会主义现代化国家而团结奋斗——在中国共产党第二十次全国代表大会上的报告》，《人民日报》2022 年 10 月 26 日。

2023 年 9 月，习近平总书记在黑龙江省哈尔滨市主持召开新时代推动东北全面振兴座谈会时强调："新时代新征程推动东北全面振兴，要贯彻落实党的二十大关于推动东北全面振兴实现新突破的部署，完整准确全面贯彻新发展理念，牢牢把握东北在维护国家'五大安全'中的重要使命，牢牢把握高质量发展这个首要任务和构建新发展格局这个战略任务，统筹发展和安全，坚持目标导向和问题导向相结合，坚持锻长板、补短板相结合，坚持加大支持力度和激发内生动力相结合，咬定目标不放松，敢闯敢干加实干，努力走出一条高质量发展、可持续振兴的新路子，奋力谱写东北全面振兴新篇章。"①

综上，"全面振兴、全方位振兴"远远超出并深化了"东北老工业基地振兴"战略的内涵和外延。②"全面振兴、全方位振兴"是全领域、全行业、全方位的振兴，是立体的振兴。既是东北国有经济的振兴，也是民营经济的振兴；既是东北对外开放的振兴，也是东北对内开放的振兴；既是传统产业的振兴，也是新兴产业的振兴；既是工业的振兴，也是现代服务业的振兴；既是区域空间发展的振兴，也是安全发展的振兴；既是民生建设的振兴，也是思想文化建设的振兴。③

第二节　战略使命：五大安全

东北地区是中国现代工业的根基和"新中国工业的摇篮"，为我国形成独立完整的工业体系和国民经济体系、改革开放和现代化建设作出了重要历史贡献。④进入 21 世纪，东北振兴成为我国区域协调发展的重要战略部署。

---

① 《习近平主持召开新时代推动东北全面振兴座谈会强调　牢牢把握东北的重要使命　奋力谱写东北全面振兴新篇章》，《人民日报》2023 年 9 月 10 日。

② 祝福恩、王首然：《新时代东北实现全面振兴的理论指南和行动纲领——学习习近平总书记视察东北三省讲话体会》，《思想政治教育研究》2018 年第 6 期。

③ 祝福恩：《新时代东北振兴使命下的解放思想》，《黑龙江日报》2018 年 11 月 20 日。

④ 刘海军、张超、闫莉：《东北振兴二十年历程与新时代推动东北全面振兴》，《改革》2023 年第 9 期。

2002 年，党的十六大报告首次提出支持东北地区等老工业基地加快调整和改造；2003 年，中共中央、国务院印发《关于实施东北地区等老工业基地振兴战略的若干意见》，正式拉开东北振兴的序幕；此后，东北振兴多次作为区域协调发展战略的核心内容和关键环节出现在我国历次五年规划当中；"十三五"时期，国家于 2016 年连续发布 4 个中央指导文件，开启新一轮东北振兴。①

党的十八大以来，以习近平同志为核心的党中央实施深入推进东北全面振兴战略，多次视察东北地区，召开东北振兴专题座谈会，研究谋划推进东北全面振兴。2015 年 7 月，习近平总书记在长春召开部分省区党委主要负责同志座谈时指出，"振兴东北老工业基地已到了滚石上山、爬坡过坎的关键阶段"。②2018 年 9 月，习近平总书记在沈阳主持召开深入推进东北振兴座谈会，强调"东北地区是我国重要的工业和农业基地，维护国家国防安全、粮食安全、生态安全、能源安全、产业安全的战略地位十分重要，关乎国家发展大局"，为东北地区标定了"五大安全"的战略定位。2021 年 9 月，国务院发布关于东北全面振兴"十四五"实施方案的批复，提出"到 2025 年，东北振兴重点领域取得新突破，维护'五大安全'的能力得到新提高，国家粮食'压舱石'地位更加巩固，祖国北疆生态安全屏障更加牢固"。2023 年 9 月，习近平总书记到辽宁考察，主持召开新时代推动东北全面振兴座谈会时再次强调，"新时代新征程推动东北全面振兴，要贯彻落实党的二十大关于推动东北全面振兴实现新突破的部署，完整准确全面贯彻新发展理念，牢牢把握东北在维护国家'五大安全'中的重要使命"。

当前，国家社会经济发展不再强调各地区的地区生产总值增长排名，而是强调各地区明确自身的功能定位、发挥自身优势，从全国一盘棋的角度来确定不同区域的发展方向与任务。"五大安全"既是对东北地区战略定位、区

---

① 周绍杰、薛婧：《构建东北全面振兴的经济地理新格局——基于"哈长沈大"一轴战略的思考》，《社会科学辑刊》2023 年第 6 期。
② 《辽宁省"两会"热词 TOP20》，《辽宁经济》2017 年第 2 期。

域优势的深刻总结，也是对东北地区未来发展方向与使命的高度凝练。"五大安全"要求东北在国家统筹发展和安全中扮演重要角色，而东北所在的东北亚地区安全格局最为复杂，东北在粮食和生态安全方面具有优势，在能源与产业安全方面则需要提升竞争力。东北地区承担着维护国家"五大安全"的任务，就要把维护"五大安全"作为基本定位与政治使命，在"五大安全"中形成对国家重大战略的坚强支撑。"五大安全"的提出与推进深化了人们对东北及东北振兴战略功能的认知，是看待新时代东北地区全面振兴、全方位振兴的重要遵循。

当前，东北经济发展仍处于重要的战略机遇期，但机遇和挑战都有新变化。[①] "五大安全"是新时代东北全面振兴的重大历史机遇。东北全面振兴就是要东北地区在国家统筹发展和安全中扮演关键角色，把握"五大安全"战略机遇。东北地区应围绕"以新安全格局保障新发展格局"的总要求，针对"五大安全"的重点领域和重大风险，强化战略规划与统筹能力、制度供给与建设能力、政策制定与实施能力。"五大安全"为东北振兴指明了方向，应提高站位，充分发挥既有地区优势、培育新优势，深化与长三角、京津冀等区域的对口合作，充分融入国内统一大市场、进一步推进高水平对外开放，在全力筑牢国家"五大安全"基石的进程中实现东北全面、全方位振兴。

第三节 加快建设东北现代化经济体系意义重大

现代化经济体系是符合市场经济运行规律的经济体系，是在现代化建设过程中构建的支撑中国建设现代化强国的经济体系。[②] 现代化经济体系的构建

---

① 周绍杰、薛婧：《构建东北全面振兴的经济地理新格局——基于"哈长沈大"一轴战略的思考》，《社会科学辑刊》2023 年第 6 期。

② 段光鹏、王向明：《建设现代化经济体系：战略价值、基本构成与推进方略》，《改革》2022 年第 3 期。

不仅事关我国持续推进工业化进程、解决新时代发展面临的问题，更是全面建设社会主义现代化国家的重要组成部分。[①] 对于东北地区而言，建设东北现代化经济体系意义更加重大。

第一，加快建设东北现代化经济体系是全面建设社会主义现代化国家的重要组成部分，以东北全方位振兴助力中国式现代化。东北全面振兴是全面建设社会主义现代化国家的一项重要任务，是中国式现代化的重要组成部分。作为中国式现代化建设的重要区域，若东北地区不能实现全面、全方位振兴，中国式现代化目标就无从实现。东北地区的发展与整个国家的发展进程高度相关，因此要把东北发展放在国家现代化整体进程中加以考察。东北地区承担着维护我国"五大安全"的艰巨职责，是推进中国式现代化的重要支撑。东北现代化经济体系的建成，能为整个现代化建设进程奠定坚实的区域经济基础，进而助推全面建设社会主义现代化国家目标的实现。

第二，加快建设现代化经济体系是东北全面、全方位振兴的新契机，以中国式现代化为引领和抓手，推进东北全面振兴取得新突破。以中国式现代化的要求与实践推动东北振兴。中国式现代化是中国共产党领导的社会主义现代化，是具有中国特色、符合中国实际的现代化，是实现中华民族伟大复兴的光明大道。要将东北全面、全方位振兴融进中国式现代化的进程中，以中国式现代化的本质为基准明晰东北全面、全方位振兴的具体要求。习近平总书记关于中国式现代化的一系列重要论述，为全面建设社会主义现代化国家提供了根本遵循，也为东北全面振兴指明了方向。2019 年，习近平指出，东北地区建设现代化经济体系具备很好的基础条件，全面振兴不是把已经衰败的产业和企业硬扶持起来，而是要有效整合资源，主动调整经济结构，形成新的均衡发展的产业结构。要加强传统制造业技术改造，善于扬长补短，发展新技术、新业态、新模式，培育健康养老、旅游休闲、文化娱乐等新增

[①] 张辉、房誉、唐琦：《中国新发展格局下现代化经济体系建设的结构性问题思考》，《东岳论丛》2021 年第 10 期。

长点。要促进资源枯竭地区转型发展，加快培育接续替代产业，延长产业链条。要加大创新投入，为产业多元化发展提供新动力。[1]建设现代化经济体系不仅是东北振兴战略的重要目标，也是东北振兴的重要契机与关键抓手。

第四节　现代化经济体系的科学内涵与分析框架

一、关于建设现代化经济体系的重要论述

进入新时代以来，习近平总书记对建设现代化产业体系多次作出重要论述。

2017 年 10 月，习近平指出："建设现代化经济体系是跨越关口的迫切要求和我国发展的战略目标。必须坚持质量第一、效益优先，以供给侧结构性改革为主线，推动经济发展质量变革、效率变革、动力变革，提高全要素生产率，着力加快建设实体经济、科技创新、现代金融、人力资源协同发展的产业体系，着力构建市场机制有效、微观主体有活力、宏观调控有度的经济体制，不断增强我国经济创新力和竞争力。"[2]

2018 年 1 月，习近平在十九届中央政治局第三次集体学习时对建设现代化经济体系的重大意义作了专门阐述，他指出："建设现代化经济体系是一篇大文章，既是一个重大理论命题，更是一个重大实践课题，需要从理论和实践的结合上进行深入探讨。建设现代化经济体系是我国发展的战略目标，也是转变经济发展方式、优化经济结构、转换经济增长动力的迫切要求。全党一定要深刻认识建设现代化经济体系的重要性和艰巨性，科学把握建设现代

---

① 习近平：《推动形成优势互补高质量发展的区域经济布局》，《当代党员》2020 年第 1 期。
② 习近平：《决胜全面建成小康社会　夺取新时代中国特色社会主义伟大胜利——在中国共产党第十九次全国代表大会上的报告》，人民出版社 2017 年版，第 30 页。

化经济体系的目标和重点，推动我国经济发展焕发新活力、迈上新台阶。"① 他进一步强调："建设现代化经济体系，这是党中央从党和国家事业全局出发，着眼于实现'两个一百年'奋斗目标、顺应中国特色社会主义进入新时代的新要求作出的重大决策部署。国家强，经济体系必须强。只有形成现代化经济体系，才能更好顺应现代化发展潮流和赢得国际竞争主动，也才能为其他领域现代化提供有力支撑。我们要按照建设社会主义现代化强国的要求，加快建设现代化经济体系，确保社会主义现代化强国目标如期实现。"②

习近平总书记在中共中央政治局第三次集体学习的讲话中强调，"现代化经济体系，是由社会经济活动各个环节、各个层面、各个领域的相互关系和内在联系构成的一个有机整体"，包含以下七个方面：（1）创新引领、协同发展的产业体系；（2）统一开放、竞争有序的市场体系；（3）体现效率、促进公平的收入分配体系；（4）彰显优势、协调联动的城乡区域发展体系；（5）资源节约、环境友好的绿色发展体系；（6）多元平衡、安全高效的全面开放体系；（7）充分发挥市场作用、更好发挥政府作用的经济体制。③

2020 年 10 月，中国共产党第十九届中央委员会第五次全体会议通过的《中共中央关于制定国民经济和社会发展第十四个五年规划和二〇三五年远景目标的建议》（以下简称《建议》）提出，"到 2035 年基本实现社会主义现代化远景目标"，"到本世纪中叶把我国建成富强民主文明和谐美丽的社会主义现代化强国"，"展望二〇三五年，我国经济实力、科技实力、综合国力将大幅跃升，经济总量和城乡居民人均收入将再迈上新的大台阶，关键核心技术实现重大突破，进入创新型国家前列；基本实现新型工业化、信息化、城镇化、农业现代化，建成现代化经济体系"。④ 这是继党的十九大作出"贯彻新发展理念，建设现代化经济体系"重要部署后，首次提出建成现代化经济体

①②③《习近平：深刻认识建设现代化经济体系重要性　推动我国经济发展焕发新活力迈上新台阶》，《人民日报》2018 年 2 月 1 日，第 1 版。

④《中共中央关于制定国民经济和社会发展第十四个五年规划和二〇三五年远景目标的建议》，《人民日报》2020 年 11 月 4 日。

系的时间点。

《建议》提出"加快发展现代产业体系，推动经济体系优化升级"，具体内容包括：坚持把发展经济着力点放在实体经济上，坚定不移建设制造强国、质量强国、网络强国、数字中国，推进产业基础高级化、产业链现代化，提高经济质量效益和核心竞争力。①

提升产业链供应链现代化水平。保持制造业比重基本稳定，巩固壮大实体经济根基。坚持自主可控、安全高效，分行业做好供应链战略设计和精准施策，推动全产业链优化升级。锻造产业链供应链长板，立足我国产业规模优势、配套优势和部分领域先发优势，打造新兴产业链，推动传统产业高端化、智能化、绿色化，发展服务型制造。完善国家质量基础设施，加强标准、计量、专利等体系和能力建设，深入开展质量提升行动。促进产业在国内有序转移，优化区域产业链布局，支持老工业基地转型发展。补齐产业链供应链短板，实施产业基础再造工程，加大重要产品和关键核心技术攻关力度，发展先进适用技术，推动产业链供应链多元化。优化产业链供应链发展环境，强化要素支撑。加强国际产业安全合作，形成具有更强创新力、更高附加值、更安全可靠的产业链供应链。②

发展战略性新兴产业。加快壮大新一代信息技术、生物技术、新能源、新材料、高端装备、新能源汽车、绿色环保以及航空航天、海洋装备等产业。推动互联网、大数据、人工智能等同各产业深度融合，推动先进制造业集群发展，构建一批各具特色、优势互补、结构合理的战略性新兴产业增长引擎，培育新技术、新产品、新业态、新模式。促进平台经济、共享经济健康发展。鼓励企业兼并重组，防止低水平重复建设。③

加快发展现代服务业。推动生产性服务业向专业化和价值链高端延伸，推动各类市场主体参与服务供给，加快发展研发设计、现代物流、法律服务等服务业，推动现代服务业同先进制造业、现代农业深度融合，加快推进服

①②③《中共中央关于制定国民经济和社会发展第十四个五年规划和二〇三五年远景目标的建议》，《人民日报》2020年11月4日。

务业数字化。推动生活性服务业向高品质和多样化升级，加快发展健康、养老、育幼、文化、旅游、体育、家政、物业等服务业，加强公益性、基础性服务业供给。推进服务业标准化、品牌化建设。[①]

统筹推进基础设施建设。构建系统完备、高效实用、智能绿色、安全可靠的现代化基础设施体系。系统布局新型基础设施，加快第五代移动通信、工业互联网、大数据中心等建设。加快建设交通强国，完善综合运输大通道、综合交通枢纽和物流网络，加快城市群和都市圈轨道交通网络化，提高农村和边境地区交通通达深度。推进能源革命，完善能源产供储销体系，加强国内油气勘探开发，加快油气储备设施建设，加快全国干线油气管道建设，建设智慧能源系统，优化电力生产和输送通道布局，提升新能源消纳和存储能力，提升向边远地区输配电能力。加强水利基础设施建设，提升水资源优化配置和水旱灾害防御能力。[②]

加快数字化发展。发展数字经济，推进数字产业化和产业数字化，推动数字经济和实体经济深度融合，打造具有国际竞争力的数字产业集群。加强数字社会、数字政府建设，提升公共服务、社会治理等数字化智能化水平。建立数据资源产权、交易流通、跨境传输和安全保护等基础制度和标准规范，推动数据资源开发利用。扩大基础公共信息数据有序开放，建设国家数据统一共享开放平台。保障国家数据安全，加强个人信息保护。提升全民数字技能，实现信息服务全覆盖。积极参与数字领域国际规则和标准制定。[③]

2022年10月，党的二十大报告指出，到2035年，我国发展的总体目标包括"建成现代化经济体系，形成新发展格局，基本实现新型工业化、信息化、城镇化、农业现代化"。其中，关于建设现代化产业体系，提出："坚持把发展经济的着力点放在实体经济上，推进新型工业化，加快建设制造强国、质量强国、航天强国、交通强国、网络强国、数字中国。实施产业基础再造工程和重大技术装备攻关工程，支持专精特新企业发展，推动制造业高

①②③《中共中央关于制定国民经济和社会发展第十四个五年规划和二〇三五年远景目标的建议》，《人民日报》2020年11月4日。

端化、智能化、绿色化发展。巩固优势产业领先地位，在关系安全发展的领域加快补齐短板，提升战略性资源供应保障能力。推动战略性新兴产业融合集群发展，构建新一代信息技术、人工智能、生物技术、新能源、新材料、高端装备、绿色环保等一批新的增长引擎。构建优质高效的服务业新体系，推动现代服务业同先进制造业、现代农业深度融合。加快发展物联网，建设高效顺畅的流通体系，降低物流成本。加快发展数字经济，促进数字经济和实体经济深度融合，打造具有国际竞争力的数字产业集群。优化基础设施布局、结构、功能和系统集成，构建现代化基础设施体系。"①

现代化产业体系是现代化经济体系的重要方面。2023 年 5 月，习近平总书记在二十届中央财经委员会第一次会议上强调："现代化产业体系是现代化国家的物质技术基础，必须把发展经济的着力点放在实体经济上，为实现第二个百年奋斗目标提供坚强物质支撑。"会议强调："加快建设以实体经济为支撑的现代化产业体系，关系我们在未来发展和国际竞争中赢得战略主动。要把握人工智能等新科技革命浪潮，适应人与自然和谐共生的要求，保持并增强产业体系完备和配套能力强的优势，高效集聚全球创新要素，推进产业智能化、绿色化、融合化，建设具有完整性、先进性、安全性的现代化产业体系。要坚持以实体经济为重，防止脱实向虚；坚持稳中求进、循序渐进，不能贪大求洋；坚持三次产业融合发展，避免割裂对立；坚持推动传统产业转型升级，不能当成'低端产业'简单退出；坚持开放合作，不能闭门造车。"②

二、现代化经济体系的多维分析框架与基本构成

根据习近平的重要论述，现代化经济体系是由社会经济活动各个环节、

---

① 习近平：《高举中国特色社会主义伟大旗帜　为全面建设社会主义现代化国家而团结奋斗——在中国共产党第二十次全国代表大会上的报告》，《人民日报》2022 年 10 月 26 日。

② 《习近平主持召开二十届中央财经委员会第一次会议强调　加快建设以实体经济为支撑的现代化产业体系　以人口高质量发展支撑中国式现代化》，《人民日报》2023 年 5 月 6 日。

各个层面、各个领域的相互关系和内在联系构成的一个有机整体。[①] 现代化经济体系包括"六个体系、一个体制"，即创新引领、协同发展的产业体系；统一开放、竞争有序的市场体系；体现效率、促进公平的收入分配体系；彰显优势、协调联动的城乡区域发展体系；资源节约、环境友好的绿色发展体系；多元平衡、安全高效的全面开放体系；充分发挥市场作用、更好发挥政府作用的经济体制。[②] 见图 7-1。

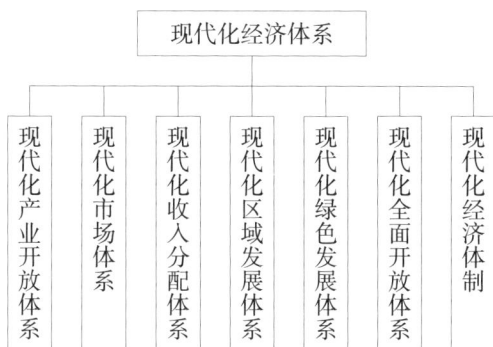

图 7-1　现代化经济体系的多维分析框架与基本构成

三、建成现代化经济体系的目标

《中共中央关于制定国民经济和社会发展第十四个五年规划和二〇三五年远景目标的建议》明确了现代化经济体系的目标要求。

一是宏观要求。《建议》从总体上强调要"加快建设现代化经济体系"，并且明确指出："经济发展取得新成效。发展是解决我国一切问题的基础和关键，发展必须坚持新发展理念，在质量效益明显提升的基础上实现经济持续健康发展，增长潜力充分发挥，国内市场更加强大，经济结构更加优化，创新能力显著提升，产业基础高级化、产业链现代化水平明显提高，农业基础更加稳固，城乡区域发展协调性明显增强，现代化经济体系建设取得重大进

[①] 何磊：《习近平关于建设现代化经济体系的重要思想》，《党的文献》2018 年第 4 期。

[②] 刘伟：《立足高质量发展创新和完善宏观调控》，《经济日报》2019 年 6 月 6 日。

展。"①

二是主要目标。"加快发展现代产业体系，推动经济体系优化升级"是"十四五"时期经济社会发展的主要目标，具体包括提升产业链供应链现代化水平、发展战略性新兴产业、加快发展现代服务业、统筹推进基础设施建设、加快数字化发展等多个方面。②

第五节　东北现代化经济体系建设的重点方向：建设东北现代化市场体系

《中共中央　国务院关于加快建设全国统一大市场的意见》出台后，国家发展和改革委员会进一步指出，将建设全国统一大市场落到实处应从以下四个方面开展：第一，建立工作机制。国家发展和改革委员会、市场监管总局将会同有关部门建立健全完善促进全国统一大市场建设的部门协调机制，加大统筹协调力度，及时督促检查。加强跟踪分析和协调指导，切实协调解决相关问题。重大事项及时向党中央、国务院请示报告。第二，抓好重点任务。围绕六个方面的改革任务，以制度建设为重点，明确阶段性工作目标，着力解决突出问题，推动改革举措尽快落地见效。第三，完善激励约束机制。探索研究全国统一大市场建设标准指南。对积极推动落实全国统一大市场建设、取得突出成效的地区给予激励。动态发布不当干预全国统一大市场建设问题清单，着力解决妨碍全国统一大市场建设的不当市场干预和不当竞争行为问题。第四，凝聚各方合力。推动各地区和各有关部门围绕重点任务，形成工作合力。加强宣传引导，为全国统一大市

---

① ②《中共中央关于制定国民经济和社会发展第十四个五年规划和二〇三五年远景目标的建议》，《人民日报》2020 年 11 月 4 日。

场建设营造良好社会氛围。①

对于东北地区而言，建设东北现代化市场体系，应包括以下两大方面。

一、构建东北区域大市场，提高东北对内开放水平，加快融入国家统一大市场

首先，构建东北区域大市场。东北地区应抓紧落实中央关于建设统一大市场的意见，加强东北地区内部的区域合作，进一步打破行政性分割，将碎片化的市场整合起来，有效延展东北地区工业价值链长度，培育具备核心竞争力的大中小企业②，在东北地区形成一个自由而统一的区域大市场，扩大东北地区内需。

其次，东北地区作为立足国内大循环承接产业转移的重点地区，要以对内开放为抓手，促进东北尽快融入全国强大统一市场。东北地区市场机制发育不充分、不健全与对内开放不足息息相关，这使得市场机制在资源配置中没有起到决定性作用，压制市场主体的创新潜能，限制地区产业升级，导致东北三省作为老工业基地的制造业竞争力呈现明显衰落的态势，进而影响东北三省的对外开放。③《东北振兴"十三五"规划》中也明确指出，东北地区要"深化与国内其他地区合作"，这就是东北地区对内开放的直接体现。在建设全国统一大市场的大背景下，东北地区要不断强化与其他地区的跨区域协作，促进各区域内部的要素在更大范围内流动。具体而言，完善地区与地区之间、部门与部门之间的协作机制；激励东北各地区的地方政府打破行政分割、参与构建域内及全国大市场的热情。此外，东北地区应以更大努力将优化营商环境落到实处，通过具有吸引力的制度环境吸引优质要素流入，全面

---

① 《加快建设全国统一大市场构建新发展格局——专访国家发展改革委负责同志》，《现代企业》2022年第6期。

② 宋晓梧：《科学判断经济发展形势有效解决东北现实问题》，《辽宁经济》2022年第8期。

③ 周绍杰、薛婧：《构建东北全面振兴的经济地理新格局——基于"哈长沈大"一轴战略的思考》，《社会科学辑刊》2023年第6期。

激发市场主体活力和创造力。

二、规范东北市场经济秩序，实现充分市场竞争，打造更具活力的市场主体

构建更加完善的市场规则，整顿和规范市场经济秩序，形成合法有序的市场经济秩序。市场秩序包括市场进出秩序、市场竞争秩序、市场交易秩序等。[①] 规范、整顿市场经济秩序就是要完善、健全市场规则和法律规范，整治各种破坏市场经济秩序的现象和行为，形成统一、开放、竞争、有序的市场经济运行环境。

一是"放管服"改革，特别是在"放"和"服"上，"放"要彻底，服务要优质，让企业在宽松的市场化环境中经营和发展；"管"要实行严格的负面清单制度，以门槛是否更低、效率是否更高、办事是否更简洁，来判断行政管理的科学性和行政管理是否有效率，彻底扭转普遍存在的"官本位"思维和"关系经济"局面。二是法律改革，落实和完善保护投资者合法权益的法律制度，切实保护企业家创业积极性。[②] 要持续消除市场准入的隐性壁垒，破除制约市场准入的"弹簧门""玻璃门""旋转门"，畅通市场主体对隐性壁垒的投诉渠道和处理反馈机制，保障各类市场主体的合法权益；在市场监管规则方面，要制定和完善全国统一的市场监管法律法规，特别是在知识产权保护、资本市场规范发展、反垄断和反不正当竞争等重点领域，要加快制定全国统一的市场监管规则。[③]

---

① 刘希珍、刘金兰、王鸿磊：《市场秩序评价研究》，《天津大学学报（社会科学版）》2003 年第 1 期。

② 孙世芳：《以改革释放发展潜能》，《经济日报》2021 年 7 月 20 日。

③ 王树华、张军：《全国统一大市场赋能区域协调发展：理论逻辑与实践路径》，《江海学刊》2023 年第 2 期。

第八章

区域战略构想："哈长沈大"一轴战略

第一节　构建东北空间发展战略的思考[①]

在区域经济发展进程中，遵循生产力空间组织的客观规律是形成科学、高效的经济空间结构及区域发展模式的基础，更是明确点线面关系、层次关系和轻重缓急关系的必需。[②]经济空间结构是影响区域发展的重要因素之一，区域经济发展水平与生产力的地域组织模式紧密相关。因此，为了有效推进东北全面振兴，要构建基于客观规律的空间结构和发展模式。

根据陆大道的"点—轴系统"理论，"点"内的社会经济要素沿着"轴"的方向和路径向外扩散，其中"点"是指各级中心城市，"轴"是指由交通基础设施干线等连接起来的集聚带。"点—轴"结构的形成是主干城市与城市之间、主干城市与轴之间联动协同发展的空间结构基础，客观上利于主干城市之间及其与基础设施轴带之间的便捷联动，为城市间的协作分工、区域网络

---

① 周绍杰、薛婧：《构建东北全面振兴的经济地理新格局——基于"哈长沈大"一轴战略的思考》，《社会科学辑刊》2023 年第 6 期。

② 陆大道：《国土开发与经济布局的"T"字形构架与长江经济带可持续发展》，《宏观经济管理》2018 年第 11 期。

的形成奠定了空间基础。按照"点—轴系统"模式发展是东北发展需要遵循的客观规律，也是实现最佳空间经济效益的必然选择。

与此同时，根据协同理论，区域协同发展的内生机制在于通过系统内部各子系统间的相互作用而增加价值，本质在于子系统通过相互协调、相互协作、相互影响，形成经济要素的优化组合和配置，从而产生超越子系统各自运行效益的总价值。没有要素资源的顺利流动，往往也就没有协同效应，甚至会损害到经济发展的效率与质量。通过子系统的协同，扩展了要素的组合方式/组织方式和配置范围，产生"1+1+1>3"的协同效应。协同价值将支配区域内经济、社会发展主体间的经济活动，引导和带动区域整体向更高阶发展。区域协同发展的外生机制在于组织协调。在区域协同发展过程中，政府相关部门是能够充分发挥组织协调作用的主体，这些机构部门通过制定各项发展规划和各类政策，统筹规范、制定协同发展制度，为经济要素实现更大范围、更优的配置起到保障作用。此外，一定的外部条件也至关重要，只有当外部环境到达某种条件时，才会出现时间、空间及功能层面自发有序的演变过程。组织协调或制度协调实际上改变了外界的条件，在外界条件发展变化的情况下，系统会主动适应这种变化，引发子系统间新的协同，从而形成新的时间、空间或功能有序结构。①②"点—轴"模式与协同模式是相辅相成的，政策等影响因素推动形成点轴空间格局以及点轴协同后，点轴又会反向影响区域经济的发展。

2016 年，《中共中央　国务院关于全面振兴东北地区等老工业基地的若干意见》在"推进城市更新改造和城乡公共服务均等化"中提出："以哈（尔滨）长（春）沈（阳）大（连）为主轴，做好空间规划顶层设计，培育形成东北地区城市群，促进大中小城市和小城镇协调发展。积极推进建设大连金普新区、哈尔滨新区、长春新区，努力打造转变政府职能和创新管理体制的

---

① 苏屹等：《区域创新系统协同演进研究》，《中国软科学》2016 年第 3 期。
② 周绍杰、薛婧：《构建东北全面振兴的经济地理新格局——基于"哈长沈大"一轴战略的思考》，《社会科学辑刊》2023 年第 6 期。

先行区。"① 因此，东北问题的应对要充分利用主干城市的辐射带动功能，在"哈长沈大"一轴空间结构基础上，构建东北四大中心城市的区域内协同联动发展模式，通过政策协同、产业协同、创新协同与开放协同推动东北三省经济一体化，整合、集聚东北地区整体优势，构建东北全面振兴的新格局。当前，无论从东北自身发展的需求还是从国家区域经济发展的需求来看，新形势下对东北经济一体化的需求都日益增大。因此，东北地区应通过合理引导区域增长格局，培育以重点城市为支点的空间组织框架，实现"以点带线，以线带面"的一体化发展战略。

2023 年 9 月，习近平总书记主持召开新时代推动东北全面振兴座谈会中指出，"当前，推动东北全面振兴面临新的重大机遇"，要"进一步凸显东北的重要战略地位"以构建新发展格局。② 党的二十大报告在部署促进区域协调发展时也强调，要"深入实施区域协调发展战略、区域重大战略、主体功能区战略、新型城镇化战略，优化重大生产力布局，构建优势互补、高质量发展的区域经济布局和国土空间体系"③。具有全局性意义的区域重大战略，其价值在于发挥区域比较优势、促进空间布局优化。推进区域重大战略是开拓区域高质量发展重要动力源的必然要求，关键在于根据各地区的条件，走合理分工、优化发展的路子。

现有的区域重大战略包括京津冀协同发展、粤港澳大湾区建设、长三角区域一体化发展、长江经济带发展、黄河流域生态保护和高质量发展、海南全面深化改革开放等，涵盖了我国 24 个省、市、自治区和香港、澳门特别行政区，覆盖国土面积 480 万平方公里，占全国的 50%。但是，目前还没有针对东北地区的区域重大战略。《东北全面振兴"十四五"实施方案》提出的重

---

① 《中共中央　国务院关于全面振兴东北地区等老工业基地的若干意见》，《国务院公报》2016 年第13 号。

② 《习近平主持召开新时代推动东北全面振兴座谈会强调　牢牢把握东北的重要使命　奋力谱写东北全面振兴新篇章》，《人民日报》2023 年 9 月 10 日。

③ 《习近平：高举中国特色社会主义伟大旗帜　为全面建设社会主义现代化国家而团结奋斗——在中国共产党第二十次全国代表大会上的报告》，新华社 2022 年 10 月 25 日。

点任务就强调"构建高质量发展的区域动力系统，打造引领经济发展区域动力源"。鉴于此，东北亟须形成涵盖东北三省的区域重大战略，将黑龙江、吉林、辽宁三省视为一个整体进行统筹规划，打破东北三省"各自为政"的现状，推行区域经济一体化发展，构建东北整体区域层面的动力系统与动力源。

第二节 "哈长沈大"一轴战略的内涵[①]

在"双循环"发展格局下，重塑东北区域发展的经济地理新格局至关重要。据此，本书提出东北全面振兴新思路——构建"哈长沈大"一轴战略（以下简称一轴战略），以实现东北区域发展一体化。"哈长沈大"一轴战略是指，形成以"哈长沈大"一轴为核心、主干城市联动发展的区域空间战略。一轴战略的核心要义是打造东北地区哈尔滨、长春、沈阳和大连四大主干城市的协同联动发展模式，打破各主干城市"各自为政"的现状，促使原属于一省的资源和要素在更大范围和地域实现有效配置。

从经济基础来看，"哈长沈大"一轴是东北经济的"脊梁""制高点"和"增长极"。作为东北地区的主干城市，"哈长沈大"一轴四市链接东北核心优势资源，主干城市的联通协作是强化东北域内的经济互动、提升整体竞争力的关键。因此，"哈长沈大"一轴战略能够集中核心力量、联动合成区域整体优势，摆脱内生动力自我衰减的恶性循环，形成东北地区一体化发展模式，从而推进东北三省统一大市场的建设，是推进"以点带线，以线带面"的空间战略的核心所在。

从空间基础来看，一轴地区贯穿哈长城市群和辽中南城市群两大城市群，对接辽宁沿海经济带建设，具备充分发挥主干城市辐射带动作用的基础，有利于培育一轴区域的产业集聚能力以及对周边区域的辐射能力，形成

---

① 周绍杰、薛婧：《构建东北全面振兴的经济地理新格局——基于"哈长沈大"一轴战略的思考》，《社会科学辑刊》2023 年第 6 期。

多极互动协同发展模式，引导资源与要素在更大范围内有序流动、优化组合和高效集聚，推动四市产业链、供应链、创新链、价值链深度融合，激活内生动力，培育东北地区的整体经济优势，提升东北地区融入国家"双循环"发展格局的能力和质量。

因此，东北全面振兴取得新突破需要采取超常规发展战略，一轴战略有助于形成东北全面振兴的新突破，可以将一轴战略列为国家区域重大战略。

第三节　"哈长沈大"一轴战略的必要性[①]

一、"哈长沈大"一轴战略的理论基础

在新发展阶段，东北全面振兴要立足高质量发展要求，激发东北经济发展内生动力，积极融入国家"双循环"发展格局。本部分基于"点—轴系统"理论与协同理论，构建以集聚效应、扩散效应、协同效应、生产要素配置效应为核心的机制分析框架，剖析东北地区"点—轴系统"、协同联动发展模式形成的内生动力机理，为探索东北振兴的最佳空间组织模式和区域战略选择奠定理论基础。

"点—轴系统"理论是经济地理学家陆大道以中心地理论、增长极理论为基础于 1984 年提出的区域空间发展理论，即各级中心城市以"点"为代表，其社会经济要素沿着交通基础设施干线等连接起来的集聚带"轴"的方向和路径向外扩散。[②③] 协同理论源自协同学，主要研究开放系统在与外界有物

---

① 周绍杰、薛婧：《构建东北全面振兴的经济地理新格局——基于"哈长沈大"一轴战略的思考》，《社会科学辑刊》2023 年第 6 期。

② 陆大道：《论区域的最佳结构与最佳发展——提出"点—轴系统"和"T"形结构以来的回顾与再分析》，《地理学报》2001 年第 2 期。

③ 陆大道：《关于"点—轴"空间结构系统的形成机理分析》，《地理科学》2002 年第 1 期。

质或能量交换的情况下，基于协同效应形成在时间、空间和功能上的有序结构，从而有效提高整个系统的效率。[①]基于协同理论，区域协同发展的内涵为：随着物质、能量与信息的相互交换与传递，多个系统彼此共生，各类资源要素根据一定的组织形式协作、配合，实现区域整体要素资源的最优配置和经济社会效益的最大化。根据协同理论，要素再配置存在两大机制，分别为协同效应内生机制与外生组织协同机制。

按照"点—轴系统"模式发展是东北发展需要遵循的客观规律，也是实现最佳空间经济效益的必然选择。东北问题的应对要充分利用主干城市，实行重点开发战略，增强主干城市职能，根据"点—轴系统"科学模式发展，为要素资源的高效流动和科学配置奠定空间结构基础。协同理论进一步指明，外生协同制度的制定和保障是协同联动模式形成、协同效应生成的必要条件。点轴空间结构与协同联动模式相结合才能促使东北发展顺应集聚效应、发挥主干城市带动作用和协同效应，打破东北三省在资源要素高效流动、优化组合及更大范围配置方面的"屏障"，进而形成东北地区的整体优势和内生动力。

激发东北区域整体经济发展内生动力、促进东北尽快融入国家"双循环"发展格局的关键在于打破三省长期以来"各自为政"的局面，形成区域合力，进而畅通域内资源要素流通和优化配置以打破不利因素的制约。尽可能发挥城镇化水平较高、劳动力和专业人才相对充足的发展优势，在经济要素资源相对集中地区进行重点发展，并逐渐形成辐射效应。形成东北地区整体经济发展的合力，东北地区要"集中核心力量"，联动、合成区域整体优势，基于合力优势尽快融入国家"双循环"发展格局、培育创新能力和新产业基础、摆脱内生动力自我衰减的恶性循环，推动东北实现全面、全方位振兴。

就当前发展阶段而言，实施一轴战略对东北全面振兴来说具有必要性。目前，东北三省无论是经济体量还是人口规模均低于河南一省的规模，如果

---

① 李琳、刘莹：《区域经济协同发展的驱动机制探析》，《当代经济研究》2015 年第 5 期。

黑龙江、吉林、辽宁三省不能形成发展合力，就难以激发地区联动发展的潜在优势与集聚效应。东北地区的经济发展内生动力不足已在主干城市层面有所体现。要素往往向大城市流动，因此，推动要素向域内主干城市集聚而非向域外转移在提升主干城市竞争力、实现区域一体化、提高整体区域在全国的区位比较优势等方面十分关键。

一轴战略整合并链接了东北优势要素资源和核心力量，以四大主干城市为重要节点强化东北域内的经济互动和协作、提升区域整体竞争力和比较优势。从某种意义上讲，实施一轴战略就是打通东北全面振兴的"任督二脉"。因此，基于区域一体化的总体思路构建"哈长沈大"一轴战略是必然的战略选择。在当前发展阶段，实施一轴战略对东北全面振兴具有必要性。

从战略上讲，东北地区要通过形成科学的经济空间结构和协同联动制度以打破主干城市"各自为政"的现状，引导要素在更大范围内贯穿流动、有效组合和高效集聚，充分发挥中心城的带动作用，实现主干城市与城市的协同、主干城市与轴带的融合，集中核心力量，发挥合力优势融入国家"双循环"发展格局，基于合力优势培育创新能力和新产业基础，摆脱内生动力自我衰减的恶性循环，推动东北实现全面振兴。一方面，可以畅通区域内部资源流动，实现区域内的资源的集聚与再配置，以人、财、物的流动打破不利因素的约束，尤其是通过创新资源的集聚与再配置提升创新动力；另一方面，尽可能发挥城镇化水平较高、劳动力和专业人才相对充足的发展优势，在经济要素资源相对集中地区进行重点发展，并逐渐形成扩散效应。

二、"哈长沈大"一轴建设是构建东北现代化增长极联动体系的重要组成

（一）建设东北现代化、规范化、专业化的产业园区

当前，打造高质量产业园区等已成为产业集群发展的新形势，既是促进城市创新发展、经济集聚发展的区域空间结构，也是城市增长极的重要组成部分。应合理发展"哈长沈大"的产业园区，进一步增强东北核心城市空间

发展的承载力。

首先，提高东北产业园区的数字化水平。现代化的产业园区建设需要加强产业园区的数字服务、运营与治理水平，加强园区数字基础设施建设，构建数字化的园区管理系统，从企业服务、物流管理、生产安全等多个方面辅助园区企业的运营生产等各个环节，提高园区服务管理水平，改善营商环境，提高产业集聚水平。

其次，推动东北产业园区国家级试点示范的申报工作。构建东北产业园区的发展评价体系，建立动态监管平台，引导东北各产业园区高质量发展。

最后，推动产业园区的跨区协同交流。基于东北与东部的对口协作机制，开展园区与市场、园区与园区的定期合作，鼓励向发达地区产业园区开展经验学习，共享园区建设、运营、管理经验。组织东北与东部的产业园区协同招商引资等活动，以及鼓励人才互换、人才挂职等人才交流模式。

（二）以"哈长沈大"一轴为依托构建东北现代化城市体系

2019 年 8 月 26 日，习近平总书记在中央财经委员会第五次会议上指出："我国经济发展的空间结构正在发生深刻变化，中心城市和城市群正在成为承载发展要素的主要空间形式。我们必须适应新形势，谋划区域协调发展新思路。"[①] 党的二十大报告指出："以城市群、都市圈为依托构建大中小城市协调发展格局。"[②] 国家"十四五"规划提出了"优化行政区划设置，发挥中心城市和城市群带动作用，建设现代化都市圈[③] 的任务。《东北全面振兴"十四五"实施方案》提出，"要发展壮大东北地区城市群，构建区域动力系统，强调培育发展哈长、辽中南城市群，形成多中心、多层级、多节点的网络型城市群，推动东北地区城市群组协同发展，形成优势互补高质量发展的区域经济布局"。

---

① 习近平：《论把握新发展阶段、贯彻新发展理念、构建新发展格局》，中央文献出版社 2021 年版，第 325 页。

②《高举中国特色社会主义伟大旗帜 为全面建设社会主义现代化国家而团结奋斗——在中国共产党第二十次全国代表大会上的报告》，《人民日报》2022 年 10 月 26 日。

③《中共中央关于制定国民经济和社会发展第十四个五年规划和二〇三五年远景目标的建议》，《人民日报》2020 年 11 月 4 日。

在城市建设方面，东北地区至今没有一个万亿元城市，中心城市的市场潜能不足。[①]因此，应进一步增强东北地区战略意义至关重要的城市以及具有增长潜力的特色城市的承载能力、吸引能力、发展能力与辐射能力，集中力量建设重点城市，合理分工，并形成以哈尔滨、长春、沈阳、大连为代表的重点城市的地区增长极。推进东北地区城市高质量发展进程，根据东北各地区自身优势，培育建设东北宜居城市、韧性城市、智慧城市、开放城市、绿色城市与人文城市。

在城市群建设方面，辽中南城市群地处东北地区南部、辽宁省中部和南部地区，处于环渤海经济圈，包括沈阳、大连、鞍山、抚顺、本溪、营口、铁岭、辽阳、盘锦9个地级市。[②]哈长城市群处于东北地区腹地，地跨吉林省、黑龙江省，范围包括黑龙江省哈尔滨市、大庆市、齐齐哈尔市、绥化市、牡丹江市，吉林省长春市、吉林市、四平市、辽源市、松原市、延边朝鲜族自治州，共11个地级市。[③]

东北城市群的建设要强化"哈长沈大"等首位城市的发展与协作，以城市协作带动区域有序高效竞争，健全城市群覆盖城市的产业链与创新链的衔接与融合，实施延链、补链、强链项目。推动东北城市群范围的统一大市场建设，打破要素市场、商品市场的流动壁垒。提高东北城市群范围的政府数字化治理水平，快速推动数字政府建设，实现多领域在城市群范围的"跨省通办"。

（三）以"哈长沈大"一轴为基准推动东北经济轴带网络的形成

东北应打通国内与国外的经济轴带，加快核心城市、城市群、边远地区等各类区域的融合发展，形成有效覆盖主要地区并延伸到国外的经济轴带网络，如"中国东北—东北亚"跨国经济轴带建设，不仅可以带动我国东北地

---

① 张可云：《区域协调发展新机制的成效与发展趋势》，《人民论坛》2024年第3期。

②《辽宁省国土空间规划（2021—2035年）》，辽宁省人民政府网2024年12月05日。https://www.ln.gov.cn/web/zwgkx/zfxxgkl/fdzdgknr/ghxx/gtkjgh/20241205101 91115264。

③《国家发展改革委关于印发哈长城市群发展规划的通知》，国家发展和改革委员会网站2016年3月11日。https://www.ndrc.gov.cn/xxgk/zcfb/ghwb/201603/t20160311_962177_ext.html。

区发展，还能加强东北与国际的经济合作，辐射带动国内外更大区域的发展。①

这就需要首先以"哈长沈大"一轴战略为基础，强化东北内部的经济轴带网络建设。将"哈长沈大"一轴战略列为国家区域重大战略。"哈长沈大"一轴区域贯穿哈长城市群和辽中南城市群，对接辽宁沿海经济带建设。一轴战略的核心要义是打破哈尔滨、长春、沈阳和大连四大主干城市"各自为政"的现状，形成主干城市之间的协同联动发展格局，引导资源与要素在更大范围和地域内有序流动、优化组合、高效集聚，形成东北统一大市场，并构建协同联动发展的体制机制和模式。

其次以"哈长沈大"一轴为核心向外扩展和链接，加强"哈长沈大"四市与非核心城市、区域外部城市、港口城市、国外经济轴带的联动与融合。探索东北域内城市之间产业关联度高、增长极辐射带动力强、产业链价值链共建发展模式，增强哈尔滨、长春、沈阳、大连的经济辐射带动能力，提高其经济外溢作用。

第四节　"哈长沈大"一轴战略的可行性②

从四大主干城市的基础条件来看，一轴战略具备带动、影响东北整体经济发展的能力，能够充分发挥主干城市的带动作用、实现主干城市与轴带的融合，贯通内部资源流动、打破各自为政的情况，有助于东北地区依托四大主干城市的集聚外溢效应和产业基础，通过四市协同联动，夯实东北区域一体化与全面振兴的空间载体。

---

① 安江林：《现代化区域增长极体系建设：高质量发展的重要战略途径》，《甘肃社会科学》2021年第4期。
② 周绍杰、薛婧：《构建东北全面振兴的经济地理新格局——基于"哈长沈大"一轴战略的思考》，《社会科学辑刊》2023年第6期。

首先，从发展潜力与集聚效应来看，哈尔滨、长春、沈阳和大连是东北地区政治、经济、文化、创新和对外交流的区域性中心城市，也是全国重要的工业城市，具备产业基础。在东北域内，四市的社会经济支撑能力均较强。[1]一轴区域是东北人口与经济的聚集地，四市人口总计为3500万人，占整个东北地区人口比重为36%；四市2020年地区生产总值总量约为2.5万亿元，占东北地区地区生产总值比重为50%。[2]四大城市交通连接便利，哈大高铁除覆盖这四大城市外，还途经6个地级市，从哈尔滨到大连的交通最快用时仅4个小时。

其次，从空间结构来看，一轴区域是东北经济的"脊梁""制高点"和"增长极"，对周边区域具有带动和辐射作用。"哈长沈大"一轴，贯穿哈长城市群和辽中南城市群两大城市群，对接辽宁沿海经济带建设。

最后，基于对外开放，一轴战略有助于东北地区增强融入国际大循环的程度和质量。地缘位置方面，一轴区域位于东北亚的几何中心，与俄罗斯、朝鲜、蒙古国、日本、韩国邻近；自贸区平台方面，中国（黑龙江）、中国（辽宁）自由贸易试验区相继挂牌建设，中韩（长春）国际合作示范区加快发展。[3]此外，哈尔滨、长春、沈阳、大连四市的现代化基础设施体系不断完善，逐步实现陆海空多维基础设施的互联互通。基于此，一轴区域面向东北亚对外贸易与对外投融资的可达性与便利性不断增强，东北三省的对外贸易伙伴与投融资对象日益广泛，东北三省整体融入国际大循环的程度将进一步深化。

四大主干城市在推进东北地区融入东北亚经济圈进程中各具优势。沈阳地处东北亚经济圈的中心区位，可辐射至环渤海地区和辽中南城市群，是国内其他区域的物流和人口进入东北地区的枢纽。大连是东北地区最大

① 马丽等：《东北三省全面振兴的社会经济支撑能力评估》，《地理科学》2020年第6期。
② 资料来源：国家统计局。
③ 庞德良、于明君、王婧美：《新发展格局下东北地区推进高水平对外开放研究》，《当代经济研究》2022年第11期。

的海港城市，不仅是东北地区的海陆空立体交通枢纽，还是东北地区对外开放、引领东北地区向海纵深发展的前沿城市[1]；北极航道开通后，大连将成为我国"冰上丝绸之路"的起点，将有力推进东北振兴与"一带一路"战略有效衔接。哈尔滨位于一轴北端，占据东北亚中心位置，是中东铁路的重要枢纽，与哈大铁路形成"T"字格局，连接黑河、绥芬河、满洲里和珲春4个沿边开放城市，是东北地区通往俄罗斯的重要通道。目前已经开设的"哈尔滨—俄罗斯"和"哈尔滨—汉堡"两条中欧班列使得哈尔滨成为东北亚地区重要的经贸中心。长春处于哈尔滨和沈阳的中间区域，有条件发展成为东北地区乃至东北亚区域重要的交通枢纽和物流中心，已经开设的"长春—满洲里—欧洲"中欧班列使得长春具有重要的区域战略意义[2]。

一轴战略能够帮助东北地区充分利用区域全面经济伙伴关系协定发展对日韩的经贸合作，特别是加强东北地区与日韩在先进制造业领域的合作，为东北三省更深程度融入东北亚经济圈创造新机遇。一轴战略也能够促使东北地区依托中欧班列增强与"一带一路"倡议的对接能力，未来还将重点推进贯穿东北全境的中蒙俄经济走廊建设，直接与俄罗斯、蒙古等国大力发展资源型产品和工业制成品贸易，进一步提升中国特别是东北地区在东北亚经济圈的战略地位。因此，打造一轴战略不仅有助于激活东北三省发展潜力，而且有助于增强东北地区参与国际大循环的整体优势。总体而言，"哈长沈大"一轴战略具备坚实的实施基础，可以成为东北振兴新的突破点和重要抓手。

---

①② 周绍杰、薛婧：《构建东北全面振兴的经济地理新格局——基于"哈长沈大"一轴战略的思考》，《社会科学辑刊》2023年第6期。

第五节 基于"哈长沈大"一轴战略的协同联动发展体制机制①

一、政策协同是前提：完善一轴战略体制机制

首先，依托东北振兴省部联席工作机制，建立一轴战略工作组，凝聚一体化发展顶层共识。通过建立和完善工作组运行机制，不断加强三省四市规划衔接、实施协同，加强交通基础设施、生态环保、农业产业化、资源开发、制造业升级、文化旅游、数字经济等领域的合作机制。打造以一轴战略为品牌的博览会、投资促进平台、行业合作平台，并将合作机制扩展到周边区域，进而带动整体协同发展。

其次，把共同打造良好的营商环境作为政策协同的重要领域，依托省部联席机制开展改善营商环境地区竞争。以建设高标准市场体系、东北统一大市场为目标，大力推进市场化、法治化、国际化营商环境建设，摒弃有悖于市场公平竞争的不良地方性文化，为各类市场主体投资兴业营造稳定、公平、透明、可预期的发展生态，从根本上扭转对东北营商环境的刻板印象。

二、产业协同与创新协同是抓手：构筑一轴产业与创新协同体系

基于一轴战略协同联动模式，打造若干个具有全国影响力的跨地区产业集群，强化一轴区域在优势产业上的产业分工、创新协同。东北全面振兴要以产业振兴为基础，夯实产业安全基础，依托省部联席工作机制推进各地区优势产业协同发展，积极促进传统产业升级，大力推进战略性新兴产业，打造若干个具有全国影响力的跨地区产业集群。例如，打造"沈阳—长春"新能源汽车产业集聚区、"沈阳—哈尔滨"机器人产业等。此外，装备制造业、

---

① 周绍杰、薛婧：《构建东北全面振兴的经济地理新格局——基于"哈长沈大"一轴战略的思考》，《社会科学辑刊》2023 年第 6 期。

高档数字机床、航天航空产业、医药制造等产业也是东北工业基础较好的优势产业，通过产业协同加强各地在相关产业的产业分工、创新协同、国内外市场开拓等方面的合作，进而提升东北产业整体竞争力。

大力推进东北农业现代化水平，推进农业产业化、机械化、智能化、绿色化发展。2021年，东北三省的粮食产量、播种面积均约占全国的20%，但是第一产业占全国比重仅为9%。这表明东北地区第一产业的增加值水平较低。因此，在继续巩固东北保障国家粮食安全的条件下，推进东北统一农业大市场建设，提高农业产业化水平，进而提高农业部门的增加值率是东北农业发展的方向。此外，也要积极采用智能技术和绿色技术推动农业高质量发展。东北三省是我国森林覆盖率最高的地区，森林覆盖率超过40%，林木蓄积量占全国的18%左右。因此，未来在国家推进"双碳"目标的过程中，应积极发挥东北三省碳汇优势，将发展碳汇经济作为东北经济的新增长点。

大力推进一轴区域资本市场一体化发展。鼓励各类金融实体在一轴区域创新金融服务，引导金融机构支持东北农业产业化、一轴区域产业集群以及支持民营经济融资需求。

做强、做大龙头企业，发挥龙头企业带动作用，积极培育"专精特新"企业，形成央企、地方国企与民营经济协调发展的格局。目前东北仅有12家企业进入中国五百强，其中辽宁10家，吉林和黑龙江两省各仅有1家。这表明，东北三省整体缺乏龙头企业，这对于产业做大做强非常不利。因此，要通过市场化手段积极培育东北地区龙头企业，充分发挥龙头企业在产业布局分工的积极作用。培育一轴区域的产业协同发展与竞争优势，打造东北区域内产业链、供应链、价值链、创新链，以增强对外部区域的对接能力，加强区域内循环，进而强化参与"双循环"战略。在做强龙头企业的同时，积极培育"专精特新"企业，激活中小企业，实现央企、国企与民营经济协调发展的格局。

加快开展四市数字经济发展布局及数字政府、智慧城市、智能制造等数字化领域的协同发展，形成三省统一数字经济信息平台。大力推进东北地区数字经济发展。数字经济发展已经成为创新驱动的重要形式，东北振兴必须要积极适应这一创新发展态势。对此，应大力推进东北地区数字经济发展，依托省部联席工作机制做好四大城市数字经济发展的顶层设计，加快进行四大城市数字经济发展布局，推进各市的数字政府、智慧城市、智能制造等领域协同发展，打造一轴地区的数字经济创新链。目前，东北三省整体的大数据发展水平仍然不高，而大力发展数字经济是东北全面振兴的必要驱动要素。依托省部联席工作机制，做好四大城市数字经济发展的顶层设计，重点布局四大城市数字经济发展，大力完善数字经济发展的制度环境，协调推进各市的数字政府、智慧城市、智能制造等关键数字发展领域，推进数字技术对产业升级的赋能作用，大力发展数字产业化。推进四市数字化发展协作，推进政务大数据在部门间的互联互通，打造跨地区的数字经济创新链，促进东北地区整体数字经济发展水平。

充分发挥省部联席会议的协调功能，充分调用区域内高等院校等创新资源，打造一轴区域的创新生态体系，促进协同创新以及科技成果转化。东北振兴必须要走创新发展道路。随着创新对于经济发展的作用日益增强，创新能力不足将导致一个地区在分工格局上处于越来越不利的地位。东北地区近年来人才流失严重，创新资源不足，已经成为产业竞争力提升的最大障碍。促进东北创新驱动发展，首先要激活现有创新资源，提升产业价值链分工位置。目前，东北三省"双一流"高校数共 11 所（全国共 147 所）、"双一流学科"共 32 个（理工科学科 26 个）。此外，中国科学院在沈阳和长春设有分院，在诸多学科上拥有高水平的科研力量。这些创新资源主要分布在四市，因此，在机制上可以充分发挥省部联席会议的协调功能，构建四市高校、研究机构、高科技园区、政府、企业等多方创新资源有机整合的区域创新生态体系，打造"一轴"多点创新资源集聚高地，发挥协同创新动能，推进科技成果转化，为科技创新以及创新成果转化创造良好的生态环境。

三、开放协同是引领：增强外部发展动力

推进东北融入"双循环"大格局，立足东北全面振兴的大局和各大城市优势，明确四市发展定位与方向。

第一，支持沈阳建设全国中心城市。目前东北是我国唯一没有国家中心城市的区域，而在东北设立一个国家中心城市对于部署东北发展布局、引领东北振兴全局具有重要意义。基于历史文化、交通区位、工业基础、金融发展、创新资源、辐射周边等方面的综合实力比较，沈阳更适合作为东北地区的国家中心城市，更具有集聚、辐射和带动能力。

第二，推动哈尔滨成为我国向北开放的重要窗口和东北亚地区合作中心枢纽。哈尔滨应当充分利用本地创新资源，致力于打造综合性国家科学中心，以创新引领建设国家重要的先进制造业基地。围绕黑龙江省粮食生产优势，打造绿色农产品精深加工业，建设国家重要的区域性粮食交易中心。充分发挥中国（黑龙江）自由贸易试验区哈尔滨片区开放平台的引领带动作用，形成以对俄为重点、东北亚和中东欧全方位对外开放的合作新格局，高质量建设国家对俄合作中心城市，深度融入"一带一路"建设，使得黑龙江省作为我国对俄开放合作第一大省的地位更加突出。

第三，充分发挥大连作为东北地区向南开放的窗口作用。大连是东北地区的海陆空立体交通枢纽，其港口、铁路与公路共同构成联系紧密的交通网络，对外交流和贸易的作用突出。积极支持大连建设海洋中心城市，探索建设大连自由贸易港，打造中日韩自贸区地方经贸合作示范区。在"一带一路"框架下，积极探索与参与北极航道建设，为东北地区对外开放创造新优势。特别是北极夏季航道开通后，大连不冻港的地理位置和战略意义会更加凸显。

第四，强化长春在实施一轴战略中的枢纽地位，以及对于衔接三省融合发展发挥的关键作用。长春在汽车、高端装备、光电信息、农产品加工、生物医药、新材料等制造业领域与辽宁和黑龙江两省的相关产业均具有巨大的

合作空间，对推进一轴区域产业布局优化发挥重要作用。此外，长春也是东北亚重要的开放平台。依托中韩（长春）国际合作示范区建设，加强中韩两国在新能源汽车、医药、食品、5G 等领域的产业链协同合作，并通过复制推广自贸试验区改革试点经验深化改革创新，打造东北对外开放的新高地。

第五，加强一轴区域与京津冀、山东半岛、长三角区域的合作，推动形成更大地域范围的分工协作格局。与此同时，紧紧抓住 RCEP 生效实施的新机遇，深入推进东北与东北亚各国及其他 RCEP 成员的经贸互动与合作，促使东北地区深入融合到东北亚、东亚和更大范围的国际经济大循环中。最终形成东北区域内循环、国内大循环、基于高水平对外开放的国际大循环三个层次的发展新格局。

四、央地协同是支撑：发挥央企关键作用

（一）基于一轴战略推动央企深度参与东北央地融合发展

要基于一轴战略，打破东北三省间国有资本的合作壁垒，联通东北主干城市的国有资本，下好东北"国资运营一盘棋"。这需要提升驻东北央企的资源整合与配置能力，补齐一轴地区关键领域短板。发挥驻东北央企的先行先试优势，率先为地方国企改革探索可复制经验，引领地方国企改革。

具体而言，完善一轴地区地方国企、民企与央企的产业链供应链合作机制、企业和项目信息共享机制、科创联合攻关机制与科创联合体、产业转型协作机制、公司治理互动机制、交流研讨平台等。充分运用央企采购平台、销售网络、市场与品牌优势，完善东北地方国企供应链。完善驻东北央企信息库、央地合作项目库、重大服务事项清单等。围绕地方国企转型升级开展联合诊断，探索双方互派外部董事、兼职董事机制，在管理体系建设方面分享先进经验，共同开展有针对性的企业发展及行业前瞻课题研究，定期邀请专家学者到企业授课。

与此同时，要将央地合作放在更加重要的位置，拓展合作领域，主动谋划新项目，盘活地方企业存量资本，引进增量资本，实现产权主体多元化；

强化既有项目的保障工作，打造良好宜商环境；健全重大项目服务督导、全流程跟踪服务等合作工作机制，在顶层设计层面强化保障，及时解决驻东北央企的困难和诉求。

（二）充分发挥央企在一轴地区的产业布局能力

以央企布局带动一轴地区产业链布局优化。通过央企落地一轴地区引导其他市场主体实现"集群化""规模化"发展，发挥央企的集聚引擎作用。鼓励支持央企属地法人注册，支持央企对重点领域的投资布局。引领配套企业跟进、带动纵向产品配套、横向资源共享，进而放大强化一轴地区的集群、扩散、协同效应，实现"引来一个、带动一批、辐射一片"。发挥央企产业链链长作用，做好"补链""延链""强链"，推动央企成为一轴地区产业稳链、补链、强链、延链的中流砥柱。通过央企自身资源的重组整合，优化产业布局，包括产业链上下游重组、专业化整合等，着力推动资源向优势企业、链长企业集中。立足"五大安全"调整培育重点领域产业集群。培育壮大战略性新兴产业，包括国防安全产业、农业产业化、生态型产业、能源产业等。发挥央企在数字化转型方面的投资引领与科创示范作用，培育东北适应新发展格局的投资与创新生态。

综上，东北地区转型正处于关键时期，尤其是在中国当前复杂多变的内外部环境下，东北老工业基地面临的发展困境相较其他区域更为复杂、进程更为曲折。然而，也必须看到东北振兴有利于推动全国区域经济协调发展，有利于扎实推进共同富裕，有利于构建"双循环"发展新格局，有利于落实统筹发展与安全的要求。东北经济发展仍处于重要的战略机遇期，但机遇和挑战都有新变化，可以通过打造一轴战略进而落实新发展理念，创造东北发展新机遇、开创东北发展新格局，实现东北地区的高质量发展。

第九章
打造东北全面开放新格局

习近平总书记在主持召开新时代推动东北全面振兴座谈会时强调，新时代新征程推动东北全面振兴，要"牢牢把握高质量发展的首要任务和构建新发展格局的战略任务，坚持加大支持力度和激发内生动力相结合，努力走出一条高质量发展、可持续振兴的新路子，奋力谱写东北全面振兴新篇章"①。

以高水平对外开放推动东北全面振兴，对于我国区域发展总体战略的实现、我国周边和东北亚地区的安全稳定至关重要。2023 年 9 月，习近平总书记在黑龙江省哈尔滨市主持召开新时代推动东北全面振兴座谈会时强调，要"提升对内对外开放合作水平"。在对内开放方面，习近平总书记强调东北地区要"加强与东部沿海和京津冀的联系"，"在畅通国内大循环、联通国内国际双循环中发挥更大作用"，"加强同京津冀协同发展、长江经济带发展、长三角一体化发展、粤港澳大湾区建设、西部大开发等国家重大战略的对接，促进东北更好融入全国统一大市场"。②《东北振兴"十三五"规划》中也明确指出东北地区要"深化与国内其他地区合作"。在对外开放方面，"东北是我国向北开放的重要门户，在我国加强东北亚区域合作、联通国内国际双循环中的战略地位和作用日益凸显"，要"深度融入共建'一

①②《习近平主持召开新时代推动东北全面振兴座谈会强调　牢牢把握东北的重要使命　奋力谱写东北全面振兴新篇章》，《人民日报》2023 年 9 月 10 日。

带一路'""，"在畅通国内大循环、联通国内国际双循环中发挥更大作用"，"稳步扩大规则、规制、管理、标准等制度型开放，提高口岸通关能力和便利化程度"。①

近年来，东北对外开放水平相对于其他地区持续下降，已经成为我国对外开放的边缘化地区。此外，东北地区向国内其他地区输出货物的份额呈现先下降后平稳的发展趋势，从国内其他地区接收货物的份额呈现先上升后下降的发展趋势。可见，东北地区在国内大循环中扮演的角色在一定程度上由输出者逐渐转变成了输入者，因此，需增强其对国内其他地区的输出能力。②国内国际双循环的国家战略契合了东北工业脱钩国内经济循环、对外开放水平持续降低的困局，为振兴东北工业指明了方向。东北地区应抓住构建新发展格局的重大机遇，进一步发挥东北区位优势，形成更大范围、更宽领域、更深层次的对内、对外开放格局，打造开放新前沿，推动东北全面振兴取得新突破。

因此，第一，将东北打造成为我国面向东北亚开放合作的重要窗口。东北应紧紧抓住 RCEP 签署和共建"一带一路"带来的重大机遇，共同推动东北亚各国在经济领域开展更深层次合作，实现繁荣发展。在"一带一路"倡议下，与沿线国家形成良好的沟通与互动，实现生产、分配、流通、消费等各环节的交流。第二，在东北自贸区等对外开放平台建设过程中推进规则、规制、管理、标准等制度开放的先行先试。过去 40 多年，对外开放主要是以要素与商品为主的开放，而未来要推进的规则、规制、管理、标准等的开放是国家之间的制度开放，是要素和商品开放的基础，往往有助于推动要素和商品开放达到新高度、释放更多潜能。第三，发挥好国家级新区、自由贸易试验区、综合保税区、国家级重点开发开放试验

---

① 《习近平主持召开新时代推动东北全面振兴座谈会强调　牢牢把握东北的重要使命　奋力谱写东北全面振兴新篇章》，《人民日报》2023 年 9 月 10 日。

② 周绍杰、张泽邦、王拓：《新发展格局下的东北全面振兴：特征事实与对策建议》，《经济纵横》2024 年第 6 期。

区等对外开放平台的作用，积极开展国际产能合作，提升东北产业在全球市场上的分工地位。促进东北地区积极参与国际大循环系统的建设，提高东北地区"引进来"与"走出去"的双向能力，深度嵌入全球产业链与价值链。

第一节　东北地区参与"双循环"的基本态势

一个地区参与国内与国际大循环的态势与基本特征，可以通过其开展国内与国际贸易的情况来直接衡量。本书首先基于历年海关数据与省际铁路货物运输数据，从对外贸易、国内货物贸易、地区一体化水平等发展态势入手，对东北地区参与"双循环"的基本特征进行刻画。进一步，基于全国及各省投入产出表，分别计算各省国内贸易和国际贸易与该省地区生产总值的比值，分析各省参与内循环和外循环的总体态势。

一、对外贸易发展态势

随着中国经济发展进入新常态，对外开放水平既是一个地区经济高质量发展的表征，也是一个地区经济增长的外源动力。首先，从东北地区对外贸易整体情况而言（见图9-1左图），进口总额、出口总额在2002—2014年期间均呈现明显上升趋势；2014年之后，进口总额仍然呈现出波动上升的态势，而出口总额则趋于平稳。这表明，东北地区对外贸易的整体规模虽然在持续增长，但是进口总额的增长明显快于出口总额，进出口差额呈现逐步扩大的趋势。这也反映出，东北地区近年来参与国际大循环呈现"进口强、出口弱"的特征。

东北地区对外贸易情况 | 东北地区对东北亚国家贸易情况

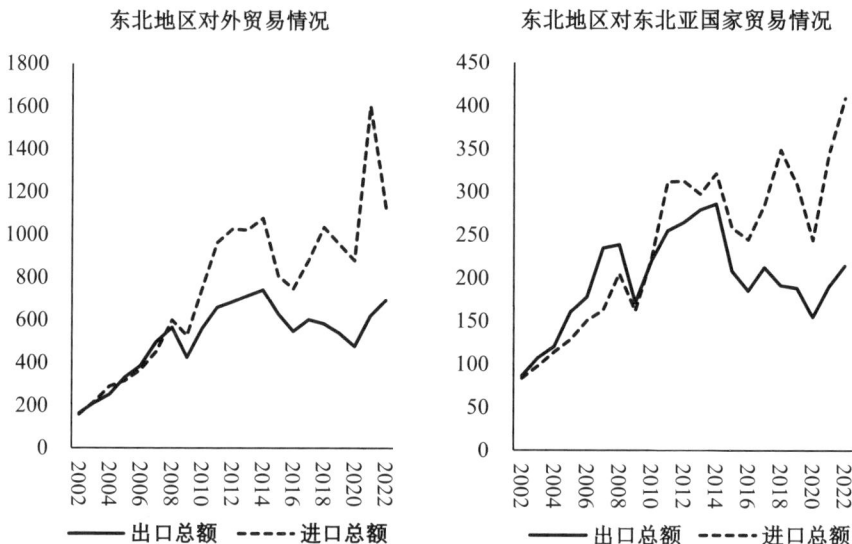

图 9-1 2002—2022 年东北地区国际贸易总额（单位：亿美元）

注：本图为作者使用历年海关数据加总计算所得。

考虑到东北地区地处东北亚中心地带，具备与东北亚国家开展贸易的区位优势。因此，东北地区参与国际大循环需要特别关注与东北亚国家的贸易情况。从东北地区对东北亚国家的贸易总额来看（见图 9-1 右图），进口总额、出口总额在 2002—2014 年期间均呈现上升态势；2014 年以后进口总额继续波动上升，而出口总额呈现波动下降态势，在 2020 年后呈现反弹上升。综上，东北地区对外贸易态势主要表现为出口趋弱，而对外出口的能力通常反映了地区的产业竞争力。因此，提振东北地区对外贸易的发展，仍然需要从产业竞争力着手，培育形成东北地区对其他地区的竞争优势。

二、国内货物贸易发展态势 ①

本节利用 2003 年以来国内铁路货物运输情况分析东北地区的国内货物贸

---

① 周绍杰、张泽邦、王拓：《新发展格局下的东北全面振兴：特征事实与对策建议》，《经济纵横》2024 年第 6 期。

易发展态势，并从这一侧面刻画东北地区参与国内大循环的趋势。^① 如图 9-2
所示，从 2003 年到 2021 年间，东北地区国内铁路运输货物贸易总重量占全
国的比重基本保持稳定，但输出货物份额与接收货物份额呈现相反的变动趋
势。东北地区向其他省份输出货物份额占全国的比重呈现先下降后平稳的趋
势，而东北地区从国内其他地区接收货物份额占全国的比重则呈现先上升后
下降的趋势。对比输出份额和输入份额可以发现，东北地区在国内大循环中
扮演的角色一定程度上由输出者逐渐转为输入者。要提升东北地区在国内大
循环中的地位和重要性，需要从提升产业竞争力着手，提升对于国内其他地
区的输出能力。

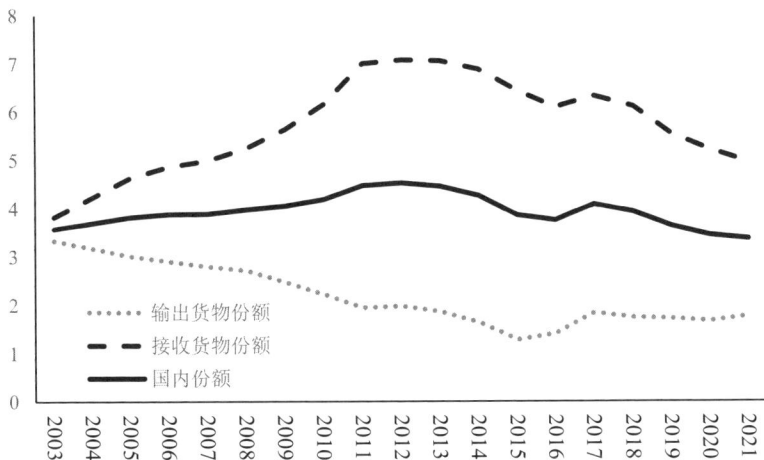

图 9-2 2003—2021 年东北地区国内货物贸易情况

注：本图为作者使用 2003 年至 2021 年省际铁路货物运输数据测算，反映
东北地区对国内贸易水平。计算公式为：输出货物份额 = 东北对国内其他地区
铁路运输货物总重量 / 国内铁路输出货物总重量 ×100%；接收货物份额 = 东
北接收国内其他地区铁路运输货物总重量 / 国内铁路接收货物总重量 ×100%；
国内份额 = 东北与国内其他地区货物贸易总重量 / 国内铁路运输货物总重量
×100%。

① 现有数据无法给出地区间开展国内贸易的实际情况，因而无法反映一个地区参与国内大循环的全
貌。为此，后文将进一步基于投入产出数据，对东北地区参与国内大循环的情况进行分析。

三、地区一体化水平发展态势 [1]

从参与国内大循环来看，地区一体化也是其重要方面。一般而言，高度一体化的经济体往往能够更有效地形成有竞争力的产品 [2]，从而推动开放程度的提升，并进一步强化经济体的一体化程度 [3]。东北三省存在天然的地理临近，经济一体化程度的提高有利于提升其整体的产业竞争力，形成东北振兴的内源发展动力。

本节通过东北地区的区域内外铁路运输流量比来衡量其一体化水平。如图 9-3 所示，2003—2014 年，东北地区内部货物贸易流量和东北地区与全国其他地区货物贸易流量的比值呈现下降趋势，表明其一体化程度在减弱。2014 年以来，这一趋势得到了逆转，东北地区一体化水平呈现波动上升的态

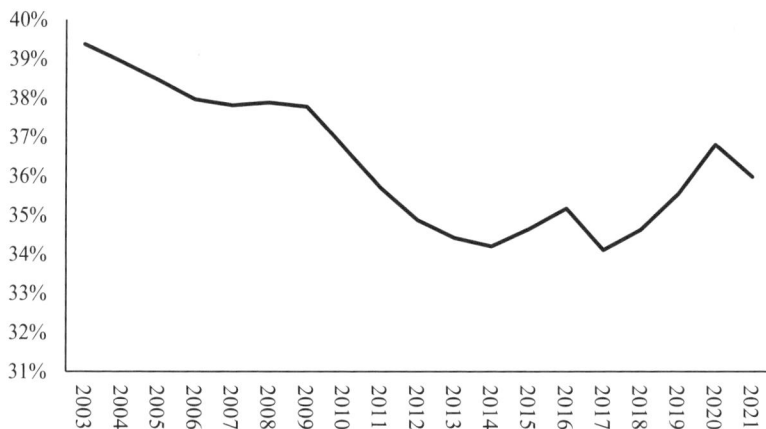

图 9-3　2003—2021 年东北地区一体化水平

注：本图为作者使用 2003 年至 2021 年省际铁路货物运输数据测算，反映东北地区一体化水平。计算公式为：一体化水平 = 东北地区内部铁路货物运输总重量 / 东北地区与国内其他地区货物运输总重量 ×100%。

---

① 周绍杰、张泽邦、王拓：《新发展格局下的东北全面振兴：特征事实与对策建议》，《经济纵横》2024 年第 6 期。

② 阳立高等：《城乡劳动力市场一体化能提升出口产品质量吗：基于 2006 年统筹城乡就业试点的准自然实验》，《中国软科学》2023 年第 11 期。

③ 戴翔、杨双至：《扩大开放在畅通国内大循环中的作用——基于长三角地区的经验分析》，《当代经济研究》2021 年第 4 期。

势。需要注意的是，东北地区的一体化水平仍然有进一步提升的空间。对于东北地区而言，如何有效地提升开放与一体化程度，将成为促进其经济振兴的关键因素，这也正是深入探究东北"双循环"参与的关键动因。

四、东北地区参与"双循环"的总体态势 [1]

本节进一步基于全国及各省投入产出表，分别计算各省国内贸易和国际贸易对该省地区生产总值的比值，从而衡量该省参与内循环和外循环的程度。[2] 其中，国内大循环比率＝国内贸易总额/该省地区生产总值，国际大循环比率＝国际贸易总额/该省地区生产总值，双循环比率＝国内大循环比率＋国际大循环比率。

表9-1反映了2007年、2012年、2017年全国以及东北地区参与"双循环"的总体态势。从全国整体态势来看，国内大循环比率逐年上升，反映出国内贸易增长速度超过地区生产总值增长率；而国际大循环比率下降，意味着国际贸易增长落后于地区生产总值增长。综合来看，随着我国经济增长，双循环比率整体呈上升趋势。这显示出近年来全国范围内要素流动速率显著增加，尤其体现为内循环参与程度的加强，而外循环流动性则呈现出相对减弱的趋势。

东北地区整体的国内、国际大循环比率和双循环比率与全国总体态势基本一致，但是在程度上有所差异。而且，东北三省之间也存在显著差异。从国际大循环来看，辽宁省的国际大循环比率较高，而吉林省和黑龙江省则相对较低。2007年辽宁省的国际大循环比率为0.40，与全国平均水平相当；2017年虽下降到0.29，但仍高于全国平均水平。国内大循环则呈现相反的态势，吉林省和黑龙江省的国内大循环比率较高，而辽宁省相对较低。2017年吉林省与黑龙江省的国内大循环比率分别为4.90和2.48，均显著高于全国平均水平（2.17）。

---

[1] 周绍杰、张泽邦、王拓：《新发展格局下的东北全面振兴：特征事实与对策建议》，《经济纵横》2024年第6期。

[2] 需要说明的是，各省投入产出表的最新数据更新至2017年。基于投入产出表的分析结果，既可以从不同年份的趋势上反映东北地区参与"双循环"态势的演变，也可以与基于其他数据的分析结果互为印证和补充。

表 9-1　东北地区参与"双循环"的动能与增加值贡献率

	年份	全国	辽宁	吉林	黑龙江
国内大循环比率	2007	1.29	1.07	2.19	1.04
	2012	1.67	1.3	1.4	1.69
	2017	2.17	1.74	4.9	2.48
国内大循环增加值贡献率（％）	2007	−7.4	4.4	−37	−0.4
	2012	−11.7	−4.8	−22.1	−8.2
	2017	−18.0	0.7	−15.8	−21.2
国际大循环比率	2007	0.39	0.4	0.14	0.19
	2012	0.31	0.26	0.13	0.17
	2017	0.23	0.29	0.08	0.08
国际大循环增加值贡献率（％）	2007	3.1	7.6	−3.6	7.8
	2012	0.2	3	−6.7	−4
	2017	0.5	−2.8	−4.4	−3.6
双循环比率	2007	1.68	1.48	2.33	1.23
	2012	1.99	1.57	1.53	1.87
	2017	2.40	2.03	4.98	2.56
双循环增加值贡献率（％）	2007	−4.4	12	−40.7	7.4
	2012	−11.4	−1.8	−28.7	−12.2
	2017	−17.5	−2.1	−20.2	−24.9

注：1. 本表为作者使用 2007 年、2012 年、2017 年各省投入产出表数据，以及统计年鉴数据测算所得。

2. 三省各指标内括号数字含义为当期全国 31 个省级行政单位中排名（不包含港澳台地区）。为保证统计口径的一致性，本书涉及的分析均不包含港澳台，下同。

双循环比率是衡量地区开展国内外贸易与地区生产总值比值的指标，一定程度上反映的是一个地区经济发展对于外部经济联系的依赖程度。由于经济结构和产业结构的差异性，"双循环"对不同地区经济发展的贡献也有差异。一个地区省际输出和输入的差额、出口与进口的差额，分别可用于衡量参与国内大循环、国际大循环对该地区生产总值的贡献。具体而言，本节利用地区省际贸易净输出与地区生产总值的比率衡量国内大循环对该地区生产总值的贡献；同理，利用地区国际贸易净出口与地区生产总值的比率衡量国际大循环对于该地区生产总值的贡献。

总体来看，东北三省国内大循环和国际大循环对三省地区生产总值的贡献率不高，而且各省之间差异显著。就国内大循环对地区生产总值的贡献率而言，辽宁省、吉林省均高于全国平均水平，黑龙江省则低于全国平均水平；就国际大循环对地区生产总值的贡献率而言，三省均低于全国平均水平。较低的贡献率意味着该省对其他地区的贸易输出能力较弱，即便贸易相对于地区生产总值占比较高，也难以有效转化为增加值。需要注意的是，尽管深度参与"双循环"能够完善本地的要素市场，促进要素的充分流动[1]，但如果增强的循环程度并未有效转化为增加值，也可能导致陷入低水平重复的陷阱[2]。因此，整合科技创新资源，发展战略性新兴产业和未来产业，培育发展新质生产力，是有效转化贸易活动为经济增加值、提高"双循环"对于经济增长贡献率的关键。

第二节 加强与东北亚地区的对外开放

东北地区东接日韩亚太、西连中亚欧洲、南通东盟南亚、北达蒙俄大陆，沿边向海通陆辐射优势明显，是便捷的出海大通道和"一带一路"的重

---

[1] 张云、柏培文：《数智化如何影响双循环参与度与收入差距——基于省级—行业层面数据》，《管理世界》2023 年第 10 期。

[2] 谭志雄、罗佳惠、韩经纬：《比较优势、要素流动与产业低端锁定突破：基于"双循环"新视角》，《经济学家》2022 年第 4 期。

要节点，也是我国对接东北亚、联通欧亚大陆桥的重要枢纽。[①] 其中，黑龙江省地处东北亚中心腹地，与日本、朝鲜、韩国、俄罗斯、蒙古国互为近邻，与俄罗斯有 2981 公里的边境线；西与内蒙古相邻，南部紧接吉林省，区位优势明显。[②] 黑龙江省是我国参与对俄经贸合作的桥头堡，此外，尽管黑龙江省与日本、韩国的双边贸易规模不大，但是在东北亚地域范围内双方的贸易交流仍然十分重要。[③] 吉林省地处我国东北中部，南邻辽宁，西接煤炭能源基地——内蒙古自治区的哲里木盟与兴安盟，北连黑龙江，东与俄罗斯远东的滨海边疆区接壤，东南隔图们江、鸭绿江与朝鲜的咸镜北道、两江道及慈江道相望，是一个与俄罗斯和朝鲜有领土接壤的边疆省份。[④] 吉林省优越的地理位置为其参与东北亚区域经济合作奠定了坚实的基础。东北三省中，辽宁省是唯一既沿海又沿边的省份，在东北亚区域经济合作中，辽宁省具备优越的陆上和海上贸易条件，陆上借助交通运输大通道与俄罗斯、蒙古国直接相通，海上又可以利用港口优势与日本、韩国、朝鲜进行经贸合作。[⑤] 同时，东北各省的开放规划与韩国"新北方政策"、蒙古"发展之路"、俄罗斯"欧亚经济联盟"等发展战略存在诸多交汇，面向东北亚开放是东北振兴取得新突破的现实选择。[⑥]

综上，东北地区与日本、韩国、蒙古国、俄罗斯之间具有天然地域联系，区域经贸、人员往来十分紧密，而"一带一路"倡议、RCEP 的实施，以及未来中日韩自贸协定的落地实施都将强化东北腹地与日本、韩国、东盟

① 邢灿：《共建东北海陆大通道 打造对外开放新前沿》，《中国城市报》2023 年 10 月 30 日。

② 《"最北自贸区"激活东北振兴"一池春水"》，新华社 2019 年 8 月 28 日。

③ 张文锋、翟姝影、裴兆斌：《新时代辽宁与东北亚区域经济合作研究》，《财经问题研究》2020 年第 2 期。

④ 沈万根：《吉林省参与东北亚区域经济合作的条件与对策》，《延边大学社会科学学报》1997 年第 1 期。

⑤ 陈秀萍、孙铭一：《新发展格局下东北三省参与东北亚区域经济合作研究》，《东北亚经济研究》2022 年第 1 期。

⑥ 刘海军：《面向东北亚开放助力东北振兴取得新突破——2021 "东北亚区域合作论坛"暨"东北振兴论坛"综述（一）》，《辽宁经济》2021 年第 6 期。

等国家和地区之间的产业链、供应链联系。因此，应充分发挥东北地区的资源、产业、地缘等优势，抓住东北与日本、韩国、蒙古国、俄罗斯等国家之间的区域贸易便利化契机。

一、充分发挥东北自由贸易试验区的引领作用

自由贸易试验区（以下简称自贸区）建设是新时代国家构建开放型经济新格局的重要战略，截至 2020 年底，中国共有 21 个自贸区，已形成"1+3+7+1+6+3"的开放新格局。[①] 东北自贸区包括辽宁自贸区和黑龙江自贸区，东北自贸区的建立着力于提升东北老工业基地发展。

中国（辽宁）自由贸易试验区，简称辽宁自贸区，是 2016 年 8 月中国中央政府设立的第三批 7 个自由贸易试验区之一。2017 年 3 月 31 日，国务院印发《中国（辽宁）自由贸易试验区总体方案》，确定实施范围 119.89 平方公里，涵盖三个片区：（1）大连片区 59.96 平方公里（含大连保税区 1.25 平方公里、大连出口加工区 2.95 平方公里、大连大窑湾保税港区 6.88 平方公里）；（2）沈阳片区 29.97 平方公里；（3）营口片区 29.96 平方公里。[②] 三个片区的功能各有侧重，大连片区重点发展港航物流、金融商贸、先进装备制造、高新技术、循环经济、航运服务等产业，推动东北亚国际航运中心、国际物流中心建设，形成面向东北亚开放合作的战略高地；沈阳片区重点发展装备制造、汽车及零部件、航空装备等先进制造业和金融、科技、物流等现代服务业，提高国家新型工业化示范城市、东北地区科技创新中心发展水平，建设具有国际竞争力的先进装备制造业基地；营口片区重点发展商贸物流、跨境电商、金融等现代服务业和新一代信息技术、高端装备制造等战略性新兴产业，建设区域性国际物流中心和高端装备制造、高新技术产业基地，构建国

---

① 陈万灵、胡耀：《自贸区设立的经济效应：基于要素流动和经济增长的分析》，《国际商务研究》2023 年第 1 期。

② 《辽宁自贸区总体方案出炉》，《东北之窗》2017 年第 9 期。

际海铁联运大通道的重要枢纽。①

中国（黑龙江）自由贸易试验区，简称黑龙江自贸试验区，位于黑龙江省，涵盖哈尔滨片区 79.86 平方公里、黑河片区 20 平方公里、绥芬河片区 19.99 平方公里，总面积 119.85 平方公里。② 其中，总建筑面积 3.4 万平方米的黑河互市贸易产业园项目于 2021 年开工建设。黑龙江自由贸易试验区为黑龙江省深入扩大开放与推动经济高质量发展提供了契机，自成立以来，以千分之零点三的面积贡献了超过全省八分之一的外贸进出口额。同时，绥芬河片区依托两个国家级一类口岸成为对俄贸易的主力军，其贸易规模超过哈尔滨片区和黑河片区的总和。③

自贸区是各地制度型开放的重要平台与窗口，自贸区建设是中国扩大制度型开放的重要举措，能为本地企业融入全球竞争体系提供平台。④ 因此，东北地区以建设制度型开放高地为目标，应有效推进既有自贸区高质量发展，并适当增设新片区。

首先，发挥突出重点地区的高水平对外开放引领作用，推动东北自由贸易试验区扩容。积极支持大连建设海洋中心城市，探索建设大连自由贸易港，打造中日韩自贸区地方经贸合作示范区。⑤ 作为全国最大的边境城市，丹东同时拥有边境口岸、机场、高铁、河港、海港、高速公路。鉴于丹东片区具有良好的基础条件，应考虑促进丹东对接辽宁自贸区沈阳片区、大连片区，推广学习各地自由贸易区改革试点经验。

其次，需要尽快推进中国（吉林）自由贸易试验区的批复挂牌，补齐东

① 《辽宁自贸试验区重点推进十九项创新任务》，《辽宁日报》2017 年 4 月 2 日。

② 《"最北自贸区"激活东北振兴"一池春水"》，新华社 2019 年 8 月 28 日。

③ 陈秀萍、孙铭一：《新发展格局下东北三省参与东北亚区域经济合作研究》，《东北亚经济研究》2022 年第 1 期。

④ 别奥、杨上广：《高水平对外开放能否促进企业绿色技术创新——基于自由贸易试验区建设的经验证据》，《国际商务（对外经济贸易大学学报）》2024 年第 4 期。

⑤ 周绍杰、薛婧：《构建东北全面振兴的经济地理新格局——基于"哈长沈大"一轴战略的思考》，《社会科学辑刊》2023 年第 6 期。

北高水平开放重要平台的省域缺口[①]，打造吉林省参与东北亚全面合作的新载体。通过增设吉林自由贸易区，推动吉林省加速长吉图开发开放先导区战略的落实，尽快融入"一带一路"建设，充分利用以珲春市为代表的开放窗口。延边州的珲春市是吉林省对外开放的前沿和窗口。珲春市北望俄罗斯，南邻朝鲜，中国、俄罗斯、朝鲜三国陆路在此地相连，中国、俄罗斯、朝鲜、韩国、日本五国水域在此地相通，境内拥有四个对俄、对朝口岸，是吉林省唯一对俄开放的陆路口岸，允许第三国人员出入境。2019 年，珲春市外贸进出口总额突破 100 亿元，仅次于长春市。[②][③]

再次，加强自贸区软硬件基础设施建设与完善。自贸区基础设施水平是区域对外开放水平的决定性因素。第一，完成各种交通运输方式之间无缝连接体系的建设，构建多层次、系统的自贸区交通基础设施网络。第二，强化信息化、网络化软件建设，推动数字政务系统的构建，将审批、登记、申报、资质认定、知识产权管理等涉企事项都尽可能地实现在线完成，缩减审批和检查企业通关的时间与费用成本，提升服务效率，同时提高对区内企业的服务水平，包括仲裁等法律服务，建立健全信息共享平台，实现不同职能部门之间的数据和信息共享、互认，既减轻企业报送单据的负担，也提高监管的有效性。第三，强化区内营商环境建设，充分利用负面清单制度，减轻区域企业负担，降低企业运营成本，科学处理地方政府与自贸区管委会的关系，培育地方政府的主动服务意识与精细化、针对性的服务模式，基于企业生命周期不同阶段的差异化需求提供一站式服务。鼓励区内中介组织——尤其是金融与保险机构——的培育和成长，从而为企业提供应急融资支持与保险保障。

---

① 乔榛等：《新时代推动东北全面振兴笔谈》，《经济纵横》2024 年第 1 期。

② 任春杨：《"一带一路"背景下建立吉林（东北亚）自由贸易区的探析》，《长春理工大学学报（社会科学版）》2017 年第 1 期。

③ 陈秀萍、孙铭一：《新发展格局下东北三省参与东北亚区域经济合作研究》，《东北亚经济研究》2022 年第 1 期。

最后，以务实有效的措施推动东北地区对外开放营商环境不断优化。鼓励黑龙江、辽宁等自贸试验区探索建设适应高水平开放的行政管理体制，推动本地经济主体瞄准国外指标性、前瞻性、创新性企业，针对高层次博览会、跨境电商等经贸合作重点领域提供优质服务，吸引国际资本和前瞻企业入驻东北地区，吸引更多优质外部要素资源，促进国内、国际大循环。①

二、整合东北沿海城市港口资源

港口是海路运输的核心节点，是一国对外贸易的核心途径之一，在推进高质量对外开放进程中扮演着无可替代的角色。东北地区参与东北亚经济循环需进一步突出并放大港口资源优势。东北地区沿海城市的港口资源十分丰富，但在面向东北亚的开放中仍缺乏有效的资源整合。②尤其是辽宁省的沿海经济带共有大连、营口、锦州、丹东、葫芦岛、盘锦 6 个主要港口，港口优势较为突出；③辽宁省还拥有 16 处规模化港区，具体为大连港寺儿沟港区、大港港区、黑咀子港区、香炉礁港区、甘井子港区、大石化港区、和尚岛西区、和尚岛东区、北良港区、散矿中转港区、鲇鱼湾港区、大窑湾港区，营口港鲅鱼圈港区、锦州港东部港区，丹东港大东港区和葫芦岛港绥中港区等。当前，辽宁省基本形成了以大连港、营口港为核心的中部港口体系，以丹东港为核心的东部港口体系和以锦州港为核心的西部港口体系的发展格局。④

但是，也应注意到，目前东北地区最具优势的大连港与营口港在全国范围内港口集装箱吞吐量与港口货物吞吐量位次并不靠前。如表 9-2 所示，2022 年，全国港口集装箱吞吐量前十名分别为：上海港、宁波舟山港、深圳

---

① 庞德良、于明君、王婧美：《新发展格局下东北地区推进高水平对外开放研究》，《当代经济研究》2022 年第 11 期。

② 迟福林：《统筹发展和安全推进东北经济一体化》，《经济参考报》2022 年 3 月 1 日。

③ 陈秀萍、孙铭一：《新发展格局下东北三省参与东北亚区域经济合作研究》，《东北亚经济研究》2022 年第 1 期。

④ 王金虹：《辽宁沿海经济带港口体系对东北区域经济的驱动作用》，《沈阳师范大学学报（社会科学版）》2011 年第 5 期。

港、青岛港、广州港、天津港、厦门港、苏州港、北部湾港、日照港。排名上，与 2021 年相比，营口港滑落到第 12 名。[①] 如表 9-3 所示，2022 年，全国港口货物吞吐量前十名分别为：宁波舟山港、唐山港、上海港、青岛港、广州港、苏州港、日照港、天津港、烟台港、北部湾港。与 2021 年相比，大连港没有遏住增速下滑的趋势，排名继续下降，被黄骅港超越。[②]

因此，如何科学地利用并整合港口资源、形成高效的多层次陆海空交通基础设施网络，进而充分带动对外贸易规模与质量，是东北地区实现更高水平对外开放亟须解决的重要课题之一。对于辽宁省而言，应以大连为中心统筹沿海港口一体化发展，加快整合大连、营口、丹东、锦州、盘锦、葫芦岛等沿海城市港口资源，形成合理分工、错位发展、资源共享的港航一体化新格局。[③]

表 9-2　2022 年中国港口集装箱吞吐量排名

排名	港口	2022 年集装箱吞吐量（万 TEU）	同比增速
1	上海港	4730	0.60%
2	宁波舟山港	3335	7.30%
3	深圳港	3004	4.40%
4	青岛港	2567	8.30%
5	广州港	2486	1.60%
6	天津港	2102	3.70%
7	厦门港	1243	3.20%
8	苏州港（内河）	908	11.90%
9	北部湾港	702	16.80%

① 数据来源：http://kab.ningbo.gov.cn/art/2023/2/2/art_1229104354_58894376.html。
② 数据来源：http://kab.ningbo.gov.cn/art/2023/2/2/art_1229104354_58894376.html。
③ 迟福林：《以统筹发展安全为目标推进东北经济一体化》，《辽宁经济》2022 年第 3 期。

排名	港口	2022 年集装箱吞吐量（万 TEU）	同比增速
10	日照港	580	12.20%
11	连云港港	557	10.60%
12	营口港	500	−4.10%
13	大连港	446	21.50%
14	烟台港	412	12.80%
15	东莞港	361	−2.20%
16	福州港	346	0.40%
17	唐山港	334	1.50%
18	佛山港（内河）	322	−13.10%
19	南京港（内河）	320	2.90%
20	嘉兴港	285	28.40%

资料来源：http://kab.ningbo.gov.cn/art/2023/2/2/art_1229104354_58894376.html。

表 9-3　2022 年中国港口货物吞吐量排名

排名	港口	2022 年货物吞吐量（万吨）	2021 年货物吞吐量（万吨）	增速
1	宁波舟山港	126134	122405	3.00%
2	唐山港	76887	72240	6.40%
3	上海港	72777	76970	−5.40%
4	青岛港	65754	63029	4.30%
5	广州港	62906	62367	0.90%
6	苏州港	57276	56590	1.20%
7	日照港	57057	54117	5.40%

排名	港口	2022 年货物吞吐量（万吨）	2021 年货物吞吐量（万吨）	增速
8	天津港	54902	52954	3.70%
9	烟台港	46257	42337	9.30%
10	北部湾港	37134	35822	3.70%
11	泰州港	36444	35291	3.30%
12	江阴港	35062	33757	3.90%
13	黄骅港	31510	31134	1.20%
14	大连港	30613	31553	–3.00%

资料来源：http://kab.ningbo.gov.cn/art/2023/2/2/art_1229104354_58894376.html。

三、推进东北三省共建面向东北亚的海陆大通道

以多层次、多方式联运的交通与物流基础设施体系为依托，加快东北地区与东北亚互联互通，有利于整体改善东北对外开放的外部环境，进而推进东北与东北亚大规模、深层次的经贸合作。根据辽宁省人民政府颁布的《辽宁省推进多式联运高质量发展优化调整运输结构行动方案（2022—2025 年）》（以下简称《行动方案》），以大连港、营口港为海向枢纽，其他港口为重要节点，以沈阳为陆路枢纽和中欧班列集结中心，以干线铁路为主干，联结满洲里、绥芬河、珲春、丹东、珠恩嘎达布其等边境口岸和别雷拉斯特物流中心等海外中转中心，构建连通日韩、东南亚和我国东南沿海与蒙俄、中亚、欧洲等国家和地区的"北上西进"东北海陆联运大通道。[1] 与此同时，《行动方案》还指出，多式联运基础设施存在短板、运输结构不尽合理、运输服务规

---

[1]《辽宁省推进多式联运高质量发展优化调整运输结构行动方案（2022—2025 年）》，《辽宁省人民政府公报》2022 年增刊第 22 期。

则衔接不畅、标准规范体系不健全、信息资源共享水平不高等突出问题。① 这就需要推进"软""硬"联通共同发展，为东北海陆大通道建设巩固基础、提供支撑。东北海陆大通道建设亟须在加强"软""硬"联通方面持续发力。② 在"硬联通"方面，不断提高交通与物流基础设施的数字化、智能化、便捷化程度，不断加强基础设施的运营效率和承载力；在"软联通"方面，不断提升行政管理效率和服务质量，提升运营的信息化、智慧化水平，降低制度成本。

四、鼓励东北地区积极参与东北亚产业链、供应链和服务链合作

应推动东北主动参与东北亚产业链、供应链合作，抓住中日韩产业链、供应链区域化调整的有利契机，加强与东北亚的产业对接③，为区域经济发展、产业转型升级提供动能。近年来，东亚各经济体占全球贸易比重普遍上升，东盟—中、日、韩（10+3）成为全球三大贸易中心之一，与北美、欧盟的全球占比大致相近。④ 随着东北亚域内各国的经济发展，各国间经贸关系日趋紧密，东北亚区域产业链、供应链重构成为新趋势。具体而言，应以打造营商环境、开拓市场、深耕既有合作伙伴、开展数字经济合作等方面为抓手展开。

第一，打造一流的营商环境。制约东北经济发展的一个重要因素就是关于东北营商环境的刻板印象，大力提升营商环境对于促进东北民营经济发展至关重要，应把共同打造良好的营商环境作为政策协同的重要领域。以建设高标准市场体系为目标，大力推进市场化、法治化、国际化营商环境建设，

① 《辽宁省推进多式联运高质量发展优化调整运输结构行动方案（2022—2025 年）》，《辽宁省人民政府公报》2022 年增刊第 22 期。

② 曹洪滔、赵天添：《以东北海陆大通道建设助推东北振兴的实施方略》，《辽宁经济》2022 年第 7 期。

③ 迟福林：《以统筹发展安全为目标推进东北经济一体化》，《辽宁经济》2022 年第 3 期。

④ 晋平：《东北亚区域供应链优化调整的方向和路径》，中国日报网 2021 年 10 月 16 日。

推动东北地区统一大市场建设。东北核心城市应当依托省部联系机制加强营商环境建设交流，开展营商环境建设竞争，摒弃有悖于市场公平竞争的不良地方性文化，为各类市场主体投资兴业营造稳定、公平、透明、可预期的发展生态，从根本上扭转对东北营商环境的刻板印象。[①]应加速弥补东北地区市场环境发育短板，充分利用对口合作制度，对标北上广深等城市最高标准，重点关注企业全生命周期、知识产权、技术保护等领域的立法、执法问题，进一步坚持市场主体平等和竞争中性原则，稳定外资预期。[②]

第二，引导东北龙头企业提高国际化经营水平、中小企业走"专精特新"对外发展道路，鼓励东北企业"集体出海"。根据《关于推进贸易高质量发展的指导意见》，在经营主体优化方面，可以通过提升龙头企业的国际化经营水平、培育中小企业"专精特新"发展进而提升对外贸易质量。借鉴德国中小企业的发展经验，应推动中小企业的创新化、专业化、精细化发展，成为细分领域的隐形冠军，进而提高国际供应链、产业链、价值链的参与能力与参与程度。此外，应鼓励东北企业"抱团出海"，集合优势企业，抢占更多国外市场份额。[③]

第三，支撑东北地区参与东北亚服务贸易合作，发展跨境电商开放新模式。以辽宁省为例，大连于2016年成为东北首个跨境电子商务综合试验区，此后，沈阳、营口、盘锦、抚顺获批设立跨境电子商务综合试验区。根据辽宁省电商网及辽宁省商务厅发布的数据，2016年，辽宁省跨境电商出口额尚未突破10亿元；2017年跨境电商出口额就达到12.4亿元，同比增长26.5%；2020年跨境电商出口额达到近十年峰值，为31.8亿元，同比增长65.6%；此后虽受疫情影响呈现下滑趋势，但是下降速度有所缓解（如图9-4所示）。[④]

---

① 周绍杰、薛婧：《构建东北全面振兴的经济地理新格局——基于"哈长沈大"一轴战略的思考》，《社会科学辑刊》2023年第6期。

② 庞德良、于明君、王婧美：《新发展格局下东北地区推进高水平对外开放研究》，《当代经济研究》2022年第11期。

③ 刘彬彬：《东北地区装备制造业全要素生产率的测度及提升路径研究》，《经济纵横》2020年第1期。

④ 刘怡宁、李占芳：《跨境电商与辽宁省出口贸易的协整分析》，《辽宁经济》2024年第2期。

东北可依托跨境电子商务综合试验区，加快推动与日韩数字经济基础设施与数字经济规则、规制、管理、标准等的对接和互通，开展数据确权、数据认证、数据定价、数据监管、数据交易、数据安全等标准规则制定及其相互对接[1]，形成东北数字贸易发展新优势。其中，应注重与日韩的经贸合作，进一步加强东北与日韩的产业对接，应关注中日韩的服务贸易合作，将服务贸易发展为东北参与中日韩自由贸易区建设的重点，围绕健康、养老、旅游、研发设计、金融等服务业领域出台具体政策，推进服务业市场和服务贸易的高水平开放。[2]

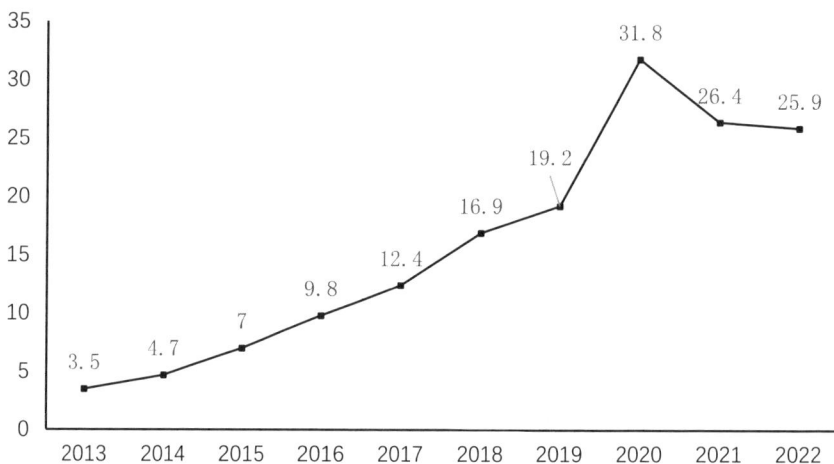

图 9-4　2013—2022 年辽宁省跨境电商出口额（单位：亿元）

数据来源：刘怡宁、李占芳：《跨境电商与辽宁省出口贸易的协整分析》，《辽宁经济》2024 年第 2 期。

五、建立东北地区与东北亚政府间的沟通协调机制

对外开放不仅应重视区域间经济贸易、投资合作的开放，更应注重地区与地区之间在体制机制、政策战略层面上的协作安排。区域之间的合作涉及

---

[1] 于玲玲、路鸣、宗慧：《浅析新时代辽宁参与东北亚经济合作的战略重点》，《辽宁经济》2022 年第 5 期。

[2] 刘海军：《面向东北亚开放助力东北振兴取得新突破——2021 "东北亚区域合作论坛" 暨 "东北振兴论坛" 综述（一）》，《辽宁经济》2021 年第 6 期。

到政府各层面以及不同国家多方位的战略政策，进而影响经济要素在各地区之间流通的制度成本。因此，首先，建议大力支持东北地区与东北亚形成常态化的地方政府间沟通协调机制，从政府层面建立"城市—城市"常态互动合作机制；其次，加快推进我国对外战略与东北亚各国相关战略的对接和协同；最后，支持东北地区与东北亚共建跨境经济合作园区，形成合理有效的跨境经济合作园区运营机制与协作机制。

六、加强东北地区与东北亚的人文交流

首先，加强东北地区与东北亚的旅游合作。东北地区的旅游资源十分丰富，尤其是冰雪旅游资源优势十分突出，具备培育东北亚旅游合作圈的良好条件。因此，建议共同设计跨境旅游线路，放宽跨境旅游签证限制、简化跨境旅游手续，培育跨境旅游市场，共同打造边境、境外、跨境旅游合作区。

其次，加强东北地区与东北亚的学术交流与文化交流。提升与东北亚国家留学生与教师互派交流的规模与质量，探索与东北亚国家联合办学的多种类型。东北三省的高等教育资源优势明显，应充分利用这一优势，进一步提升面向东北亚国家的教育资源开放水平，提高合作办学的资金投入，探索学术交流的新模式。进一步加强区域之间的文化交流，建立文化链接，如定期举办文化节、艺术节等文化交流活动。

第三节　加快推动东北三省接入"一带一路"

一、"一带一路"为东北形成全面开放新格局带来的机遇

（一）"一带一路"倡议的提出与推进

2013 年 9 月和 10 月，习近平主席在出访中亚和东南亚国家期间，先后提出共建"丝绸之路经济带"和"21 世纪海上丝绸之路"的重大倡议（以下简

称"一带一路")。

2013年11月，党的十八届三中全会通过了《中共中央关于全面深化改革若干重大问题的决定》，关于"构建开放型经济新体制"提出"加快同周边国家和区域基础设施互联互通建设，推进丝绸之路经济带、海上丝绸之路建设，形成全方位开放新格局"。

2014年12月，中央经济工作会议提出优化经济发展空间格局，重点实施"一带一路"、京津冀协同发展、长江经济带三大战略。

2015年3月，经国务院授权，国家发展和改革委员会、外交部、商务部三部委联合发布了《推动共建丝绸之路经济带和21世纪海上丝绸之路的愿景与行动》，这是首次公布的"一带一路"总体顶层设计和战略规划，较为全面地阐述了"一带一路"建设的基本原则、框架思路和行动指南。

2016年2月，香港特别行政区政府设立"一带一路"督导委员会及专项办公室，负责推动研究工作，统筹协调相关政府部门及贸发局、旅发局等机构，以及与中央部委、各省市政府，香港的业界、专业团体和民间团体联络。

2016年3月，"一带一路"被列入"十三五"时期主要目标任务和重大举措。

2016年8月，习近平总书记在推进"一带一路"建设工作座谈会上就推进"一带一路"建设提出8项要求，其中就包括"要切实推进统筹协调，坚持陆海统筹，坚持内外统筹，加强政企统筹，鼓励国内企业到沿线国家投资经营，也欢迎沿线国家企业到我国投资兴业，加强'一带一路'建设同京津冀协同发展、长江经济带发展等国家战略的对接，同西部开发、东北振兴、中部崛起、东部率先发展、沿边开发开放的结合，带动形成全方位开放、东中西部联动发展的局面"。

2016年12月，中央经济工作会议强调继续实施京津冀协同发展、长江经济带发展、"一带一路"建设三大战略。

2017年1月，国家发展和改革委员会同外交部、环境保护部、交通运输部、水利部、农业部、人民银行、国资委、林业局、银监会、能源局、外汇局以及中华全国工商业联合会、中国铁路总公司等 13 个部门和单位共同设立"一带一路"PPP 工作机制。旨在与沿线国家在基础设施等领域加强合作，积极推广 PPP 模式，鼓励和帮助中国企业走出去，推动相关基础设施项目尽快落地。

（二）"一带一路"建设中东北全面振兴的战略机遇

尽管《推动共建丝绸之路经济带和 21 世纪海上丝绸之路的愿景与行动》所勾画的"一带一路"对外开放布局主要面向西部和南部地区，但在其重点建设的国际经济走廊中，中俄蒙经济走廊属于东北亚地区。中俄蒙经济走廊主要有两条主线路：一是从京津冀到呼和浩特，再到蒙古国和俄罗斯；二是由大连、沈阳、长春、哈尔滨到满洲里，再到俄罗斯赤塔。其中，对东北三省的定位是"完善黑龙江对俄铁路通道和区域铁路网，黑龙江、吉林、辽宁与俄远东地区陆海联运合作，推进构建北京—莫斯科欧亚高速运输走廊，建设向北开放的重要窗口"。[①] 由此可见，"一带一路"的建设与推进与东北振兴息息相关，东北三省必须依托这一倡议，谋求更大发展。

"一带一路"建设为东北地区发展提供了政策支持。随着"一带一路"建设的不断推进，2018 年，辽宁省出台了《辽宁"一带一路"综合试验区建设总体方案》，为辽宁省经贸投资、互联互通、开放平台、金融服务等领域与"一带一路"国家的深层次合作交流提供了政策支持，同时出台的 40 多项开放政策也为辽宁省一般制造业、电信、能源汽车等领域参与"一带一路"建设提供了政策平台。黑龙江省积极与俄罗斯等国家的区域开放规划对接，相继出台了一系列政策规划，如 2015 年出台《"中蒙俄经济走廊"黑龙江陆海丝绸之路经济带建设规划》，2016 年出台《关于建设"龙江丝路带"加快形成对外开放新格局的若干意见》《黑龙江省关于落实推进"一带一路"建设科技创新合作专项规划的实施方案》，2017 年出台《支持黑龙江绥芬河—东宁重点开发开放试验区若干政策》，2018 年出台《黑龙江绥芬河—东宁重点开发

---

① 《中蒙俄经济走廊　开辟东北开放新通道》，《21 世纪经济报道》2015 年 3 月 26 日。

开放试验区建设总体规划》《黑龙江省面向欧亚物流枢纽区建设规划》等，这些规划文件的提出和实施进一步加快了黑龙江省与沿线国家和地区的合作交流。此外，吉林省也积极主动融入"一带一路"建设，制定和实施了一系列政策，包括《沿中蒙俄开发开放经济带发展规划（2018—2025 年）》等，这些政策为加快吉林省与沿线国家和地区合作交流、优化吉林省发展环境提供了政策支持。①

"一带一路"建设为培育东北经济高质量发展新增长点提供新契机。"一带一路"建设打通东北地区对外开放大通道，深化东北地区对外贸易。具体表现在两方面。首先，"一带一路"建设扩大了东北地区合作的覆盖面。随着"一带一路"建设的推进，东北地区与沿线国家和地区的合作与交流更为深入，区域合作的覆盖面也日益扩大，随着"一带一路"的持续推进，东北迎来更为广阔的国际贸易市场。其次，以"一带一路"战略为基础，东北地区将更加积极主动加强公共服务供给、完善基础设施建设，提升区位优势，从而进一步吸引沿线国家和地区的优质要素资源集聚与企业进驻。

二、"一带一路"下东北扩大对外开放的路径选择

（一）结合"一带一路"建设，开展全局性、高位性、前瞻性、延续性规划

积极推进"一带一路"建设同国内区域重大发展战略对接，强化国内外空间发展联动，有利于统筹对外开放与国内发展的关系。②在学习贯彻党的二十大精神研讨班开班式上，习近平总书记强调要增强战略的前瞻性、全局性、稳定性，这为深刻理解和正确把握战略的内涵与本质指明了方向、提供了根本遵循。因此，要加强政策和战略的前后系统性、全局性、一致性与前瞻性，尤其要注重与既有政策和战略的衔接和延续，这是优化营商环境的重

---

① 刘国斌、田峰：《"一带一路"建设对我国东北地区发展格局的影响》，《黑龙江社会科学》2020 年第 3 期。

② 黄征学：《推进"一带一路"建设与国家重大区域战略融合发展》，《宏观经济管理》2019 年第 9 期。

要方面，将为企业的对外贸易与投资提供坚实长久的制度保障，也是高水平对外开放的条件。要开展全局规划、高位规划、前瞻规划、延续规划，也就是说，要在"一带一路"建设大背景下结合东北整体区域发展目标来做规划，完善规划体系；要进一步加强政策布局，做到东北全域规划"一盘棋"与多部门规划"一盘棋"。

（二）充分发挥东北口岸各类经贸合作平台的经贸功能

口岸是国家指定的对外来往的门户，是国际货物运输的枢纽，是地区发展口岸经济的基本条件。黑龙江省最大的对俄铁路口岸是绥芬河口岸，该口岸是中欧班列"东通道"重要口岸之一。随着"一带一路"建设不断深入，经该口岸开行的中欧班列数量稳步增长，自 2018 年中欧班列开行以来，已累计超过 2000 列，出入境货物品类持续增多。吉林省延边朝鲜族自治州珲春市位于中俄朝三国交界处，是吉林省唯一的对俄口岸城市。自 2023 年初中俄珲春口岸恢复客运通关以来，珲春对俄边贸持续复苏，不断完善着与铁路、海关等单位的"大通关"协调服务机制，实现公路口岸提前一小时通关、铁路口岸"7 天 24 小时"通关。

东北地区应进一步充分挖掘自身的口岸经济优势，并依托口岸各类经贸合作平台，深入参与"一带一路"共建，积极融入中蒙俄经济走廊建设，提升对外开放水平、推动东北全面振兴。

第一，推动口岸城市的地方政府向保障型与服务型政府转型。在资源配置方面，口岸城市的地方政府应加强自身对资源配置的协调作用，让市场充分发挥资源配置的决定性作用，全方位杜绝地方政府的越位、错位、缺位等现象[1]，增强地方政府服务市场主体的能力。在风险防控方面，加强口岸城市地方政府面向市场主体的贸易风险预测与预警能力，尤其是对贸易伙伴国家的贸易保护、贸易政策变化等的警示能力。加快地方政府向服务型与保障型政府转型。

---

[1] 刘国斌、宋瑾泽：《"一带一路"倡议与东北地区振兴联动发展战略研究》，《东北亚经济研究》2018 年第 6 期。

第二，完善口岸城市旅游交通基础设施建设，充分发挥口岸城市的边境旅游、民族旅游、民俗旅游、冰雪旅游、养生旅游的优势。支持开发旅游产业，进一步挖掘东北口岸城市的旅游资源，大力提升东北旅游服务的质量，完善边境旅游、冰雪旅游、民俗旅游等的产业链和供应链，在旅游供给模式、旅游项目上不断创新，提高旅游体验感。此外，为境内旅游提供便利；促进东北同沿线国家和地区基础设施的互联互通，实现与俄罗斯、日本、韩国等多个国际口岸的互联互通，为国际旅游提供保障。

第三，口岸城市应积极开展贸易博览会等宣传推介活动。通过中国国际进口博览会、中俄博览会、东方经济论坛及驻俄、日韩等东北亚国家使领馆宣传推荐东北对外开放的政策，使更多的境内外企业了解东北深度参与"一带一路"建设的新政策、新思路和新举措。[1]

第四，强化"哈长沈大"四市与东北口岸城市的衔接与协同。发挥"哈长沈大"一轴在带动东北三省对外开放中的重要作用，进而加强"哈长沈大"一轴面向口岸城市的经济拉动效应。

第五，打造以电子口岸为基础且具有国际化水准的国际贸易公共服务平台。[2]汲取上海电子口岸的经验，实现口岸"单一窗口"以及一站式系统化服务，提高数字化服务能力与水平。

第四节 RCEP框架下推进东北地区扩大对外开放

2012年，RCEP由东盟发起，历时8年，于2020年11月15日由东盟十国和中国、日本、韩国、澳大利亚、新西兰15个国家正式签署。2021年

---

[1] 高玉海、吕景和、孙宇：《充分利用自贸区政策推动黑龙江省深度参与"一带一路"建设》，《商业经济》2020年第2期。

[2] 高承龙、张思蕊：《"一带一路"倡议下东北地区边境口岸建设与区域经济一体化研究》，《东北亚经济研究》2024年第3期。

11月2日，文莱、柬埔寨、老挝、新加坡、泰国、越南、中国、日本、新西兰、澳大利亚共10个国家向东盟秘书长正式提交核准书，进入协定生效门槛。2022年1月1日，RCEP对上述10国正式生效。2022年1月25日，我国商务部等6部门联合印发《关于高质量实施〈区域全面经济伙伴关系协定〉（RCEP）的指导意见》，其目标是全面落实协定规定的市场开放承诺和规则，引导地方、产业和企业适应区域市场更加开放的环境、更加充分的竞争，更好把握RCEP带来的机遇，促进经济高质量发展。[①]RCEP于2022年2月1日对韩国生效，3月18日对马来西亚生效，5月1日对缅甸生效。随着2022年2月1日RCEP对韩国生效，中国、日本和韩国都成为其成员国，RCEP成为首个包括中日韩三国在内的自贸协定，这将深化中日韩之间的经贸合作，推动东北亚区域合作发展，有利于中日韩与东盟的合作便利。[②]

一、RCEP生效为东北地区对外开放带来的新机遇

RCEP有利于东北与东北亚各国及其他RCEP成员形成深入的经贸互动与合作关系，有利于东北融合到东北亚、东亚和更大范围的国际经济大循环中，最终形成东北区域内循环、国内大循环、基于高水平对外开放的国际大循环三个层次的发展新格局。

（一）RCEP为推进东北地区与日韩经贸合作提供了重要机遇

对于东北亚而言，RCEP是中日以及日韩间的第一个自贸协定，在关税减让、市场准入、区域供应链调整等方面为深化中日韩经贸合作奠定了重要基础。因此，RCEP的生效将更加有利于深化、拓展东北地区与日韩两国间的经贸合作，RCEP将成为推动东北地区与日韩两国间经贸关系发展的最佳平台，东北应立足对日韩的合作优势，推进中日韩地方合作取得新突破。[③]与此同

---

① 《商务部等6部门关于高质量实施〈区域全面经济伙伴关系协定〉（RCEP）的指导意见》，商务部2022年1月24日。

② 任晓菲：《"一带一路"背景下中国与东北亚国家合作趋势分析》，《东北亚经济研究》2022年第5期。

③ 赵球、于洪波：《RCEP背景下东北扩大对外开放的对策研究》，《辽宁经济》2022年第12期。

时，沈阳、长春等市正积极创建"中国制造 2025"国家级示范区，日本提出"超智能社会 5.0 战略"，韩国提出"制造业创新 3.0 计划"，三地都将发展智能制造作为构建制造业竞争优势的关键举措，高度协同的制造业升级发展战略和扎实的工业基础有助于 RCEP 生效实施后激发东北地区与日韩深化合作的潜力。[1]

（二）RCEP 的关税减让将大幅降低货物贸易成本与商品价格

RCEP 的关税减让这一最直接的政策将大幅降低货物贸易成本与商品价格，增强我国企业进入国际市场的竞争力，激发市场主体的活力，提振贸易主体的出口意愿，进而推动企业拓宽海外市场，形成东北全面振兴的新动能。RCEP 将使得中国与日本之间 86% 至 88% 的商品、日本与韩国间 83% 的商品实现"零关税"。[2]2020 年，吉林省与日本进出口总额达到 130.2 亿元，包括汽车零部件、有机化学品、农副产品、机械设备等应缴纳进口关税为 6.3 亿元，在 RCEP 关税减让条款下，同等货值的进口关税将降低至 1 亿元，不到此前的 16%。[3]

（三）RCEP 的原产地累积规则将优化重塑跨国企业区域布局

根据 RCEP 原产地累积规则，缔约方货物区域价值成分累计达到 40% 就可视为具备原产地资格，可免除 8% 至 13% 的关税。[4]原产地累积规则将自贸协定其他缔约方的原材料等同视作产品生产所在缔约方的原材料，即企业可以将自贸区视为一个整体，在区域内不断调整原材料来源，在成员国间灵活选择最优原材料以及零部件采购对象，鼓励成员国之间原材料与中间品的生

---

① 袁波等：《RCEP 生效实施背景下东北地区深化与日韩经贸合作的思考建议》，《东北亚经济研究》2022 年第 2 期。

② 《实现 RCEP 框架下东北高水平开放的新突破》，《中国经济时报》2023 年 5 月 31 日。

③ 赵球、于洪波：《RCEP 背景下东北扩大对外开放的对策研究》，《辽宁经济》2022 年第 12 期。

④ 李清如、常思纯：《印太视域下日本 ODA 的经济效应——基于 OFDI 与区域供应链的探究》，《日本学刊》2022 年第 2 期。

产以及相互供应①，进而增加区域内产品的供给占比，扩大企业享受自贸协定优惠的可能性与范围，优化区域内生产资源配置，强化区域内经贸关系，增强区域内产业链、供应链与价值链的韧性。与此同时，RCEP 还允许成员国授予符合原产地规则、具备出口资质、风险管理合规、记录良好的企业"经核准出口商"资格，具备"经核准出口商"资格的企业以自身信用为担保自行出具原产地证明，简化海关认证程序。② 因此，RCEP 的原产地累积规则将增加成员国的区位优势，进而优化重塑跨国企业的区域布局。

二、RCEP 背景下东北扩大对外开放的对策建议

（一）加快推进东北地区面向 RCEP 成员国的高水平制度型开放

党的二十大报告提出："稳步扩大规则、规制、管理、标准等制度型开放。"③ 这为东北地区基于 RCEP 推进高水平对外开放指明了努力方向，即应充分了解、主动衔接 RCEP 协议规则及 RCEP 成员国的具体对外经贸制度，进一步强化东北地区对外贸易企业与对外投资企业的国际化意识，树立知识产权保护理念，及时申请知识产权海关保护备案，避免自身合法权益在进出口环节遭受侵害。这就需要东北三省尽快打造一批高素质、高水平的涉外专门人才队伍，并以服务型政府为基础，推进高水平制度型开放。

（二）支持东北地区培育建设 RCEP 国际消费中心城市

支持东北地区培育建设 RCEP 国际消费中心城市，应提高东北核心城市的国际知名度与海外影响力，推动消费提质升级与消费国际化程度提升。依托东北核心城市的文化、旅游等资源优势，以及东北核心城市与 RCEP 成员国的密切关系，面向 RCEP 成员国积极发展会展经济、赛事经济、巡演经济、

---

① 李清如、常思纯：《印太视域下日本 ODA 的经济效应——基于 OFDI 与区域供应链的探究》，《日本学刊》2022 年第 2 期。
② 李冠青、杜鹏：《RCEP 对中小微企业出口贸易的影响及融资支持策略》，《海外投资与出口信贷》2023 年第 2 期。
③ 《习近平：高举中国特色社会主义伟大旗帜　为全面建设社会主义现代化国家而团结奋斗——在中国共产党第二十次全国代表大会上的报告》，新华社 2022 年 10 月 25 日。

文化节、艺术节等旅游文化艺术经济模式，优化消费环境，带动消费高质量开放。在人员流动方面，东北地区应大力降低与 RCEP 成员国的人员流动壁垒，为 RCEP 成员国的人员免签提供更大便利；在税收方面，成立 RCEP 成员国消费专区，积极承接以日韩为主的免税经济转移，对标海南等地大力发展免税业，为 RCEP 成员国的购物免税、离境购物退税提供便利，打造我国免税先行城市，将消费维权等落到实处，坚决抵制不良市场行为，建设国际化、综合化的高端商业项目；在品牌方面，加强自主品牌建设与高端品牌引进；在消费基础设施建设方面，完善物联网等"新基建"，提升消费的数字化水平，并进一步推动智慧城市的发展。

（三）充分利用 RCEP 关税减让与原产地累积规则

支持东北地区加快研究并出台与 RCEP 成员国的关税减让互换的统一指南。[1] 利用关税减让政策，鼓励东北三省分别或者统一编制以面向日韩为重点的 RCEP 招商引资项目库，加快引进一批引领性、标志性大项目。[2] 此外，利用数字技术，搭建 RCEP 服务平台，全流程跟踪包括产地等在内的货物信息，并为企业提供关税减免、原产地累积规则、订单咨询等一体化数字化查询服务，以及智能化方案制定服务，解决出口企业具体利用 RCEP 协议规则的难点与堵点，引导东北企业了解规则、利用规则，帮助东北企业发现并把握 RCEP 新机遇。

第五节　推进跨区域合作

2018 年 9 月，习近平总书记在沈阳主持召开深入推进东北振兴座谈会上指出："要以东北地区与东部地区对口合作为依托，深入推进东北振兴与京津冀协同发展、长江经济带发展、粤港澳大湾区建设等国家重大战略的对接和

---

[1]《实现 RCEP 框架下东北高水平开放的新突破》，《中国经济时报》2023 年 5 月 31 日。

[2] 赵球、于洪波：《RCEP 背景下东北扩大对外开放的对策研究》，《辽宁经济》2022 年第 12 期。

交流合作，使南北互动起来。"①这就要求东北地区在全国一盘棋的统筹下，实现广域的对接和交流合作，成为具有优势和特色的区域板块，将东北全面振兴战略与京津冀协同发展战略、长江经济带发展战略、粤港澳大湾区建设战略并列，构建涵盖东北三省的区域重大战略。②

一、对口合作机制的提出

2016 年 11 月，《国务院关于深入推进实施新一轮东北振兴战略加快推动东北地区经济企稳向好若干重要举措的意见》提出，组织辽宁、吉林、黑龙江三省与江苏、浙江、广东三省，沈阳、大连、长春、哈尔滨四市与北京、上海、天津、深圳四市建立对口合作机制。2017 年 3 月，国务院办公厅正式印发《东北地区与东部地区部分省市对口合作工作方案》，该方案不仅是国家振兴东北和协调区域发展的重要举措，而且是"对口合作"方式首次亮相于中央政府的正式文件，标志着一项新的地方政府间关系管理工具的开启。③《东北地区与东部地区部分省市对口合作工作方案》（以下简称总工作方案）具体阐述了两区域间对口合作的指导思想、基本原则、主要目标、重点任务和保障措施等内容，标志着东北地区与东部地区对口合作工作正式展开，彰显了我国的制度优势。以"总工作方案"为基础，2018 年 3 月，国家发展和改革委员会正式出台《辽宁省与江苏省对口合作实施方案》《吉林省与浙江省对口合作实施方案》《黑龙江省与广东省对口合作实施方案》《北京市与沈阳市对口合作实施方案》《上海市与大连市对口合作实施方案》《天津市与长春市对口合作实施方案》《哈尔滨市与深圳市对口合作实施方案》7 个对口合作分省市实施方案。

（一）对口合作的主要目标与框架

根据"总工作方案"，到 2020 年，东北地区与东部地区部分省市对口合

---

① 《习近平：解放思想锐意进取深化改革破解矛盾　以新气象新担当新作为推进东北振兴》，《人民日报》2018 年 9 月 29 日。

② 孙昭：《从国家发展大局高度深刻认识东北振兴的重大意义》，《黑龙江日报》2018 年 11 月 20 日。

③ 《东北与东部的"对口合作"如何情投意合？》，https://www.jfdaily.com/news/detail?id=49810。

作取得重要实质性成果，建立起横向联动、纵向衔接、定期会商、运转高效的工作机制，构建政府、企业、研究机构和其他社会力量广泛参与的多层次、宽范围、广领域的合作体系，形成常态化干部交流和人才培训机制，在东北地区加快复制推广一批东部地区行之有效的改革创新举措，共建一批产业合作园区等重大合作平台，实施一批标志性跨区域合作项目，形成一套相对完整的对口合作政策体系和保障措施。[①] 因此，可以构建出如下框架（见图9-5），其中工作机制、政策体系和保障措施为顶层设计，合作体系主要指横向合作，包括"软"合作与"硬"合作。

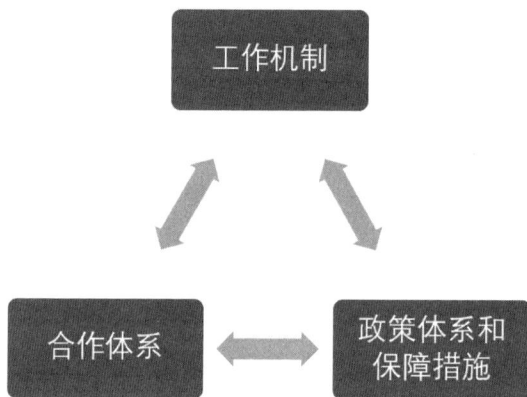

图 9-5　对口合作分析框架

（二）对口合作的基本原则[②]

"总工作方案"提出了四项对口合作基本原则：

第一，政府引导、市场运作。积极发挥政府在对口合作中的引导带动作用，加强统筹谋划，强化组织协调，优化政策环境，搭建合作平台，促进人员交流。充分发挥市场在资源配置中的决定性作用，促进资本、人才、技术等要素合理流动，通过市场化运作促进产业转移，吸引项目、投资在东北地区落地。

---

①②《国务院办公厅关于印发东北地区与东部地区部分省市对口合作工作方案的通知》，《中国对外经济贸易文告》2017 年第 20 期。

第二，地方主体、国家支持。明确地方政府在对口合作中的主体责任，相关省市政府要将对口合作工作纳入重要议事日程，精心组织、主动作为，积极探索、力求实效。国务院有关部门要强化协调指导，加大政策支持，为对口合作创造有利条件。

第三，互利共赢、突出特色。注重发挥对口合作省市的比较优势，扬长避短、扬长克短、扬长补短，实现南北联动、协同发展。充分考虑资源禀赋、基础条件等因素，因地制宜、分省（市）施策，结合各地实际，拓展合作领域、丰富合作形式、创新合作方式。

第四，重点突破、示范带动。针对东北地区改革发展中面临的突出矛盾和问题，重点推动学习借鉴东部地区市场观念、管理理念、政策环境。鼓励对口合作省市通过多种方式，打造一批合作样板，力争取得早期收获，发挥示范带动效应，推动对口合作工作不断深入。除了黑—粤、长—津的对口合作实施方案中没有明确提出合作原则外，其余五对省市均以"总工作方案"为基础对应自身特点提出了合作原则，基本包括"政府引导、市场运作""地方主体、国家支持""互利共赢、突出特色""重点突破、示范带动"。[①]

（三）对口合作的保障措施

对口合作总方案的保障措施主要围绕完善工作机制、科学编制实施方案、推进干部人才交流培训、加大政策支持力度、创造良好合作环境、加强督查评估六个方面展开。

1. 完善工作机制

加强领导小组办公室的工作力量，切实承担好对口合作综合衔接和相关日常工作；相关省市政府要建立健全对口合作工作的领导、协调和推进机制，明确机构和人员负责工作推进落实，将对口合作任务落到实处；支持对口合作省市政府主要负责同志定期开展互访或座谈交流，共同研究推动重点工作。地方开展对口合作所需经费纳入同级预算管理。

---

① 马芳：《东北地区与东部地区对口合作经济效应实证研究》，辽宁大学 2022 年博士学位论文。

2. 科学编制实施方案

对口合作省市要按照本方案要求共同编制对口合作阶段性实施方案,根据需要编制重点合作领域专项实施方案,进一步明确和细化对口合作工作目标、范围领域、重点任务、重大项目、建设时序和保障措施。要根据阶段性实施方案和专项实施方案,制定对口合作年度工作计划,开展年度工作总结评估,并及时将年度工作计划和工作总结报送国家发展和改革委员会以及中央组织部。

3. 推进干部人才交流培训

对口合作省市要组织互派干部挂职交流,促进观念互通、思路互动、作风互鉴、办法互学。依托东部地区相关省市各类干部培训机构,定期安排对东北三省地方政府负责人、企事业单位管理人员、专业技术人员进行培训。中央组织部要加强对相关工作的指导和协调。

4. 加大政策支持力度

有关部门要加强对东北地区与东部地区部分省市对口合作工作的指导,在规划编制、政策实施、项目安排、改革创新先行先试等方面给予倾斜支持,并按照职能分工指导重点领域合作。中央预算内投资设立专项资金支持对口合作重点园区和重大项目建设。银行业金融机构要加大对对口合作重点园区和重大项目的融资支持力度。鼓励社会资本通过市场化方式设立对口合作产业投资基金,支持对口合作重大项目建设。在严格程序、规范运作的前提下,支持在对口合作省市先行试点开展跨地区耕地占补平衡。推进对口合作省市在产业、金融、开放等方面的政策经验交流和复制推广。

5. 创造良好合作环境

东北三省四市要积极主动做好对口合作各项工作对接,对相关重点项目和重点园区要开辟绿色通道,明确专人负责,积极协调推进。相关省市要在用地、用能、融资等方面给予重点支持。

6. 加强督查评估

国家发展和改革委员会要定期组织开展对口合作工作成效评估。对于积极主动开展工作并取得明显成效的省市,给予通报表扬并加大支持力度;对于合作进展缓慢的省市，要提出整改要求并督促落实整改措施。对口合作省市也要相应建立督查评估机制，确保东北地区与东部地区部分省市对口合作的各项措施任务落实到位。

二、基于深入对口合作的东北振兴对策建议

（一）工作机制：以中央指导为基础，加强中央—地方纵向反馈学习机制

我国地方政府对口协作的已有经验基本上是由对口支援、对口帮扶、对口扶贫进而生成对口合作，因此，对口合作双方实际上经历了从帮扶关系到合作关系循序渐进的过程，合作具有较为坚实的基础；而东北三省与东部各省在 2017 年之前并没有相互对口帮扶或合作的经验，这就需要中央有关部门的大力指导与支持。因此，对于东北地区与东部地区的对口合作而言，中央政府管理依然是政策实施的一个重要保证，应从以下两点展开。

其一，从国家层面强化纵向统筹协调机制，建立多层次的跨省合作机制体系。从中央政府层面设置对口合作管理常设机构，负责统筹规划，全面布局，不断完善实施方案，组织签署对口框架协议。成立区域协同发展领导小组，并负责区域协同发展的战略制定、规划编制和统筹协调等工作；成立区域协同发展专家咨询委员会，负责政策与战略的咨询工作。[1]

其二，构建中央与地方政府间的纵向反馈学习机制，积极拓宽合作空间。根据政策需求与试点效度，中央政府主导地方试点经验教训的总结、归纳、反馈，进而通过开展经验交流会、培训班等模式，集合地方政府相关部门工作人员集中学习试点经验。[2]

（二）合作体系：对标对齐，建立健全地方政府间横向学习机制

其一，建立健全横向沟通协商机制，加强地区间合作平台建设。以长三

① 赵新峰、袁宗威、蔡天健：《京津冀协同发展中的政府合作治理研究》，《国家治理现代化研究》2018 年。

② 康镇：《政策试点的实验主义治理逻辑与转型进路》，《求实》2020 年第 4 期。

角经济区合作实践为例，其已基本构建形成了层次分明、分工合理的四级区域合作与协调机制。第一层是上海、江苏、浙江（现已包括安徽）等省市主要领导出席的定期会商机制，主要决定长三角区域合作方向、原则、目标与重点等重大问题；第二层是常务副省（市）长主持的、每年一次的"沪苏浙经济合作与发展座谈会"机制，主要任务是落实主要领导座谈会的部署，协调推进区域重大合作事项；第三层是长三角区域各市市长参加的、每年举办一次的"长江三角洲城市经济协调会"机制，主要任务是将宏观的合作目标变成合作专题，在城市之间以专题形式进行不同领域内的合作，主要开展交通、港口、规划、旅游、科技、信息及产权等专题项目的合作与协调章程的制定，设置常任主席方和执行主席方；第四层是部门间及行业间的合作机制，城市政府相关职能部门间建立了联席会、论坛、合作专题等合作机制，根据协作发展需要，联席会等将不定期举行。[1]东北地区与对口地区应尽快完善不同层次的行政首长联席会、部门协同联席会与联络员制度，设立行政首长联席会秘书处以及秘书长会议制度，并清晰规定各层次联席会的协商事项与范围。

其二，建立健全横向学习机制，加快复制推广改革创新举措。横向互动的政策学习机制，既是"落后"地方政府向"先进"地区调研取经的过程，又是地区之间合作交流沟通的过程。"先进"地区的示范辐射功能就在于带动"落后"地区积极向先行先试地区跟进靠拢，地方政府间的互动学习能够尽可能地降低"落后"地区的决策成本。[2]因此，应进一步加大东北三省向对口合作地区的学习力度，构建多层次、多领域的学习机制与渠道，包括高层互访、干部挂职交流、技术人员互派，定期组织多维、长期的交流学习与互访活动。与此同时，要建立部门衔接落实制度，主管部门要加强协商沟通以及与合作平台的衔接，制定详尽的衔接规划、协议、章程与落实事项。具体

---

① 赵新峰、袁宗威、蔡天健：《京津冀协同发展中的政府合作治理研究》，《国家治理现代化研究》2018年。

② 康镇：《政策试点的实验主义治理逻辑与转型进路》，《求实》2020年第4期。

而言，在现有选派相关政府机关工作人员交流学习的基础上，选派东北企业的管理和技术人员进行交流，使东北企业能够学习先进的经营理念和管理办法，充分了解对口地区科技发展的前沿。通过开展多地交叉学习、组织召开现场经验交流会、选送骨干到对口单位深造学习等方式让基层工作人员有机会走出去，不断开拓基层工作人员视野，增长基层工作人员专业知识，锻炼其专业技能。定期互换辖区年度重点工作安排、工作经验总结等材料，联合举办工作经验交流会，互相开放本单位内联网站相关栏目，组织对口单位建立常态化工作联系。最终，不仅要在东北地区加快复制推广一批东部地区行之有效的改革创新举措[①]，还要树立赶超意识，寻找标杆与参照系，在预定时间内通过高强度建设抢抓发展机遇，实现赶超进位[②]。

（三）合作体系：实现跨区域五链的对接合作

其一，跨区域供应链的对接与合作。即探索跨地域产销"嵌入式"对接机制，实现产能与市场的合作、供给与需求的合作。

在产品选择方面，东北地区与对口地区产能与市场、供需的对接应不再局限于农产品等扶贫产品，东北地区除了将自身的特色农业、农产品与东部地区消费市场对接，还应发挥装备制造能力方面的优势，与东部地区战略性新兴产业对接，同时要进一步推动东北地区与对口区域在文化、旅游、健康产业等方面合作对接。[③]此外，要做强地方特色产业，加强特色产品的开发、研究、设计与宣传，推动东北原有的"地域产品"成为"区域产品"，推动"地域产品"进入包括对口区域在内的大市场经历消费的"检验"，并根据市场反馈调整产品的结构和开发方向。

在企业发展方面，可采取"点对点牵线搭桥"的方式开展企业产销对接

---

① 《国务院办公厅关于印发东北地区与东部地区部分省市对口合作工作方案的通知》，《中国对外经济贸易文告》2017 年第 20 期。

② 康镇：《政策试点的实验主义治理逻辑与转型进路》，《求实》2020 年第 4 期。

③ 《国家发展改革委有关负责同志就〈东北地区与东部地区部分省市对口合作工作方案〉答记者问》，中华人民共和国国家发展和改革委员会。https://www.ndrc.gov.cn/xxgk/jd/jd/201703/t20170321_1182799.html。

活动，通过"政府搭台，企业唱戏"的模式，健全企业良性发展供需对接机制，促进本地采购，借助实地参观、产业探讨、现场交流的形式，增强企业信任、促进技术交流、加强市场合作。鼓励企业"两地栖息"，推动企业跨区域布局产能与市场。做大供应链龙头企业，加快培育一大批全球、全国和区域供应链经济的"链主"企业，打造供应链经济的发起源头，并以此作为发展供应链经济重要抓手；不断赋能"链主"企业，不断更新对不同层级"链主"的扶持政策，推动核心企业通过提升关键技术、增强创新能力、打造企业品牌、参与行业或产品标准制定、扩大营销网络等手段，不断提升对所控制供应链的上下游资源进行整合的能力。[①]

其二，跨区域产业链的对接与合作，促进产业与产业的合作。

加强头部企业引领，推动产业链跨区域合作。积极为产业链上的企业搭建畅通的合作平台，发挥外地高端产业引领、本地头部企业联动作用，推动产业链跨区域协同合作。以龙头骨干企业、重点项目为主抓手，推动产业链各板块形成互补，通过产业链整合、建立联盟、关键技术入股等方式，构建完整产业链合作模式，提升产业链竞争力。

鼓励引导企业在地区间"走出去"与"引进来"。关于"走出去"，一是东北地区应围绕装备制造、电子信息、轻工业等优势产业，向东部地区乃至全国推荐自己的产品和技术，使东北的产品有更大的市场；二是组织东北高新技术开发区和东部高新技术园区重点企业开展互动交流，积极宣传东北的新技术产业，加强两地的合作；三是东北地区应积极参加东部地区的国际合作洽谈会和海峡两岸（江苏）名优农产品展销会等国内外商业合作会议。关于"引进来"，一是吸引东部知名企业参加"中国制博会""中国软交会""中国沈阳国际农业博览会""特色产品采购订货会"等东北地区重点品牌展会；二是多举办交流活动，吸引东部企业走进东北工业园区。[②]

---

① 陆岷峰：《新格局与区域经济协调战略：数字技术与供应链双支撑模式探讨》，《新疆社会科学》2024 年第 3 期。

② 马芳：《东北地区与东部地区对口合作经济效应实证研究》，辽宁大学 2022 年博士学位论文。

　　加强区域间要素流通建设。在市级层面统筹调配各类资源，持续破解供需错配问题，提升要素供给效率。以金融为例，应完善、健全东北面向各类企业的金融服务平台、产业发展基金等金融支持项目，拓宽企业融资通道，降低企业金融成本，加强政府、金融机构与企业的协同合作，大力发展普惠金融。

　　加强招商引资的区域间对接。创新招商引资工作方式和机制，围绕重点产业链，瞄准世界、中国、民营企业3类五百强，特别是行业龙头企业、领军企业、外资企业要实施定向精准招商，做到靶向沟通、专人跟进、全方位服务；围绕项目接续和产业耦合，开展以商招商、精准招商，推动重点产业链集群式发展，为产业高质量发展增势蓄能；积极探索引进第三方中介招商，开展多元化招商，做到招大引强与招才引智并重。

　　其三，跨区域创新链的对接与合作，形成创新共同体。推进东北与对口合作地区的创新要素共享，共同构建创新共同体，促进跨区域协同创新。

　　创新共同体是指在具有共同价值认同和利益诉求的多个关联核心区内，不同创新主体基于快速流动、充分共享的创新资源和高效顺畅的运行机制，通过相互学习、开放共享推进创新交互与协同合作。[1] 以美国为例，其在创新共同体内部建立了多个具有竞争关系的技术研发及成果转化中心，并由当地政府配套补助，以推动联邦实验室、高校及科研院所与众多研发孵化器之间的有机结合，促进产学研高效合作，切实提升科技成果转化效率。[2] 因此，在构建跨区域的创新共同体过程中，要由政府和社会共同参与，推动产学研政企紧密结合，设立研发及成果转化中心，并充分发挥市场力量。具体而言，首先，坚持将政府引导作为创新共同体效能发挥的有力保障。政府可充分利用创新共同体这一平台进行统筹部署，引导链条两端的创新主体将创新注意力聚焦区域或国家科技创新能力提升和经济高质量发展。其次，加强产学研

---

① 解佳龙、王梦兰：《城市群型自创区创新共同体的建构基础与策略》，《中国软科学》2024年第1期。
② 苏宁、屠启宇：《构建创新共同体协同创新谋发展——美国建设创新共同体应对危机》，《华东科技》2013年第2期。

用融合是创新共同体效能发挥的重要支撑。最大限度整合各类创新资源,实现技术研发与商业化应用的无缝对接①,破解科技成果转化难题,以创新推动区域经济发展。一是利用政策工具激励企业采取共建研发基地、项目合作等多种形式,增加基础研究投入;二是解决好产学研合作中的利益分配,强化知识产权保护,完善利益分配机制;三是推进技术市场健康发展,着力发展科技服务中介机构,促进高效且专业的科技成果转移转化。最后,构建完善的制度体系为创建创新共同体提供良好制度环境。在法律环境方面,为鼓励企业增加研发投入、开展科技创新,有针对性地出台一系列法律法规。在投资环境方面,建立多层次资本市场体系,健全投融资机制,优化营商环境,从全球范围内吸引各类资本参与本土创新共同体建设。在人才环境方面,完善人才培养机制,营造人才发展良好氛围。

其四,跨区域资金链的对接与合作。开启大区域金融合作。在协同防范化解区域性金融风险方面,共同分析、研判区域金融形势,对涉及对口两地的关联性金融风险开展联合监测、摸排和处置。在协同优化金融服务与管理方面,优化金融机构开业管理,为结对两地互设法人金融机构开辟绿色通道;加强反电诈工作合作对接,开展联合分析研判和联防联控;鼓励两地金融机构积极发挥融资、支付、结算和技术优势,为两地政务跨省通办、公积金异地查询、医保异地结算、税费异地缴纳等提供金融支持。在组织协调机制和沟通对接机制方面,成立金融结对合作工作领导小组,构建定期商议机制、联席会议机制。加强对重点领域协同发展的金融支持。会同政府相关部门和金融监管机构,组织引导金融机构围绕对口地区共建园区、产业合作和转移项目以及基础设施建设、重点产业链、绿色发展、科技创新、对外开放、乡村振兴等领域的合作项目,协同建立金融支持实体经济重点领域工作机制,进一步优化金融资源配置,提升金融服务的精准度和实效性。

积极推动金融市场融合发展。推动两地金融市场互联互通、均衡发展;

---

① 解佳龙、王梦兰:《城市群型自创区创新共同体的建构基础与策略》,《中国软科学》2024年第1期。

加强融资对接合作，积极探索跨区域银团贷款模式，鼓励两地金融机构开展联合授信；推动金融资源要素共建共享，特别是推动关联企业和产业链相关企业的信息充分共享，提升金融服务供给与需求的匹配度。

发展供应链金融，为供应经济发展提供强力支撑。一是要不断扩大供应链金融规模，将发展供应链金融提升到足够高度给予重视；二是搭建供应链金融平台，实现金融需求与金融供给无缝对接，提高供应链金融产品的交易成功率，为上下游中小微企业提供更宽广的融资空间；三是契合供应链经济发展变化的新特点、新需求，开发供应链金融产品，诸如现行的直播电商供应链融资、跨境电商融资等，为供应链经济的发展提供充足的金融保障。[①]

其五，跨区域人才链的深度融合。大力推进"人才飞地"建设，借助高校院所、知名企业资源优势，积极探索人才工作跨区域协同联动机制，包括人才跨区域互认、共享区域高端人才、人才联盟与合作平台、建立跨区域行业（技术）研究"联合体"等。打破户籍、地域、所有制、身份、人事关系等限制，促进人才优惠政策联动、区域高端人才顺畅流动、区域协同招引。建设东北驻东部地区孵化与招才引智中心，聘请两院院士、专家教授、企业高管等担任驻外顾问、联络员，组织人才对接洽谈活动等。

（四）合作体系：充分发挥国资国企在三省四市对口合作中的关键作用

其一，构建跨区域国资国企对口协作互助机制。以长三角一体化合作机制为样板，东北与东部三省四市（江苏、浙江、广东三省，北京、上海、天津、深圳四市）应循序构建区域级国资国企联席会议、国资百企合作联盟、国资百企合作联盟信息平台，建立实时更新的企业和项目信息库等。

其二，基于多种社会力量建立多维对口合作体系。支持包括央企在内的各类社会力量广泛参与东北与东部地区跨区域国资国企对口协作，构建多层次、宽范围、广领域的合作体系。提升驻外机构、商会、协会和乡友会等在

① 陆岷峰：《新格局与区域经济协调战略：数字技术与供应链双支撑模式探讨》，《新疆社会科学》2024 年第 3 期。

对口合作中的参与度，充分发挥社会力量的天然优势和专业性，释放对口合作合力。深化跨区域国资企业科技创新合作、投融资合作，推动文化交流和品牌共建。充分发挥国企改革基金、产业合作基金的作用。

其三，"走出去"与"引进来"并重，实现思想破冰。支持具备条件的东北企业通过产权合作、股权投资等多种方式与东部地区合作，参与央企创新联合体。复制推广东部地区成熟的改革试点经验，确保合作项目落地生根。促进成员企业在国资改革经验交流、产业集群发展、要素市场共建等方面资源优势互补、业务联动。推动管理人员双向挂职交流和培训学习常态化。

（五）政策体系和保障措施：完善工作推进机制，建立对口合作成效评估机制

组织开展对口合作是一项跨区域、宽领域、多主体的重大制度创新工作，离不开国家多部门的大力支持，应尽快建立和完善常态化、多元化的工作推进机制。[1]为推动对口合作工作有序推进，所有相关部门应在规划编制、政策实施、项目安排、科技创新、改革开放先行先试等方面给予对口合作倾斜支持，东北和东部三省四市应积极主动地做好对接工作，为对口合作重点项目推进创造良好条件。[2]

与此同时，要尽快落实对口合作工作成效评估、督查评估机制。中央应加强对东北三省重点城市对口合作工作的统筹协调，会同有关部门跟踪工作进展，组织开展工作成效评估。对于积极主动开展工作并取得明显成效的省份和城市给予通报表扬并通过适当方式予以鼓励；对于工作进展缓慢的地区，要提出明确整改要求并督促改进落实，重大问题及时向中央报告。

---

[1] 侯景新、于子冉：《对口合作的形成机制与实践启示》，《区域经济评论》2021年第2期。
[2] 赵展慧：《国办明确部分省市开展合作 东北与东部，对口咋牵手？》，《人民日报》2017年3月22日。

第十章

大力推进东北建设中国农业强域

东北三省是我国粮食主产区，粮食产量占了全国粮食产量五分之一以上，是维护国家粮食安全的重要"压舱石"。大力推进东北地区发展现代化大农业，提高农业生产效率和粮食综合生产能力，有助于增强粮食稳产保供，这既是东北地区的首要任务，也将对中国的农业强国建设做出积极贡献。2015 年、2018 年、2023 年的几次东北振兴座谈会都强调了"发展现代化大农业"。例如，2018 年，习近平总书记在黑龙江农垦建三江管理局考察调研时强调，要加快建设现代农业的大基地、大企业、大产业，而大农业就是充分利用先进科技朝着规模化、综合性、开放式、高效益的方向发展的立体农业。

第一节　东北农业现代化的优势条件

一、农业适度规模经营优势明显

2023 年，我国耕地面积约为 19.29 亿亩，东北三省的耕地面积约为 4.47 亿亩，占到全国的 23.2%。[①] 第三次全国国土调查数据显示，黑龙江省耕地总

---

① 数据来源：2024 年《中国统计年鉴》。1 公顷 =15 亩。

面积为 2.58 亿亩，约占全国耕地总面积的 13%、东北三省耕地面积的 58%。同时，东北地区是全球三大黑土地带之一，土质肥沃，适宜耕种，为东北地区的农业适度规模经营奠定了基础。此外，东北三省耕地面积分布有助于发展规模农业。我国户均家庭承包耕地面积由 2015 年的 5.82 亩增加到 2020 年的 7.12 亩，东北地区的户均家庭承包耕地面积变动不大，约为 16.8 亩；其中，黑龙江省的户均家庭承包耕地面积达 24 亩，吉林省为 18.8 亩，远高于全国其他地区。此外，东北地区的土地流转规模全国领先，全国土地流转面积占家庭承包经营总面积的比重由 2015 年的 33.29% 提高到 2020 年的 34.97%；尽管东部地区近年来土地流转增幅较大，但东北地区的土地流转比例由 41.64% 提高到 45.56%，仍领先于全国其他地区（见表 10-1）。总的来看，东北地区农业适度规模经营的优势明显。

表 10-1　2015 年和 2020 年全国各地区和东北三省的农业规模经营情况

地区	户均家庭承包经营面积（亩）		土地流转比例	
	2015 年	2020 年	2015 年	2020 年
全国	5.82	7.12	33.29%	34.97%
东部	4.09	4.40	34.60%	44.83%
中部	4.87	5.93	35.85%	36.53%
西部	6.38	9.09	25.81%	25.01%
东北	16.87	16.84	41.64%	45.56%
辽宁	8.57	9.57	31.69%	32.53%
吉林	17.13	18.75	25.84%	38.94%
黑龙江	26.92	24.07	53.34%	56.03%

数据来源：2015 年数据来源于《中国农村经营管理统计年报（2015）》；2020 年数据来源于农业农村部相关单位的内部资料，不含西藏自治区数据。

二、农业机械化水平较高

东北地区农业经营规模相对较大的优势有助于农业机械化发展以及大中

型农机具的深化应用。我国的农用机械总动力由 2000 年的 52574 万千瓦增加到 2021 年的 107763 万千瓦，年均增长 3.5%；同期，东北地区由 3969 万千瓦增加到 13614 万千瓦，年均增速为 6.1%；而东部、中部及西部地区的年均增速分别为 1.5%、3.9%、5.0%，均不及东北地区。东北地区农用机械总动力占全国的比重由 2000 年的 7.6% 提高到 2021 年的 12.6%，按此增速，东北地区农用机械总动力占全国的比重将进一步提高。此外，就大型拖拉机数量来看，全国由 2000 年的 91.17 万台增加到 2021 年的 498.07 万台，年均增长 9.35%；同期，东北地区由 15.6 万台增加到 128.9 万台，年均增速为 11.95%，高于东部的 6.39%、中部的 9.72% 及西部的 10.42%；东北地区大型拖拉机数量占全国的比重也由 17.1% 提高到 25.9%，仅次于西部地区。见表 10-2。未来，随着农业规模经营的进一步发展以及技术进步，无人农机、大型农机在东北地区的应用前景将更为广阔。

表 10-2　2000—2021 年全国各地区的农业机械化水平

年份	农用机械总动力占全国的比重（%）				大型拖拉机数占全国的比重（%）			
	东部	中部	西部	东北	东部	中部	西部	东北
2000	43.6	28.5	20.4	7.6	37.1*	21.0*	23.8*	17.1*
2005	39.5	31.1	21.2	8.2	29.5	20.1	25.2	25.1
2010	35.7	32.6	23.0	8.8	19.9	17.9	34.2	28.1
2015	33.2	30.7	25.9	10.2	18.0	17.6	36.0	28.3
2016	30.0	31.8	27.0	11.2	18.2	18.0	35.7	28.2
2017	30.1	31.0	27.5	11.5	18.1	18.1	35.5	28.3
2018	29.8	31.2	27.2	11.8	23.9	23.5	28.0	24.6
2019	29.6	31.1	27.3	12.0	23.0	23.8	28.5	24.7

年份	农用机械总动力占全国的比重（%）				大型拖拉机数占全国的比重（%）			
	东部	中部	西部	东北	东部	中部	西部	东北
2020	29.3	30.9	27.4	12.4	22.6	23.3	28.7	25.4
2021	29.0	30.9	27.5	12.6	22.0	23.5	28.7	25.9

注：大型拖拉机数占全国的比重为 2002 年数据。
数据来源：根据历年《中国统计年鉴》及各省统计年鉴整理。

三、粮食播种面积稳步增长

东北地区农业生产经营的规模化、机械化水平较高，加上黑土地土质肥沃，在农业生产特别是粮食生产方面具有比较优势。2000—2022 年，我国粮食播种面积从 10846 万公顷增长到 11833 万公顷，年均增长 0.4%；同期，东北地区从 1455 万公顷增长到 2403 万公顷，年均增速 2.3%，远高于东部的 -0.6%、中部的 0.5% 以及西部的 0.01%；东北地区粮食播种面积在全国的比重由 13.3% 提高到 20.3%。粮食产量方面，2000—2022 年，我国粮食产量从 4.62 亿吨增长到 6.87 亿吨，年均增长 1.81%；同期，东北地区的粮食产量从 0.53 亿吨增长到 1.43 亿吨，年均增速 4.6%，仍然远高于东部的 0.64%、中部的 1.69% 以及西部的 1.43%；东北地区粮食产量在全国的比重由 11.5% 提高到 20.9%，并且近十年来基本稳定在 20%—21%。见表 10-3。东北地区强大的粮食生产供应能力随着粮食商品化调出支持全国其他粮食产销平衡区和主销区，为保障我国粮食安全做出了重要贡献。

表 10-3　2000—2022 年东北地区的粮食生产情况

年份	粮食播种面积占全国比重（%）				粮食产量占全国比重（%）			
	东部	中部	西部	东北	东部	中部	西部	东北
2000	26.3	28.5	31.8	13.4	30.4	30.4	28.4	11.5

年份	粮食播种面积占全国比重（%）				粮食产量占全国比重（%）			
	东部	中部	西部	东北	东部	中部	西部	东北
2005	23.7	29.5	31.5	15.3	26.3	30.7	28.4	16.4
2010	22.4	29.4	30.0	18.2	25.1	30.5	26.1	18.3
2015	21.7	29.7	29.0	19.7	23.0	30.4	25.7	20.9
2016	21.6	29.7	29.2	19.5	23.3	30.2	25.5	21.0
2017	21.6	29.7	29.1	19.6	23.6	30.3	25.2	21.0
2018	21.5	29.6	28.9	19.9	23.5	30.5	25.7	20.3
2019	21.5	29.3	29.0	20.2	23.5	30.1	25.6	20.8
2020	21.3	29.4	29.0	20.3	23.7	30.1	25.8	20.4
2021	21.3	29.3	29.2	20.3	23.4	29.4	26.0	21.2
2022	21.3	29.1	29.3	20.3	23.5	29.5	26.1	20.9

数据来源：根据历年《中国统计年鉴》及各省统计年鉴整理。

四、绿色农业发展有一定基础

冬季寒冷的气候条件使东北地区种植业病虫害较少，具有发展绿色农业的优势。2021 年，东北地区的粮食播种面积占全国的比重为 20.25%，而绿色食品原料标准化生产面积占到全国的 42.74%，绿色食品原料标准化生产基地数量占到全国的 24.55%，居于全国首列。辽宁省的绿色食品原料标准化生产基地数量和面积近年来持续收缩，吉林省基本保持稳中有增，而黑龙江省的绿色农业总体上保持着领先的发展态势。如表 10-4 所示，2021 年，黑龙江省绿色食品原料标准化生产基地数量为 151 个，位列全国第一，比排名第二位的新疆维吾尔自治区（85 个）高出 78%；黑龙江省绿色食品原料标准化生产面积为 6679.2 万亩，也位列全国第一，比排名第二位的内蒙古自治区（1681.9

万亩）高出 297%。同时，黑龙江省持续推进农业全产链条的绿色转型升级，2022 年绿色食品认证面积（含有机食品）达 9137.1 万亩，同比增长 3.6%；绿色食品产品达 3118 个，同比增长 2.3%；2020 年绿色食品加工企业产品产量达 1699 万吨，实现产值 1598 亿元。以黑龙江省为引领，结合辽宁省、吉林省各自的优势，大力发展绿色食品产业，提升产品品质，将进一步推动东北地区农业绿色转型发展，有助于形成乡村产业的新业态、新模式。

表 10-4　2015—2021 年全国和东北地区的农业绿色生产情况

年份	绿色食品原料标准化生产基地数（个）						绿色食品原料标准化生产面积（万亩）					
	全国	东北	辽宁	吉林	黑龙江	东北占比（%）	全国	东北	辽宁	吉林	黑龙江	东北占比（%）
2015	665	206	19	19	168	31.0	16853	7654	350	301	7002	45.4
2016	696	213	19	24	170	30.6	17301	7724	350	371	7002	44.7
2017	678	200	19	23	158	29.5	16387	7121	350	371	6399	43.5
2018	680	199	19	23	157	29.3	16397	7097	350	371	6375	43.3
2019	721	181	15	20	146	25.1	16615	6620	193	382	6043	39.8
2020	742	180	12	18	150	24.3	17062	6778	163	340	6274	39.7
2021	729	179	8	20	151	24.6	16807	7183	123	381	6679	42.7

数据来源：中国绿色食品发展中心发布的历年《绿色食品统计年报》。

五、农业生产发展的区域分型具有特色

东北地区幅员广阔，具有独特的地理和气候条件，农业、生态等资源丰富，不同区域的资源禀赋差异很大，产业功能的合理划分以及产业空间的布局优化有助于黑、吉、辽三省形成优势互补的一体化发展格局。从农业生产

分区来看，东北的中部和东北部地区依托辽河平原、松嫩平原、三江平原，耕地平整肥沃，具有农业规模经营的基础，可以采取"大农业、大饲养、大设施、大加工"的发展模式；北部兴安岭林区和东部长白山林区，具有森林资源和特色植物资源优势，可以发展林下经济、人参等特色种植、建设生态功能区等，示范推广"种、养、加、游"三产融合发展模式；西部高原地区及部分林区草地为畜牧业提供了良好的发展条件，可以推广"种养加"一体化发展模式 [①]，促进乡村产业融合发展，带动农民增产增收。

从功能分区来看，东北平原农产品主产区包括黑龙江中部农产品主产区、吉林西部杂粮杂豆和畜产品产业带、吉林中部优质玉米产业带、辽西林草畜牧产业区、辽中平原粮食畜牧精品农业区、辽宁沿海水产粮食果蔬区等分型，农林牧渔业各有分区、各具优势。

以辽宁省为例，辽宁省是全国畜牧业、渔业、优质水果等优质特色农产品重点产区和重要出口基地。其中，肉类产量居全国第 10 位，禽蛋产量居全国第 4 位，奶类产量居全国第 8 位，水产品产量居全国第 7 位，农产品出口额居全国第 6 位。此外，辽宁省也是设施农业生产大省，是全国重要的设施蔬菜反季节生产供应基地，对北方地区冬季蔬菜供应起到重要支撑作用。精品高效特色农业也是辽宁省农业发展的亮点，像丹东草莓、大连樱桃等水果已经享誉全国，相关产业也成为富农产业，对于提高农民收入发挥了积极作用。

东北地区在中国生态安全和环境保护方面扮演着重要角色，是我国北方的重要生态安全屏障。东北地区生态功能区涵盖地域广阔，包括大小兴安岭和长白山森林生态功能区、三江平原湿地生态功能区、辽宁辽河流域生态功能区以及沿海防护生态功能区等。这些生态功能区对于保护生物多样性、调节气候、保持水土以及提供生态系统服务有着重要作用，也是维护东北生态安全的重要支撑。基于生态优势，东北三省的森林、湿地等生态旅游资源丰

---

① 陈鑫强、沈颂东、吕红：《东北地区"三农"关系重构与"乡村振兴战略"路径选择》，《延边大学学报（社会科学版）》2019 年第 2 期。

富，可以大力发展生态旅游、林下经济、森林食品等相关产业，相关资源丰富的地区可以发展农业特色产业，从而扎实推进乡村振兴。

六、城乡收入差距相对较小

东北地区农业生产水平处于全国前列，农民收入持续增长。相对全国而言，东北地区农业就业人员的相对收入水平明显更高，并且农村居民收入增速快于城镇居民，城乡收入差距相对较小。从农业就业人员的相对收入水平来看，如表10-5所示，2000—2021年，全国层面的情况变化不大，农业从业人员仅能获得全社会平均收入的不到1/3，意味着农业地区生产总值占全国地区生产总值的份额低，而农业就业人员占总就业人员的比例仍然较高；而东北地区的农业就业人员相对收入20余年来均高于全国平均水平，2021年比全国高出约10个百分点，这说明农业在东北三省仍占有重要地位，能够为东北地区的农业就业人员提供更高的相对收入。此外，尽管2013—2022年东北地区城镇及农村居民的收入增速分别为5.81%和7.59%，均低于全国平均水平（分别为7.15%和8.79%）及其他三个区域，但由于农村居民的收入增速持续快于城镇居民，东北地区的城乡收入差距总体上为全国各区域最低。如表10-6所示，2022年全国的城乡居民收入比为2.45，东北地区的城乡居民收入比为2.02，而黑龙江省的城乡居民收入比仅为1.89，这可能为促进东北地区的城乡融合发展提供一个较为有力的支撑。

表10-5　2000—2021年全国和东北地区农业就业人员相对收入水平

（单位：%）

年份	全国	东北	辽宁	吉林	黑龙江
2000	29.4	31.6	31.5	42.6	26.2
2005	26.0	35.4	34.5	37.9	30.9
2010	25.4	35.4	34.9	28.0	37.7
2015	30.0	41.6	35.5	28.1	61.1

年份	全国	东北	辽宁	吉林	黑龙江
2016	29.4	38.1	29.4	25.4	61.8
2017	27.9	37.7	28.0	18.6	64.8
2018	27.4	37.0	27.3	26.6	63.1
2019	28.9	39.1	29.3	28.9	64.0
2020	32.6	43.3	32.2	33.7	69.2
2021	31.7	41.2	32.6	31.8	62.7

注：农业就业人员相对收入 = 第一产业产值占地区生产总值的比重 / 第一产业从业人员占总就业人员的比重。

数据来源：根据历年《中国统计年鉴》及黑龙江、吉林、辽宁三省统计年鉴整理。

表10-6 2013—2022年全国各地区和东北三省城乡居民收入比

年份	全国	东部	中部	西部	东北	辽宁	吉林	黑龙江
2013	2.81	2.36	2.54	2.54	2.35	2.63	2.18	2.23
2014	2.75	2.32	2.48	2.48	2.31	2.60	2.15	2.16
2015	2.73	2.31	2.47	2.47	2.33	2.58	2.20	2.18
2016	2.72	2.30	2.46	2.46	2.31	2.55	2.19	2.18
2017	2.71	2.30	2.46	2.46	2.31	2.55	2.19	2.17
2018	2.69	2.29	2.43	2.43	2.29	2.55	2.19	2.11
2019	2.64	2.27	2.40	2.40	2.24	2.47	2.16	2.07
2020	2.56	2.22	2.34	2.34	2.11	2.31	2.08	1.92
2021	2.50	2.17	2.30	2.30	2.05	2.24	2.02	1.88
2022	2.45	2.13	2.26	2.26	2.02	2.21	1.96	1.89

注：各地区城乡居民收入使用区域内各省份城乡居民可支配收入的算术平均值衡量。

数据来源：根据历年《中国统计年鉴》及各省统计年鉴整理。

第二节　东北农业发展的问题挑战

一、农业增收增效难，可能出现低水平的城乡均衡发展

东北地区具有得天独厚的农业生产经营条件，粮食生产能力强和商品化程度高，绿色转型发展有一定基础，城乡收入差距较小。但需注意的是，尽管东北地区的粮食产量约占全国的21%，但是第一产业增加值仅约占全国的9%，农林牧渔业总产值约占全国的9.8%（见表10-7），粮食生产缺乏效益，林、牧、渔业生产的比较优势尚未体现出来，粮经饲统筹、种养加一体发展的水平落后于全国其他地区。

表10-7　2000—2022年全国各地区第一产业增加值及
农林牧渔业总产值占全国的份额

年份	第一产业增加值占全国的比重（%）				农林牧渔业总产值占全国的比重（%）			
	东部	中部	西部	东北	东部	中部	西部	东北
2000	39.26	27.04	25.11	8.58	41.46	26.62	23.09	8.84
2005	38.11	27.17	26.36	9.85	39.11	26.45	24.26	10.18
2010	36.37	27.33	26.63	9.60	36.84	26.94	25.86	10.36
2015	34.81	25.43	29.30	10.45	34.81	25.31	28.71	11.17
2016	34.63	25.60	30.29	9.52	34.43	25.55	29.56	10.46
2017	34.03	25.45	30.91	9.60	33.99	25.60	29.89	10.52
2018	33.99	25.02	31.44	9.55	33.91	25.19	30.45	10.45
2019	33.28	25.39	31.90	9.43	33.13	25.73	30.86	10.28
2020	32.01	26.04	32.62	9.33	31.95	26.28	31.61	10.16
2021	31.97	25.92	33.13	8.99	31.91	26.25	32.07	9.77
2022	32.04	25.71	33.21	8.94	—	—	—	—

数据来源：根据历年《中国统计年鉴》及各省统计年鉴整理。

从农业从业人员就业比例来看，东北地区总体上处于较高水平，特别是黑龙江省，达 36% 左右，从而导致单位农业就业人员供养的人口数增长缓慢。如表 10-8 所示，全国层面单位农业就业人员供养的人口数从 2000 年的 3.52 人提高到 8.27 人，而东北地区从 2000 年较高水平的 5.15 人缓慢增长到 2021 年的 6.15 人。这反映出的问题是东北地区农业发展增收增效难，农村居民收入自 2016 年以来低于全国平均水平，2013—2022 年的收入增速 7.59%，低于东部地区的 8.49%、中部地区的 8.73%、西部地区的 9.47%，为各区域最低。按此增速，西部地区的农村居民收入将在 2030 年超过东北地区。

表 10-8　2000—2021 年全国和东北地区单位农业就业人员供养的人口数

年份	全国	东北	辽宁	吉林	黑龙江
2000	3.52	5.15	6.10	4.59	4.74
2005	3.91	5.14	5.85	4.80	4.75
2010	4.80	5.03	6.22	4.06	4.80
2015	6.46	5.37	6.29	4.61	5.08
2016	6.66	5.41	6.13	4.70	5.21
2017	6.90	5.46	6.03	4.80	5.38
2018	7.20	5.53	6.03	4.89	5.49
2019	7.56	5.79	6.44	5.00	5.72
2020	7.97	5.99	6.74	5.08	5.89
2021	8.27	6.15	7.05	5.23	5.93

数据来源：根据历年《中国统计年鉴》及各省统计年鉴整理。

在城乡发展差距上，以城市居民和农村居民人均可支配收入之比为例，东北三省相对于全国其他地区而言较低，特别是吉林省和黑龙江省的城乡差距明显较小（见图 10-1）。然而，尽管东北地区的城乡差距相对较小，但是相对于浙江等东部地区省（区、市），东北地区城乡的相对均衡是较低水平的。

这是因为城乡发展双双缺乏强劲动力，特别是相对于东部地区，东北地区的城市经济增长缺乏动力，才使得城乡差距保持相对较低水平。显然，这种城乡发展的相对均衡不是高水平的均衡。

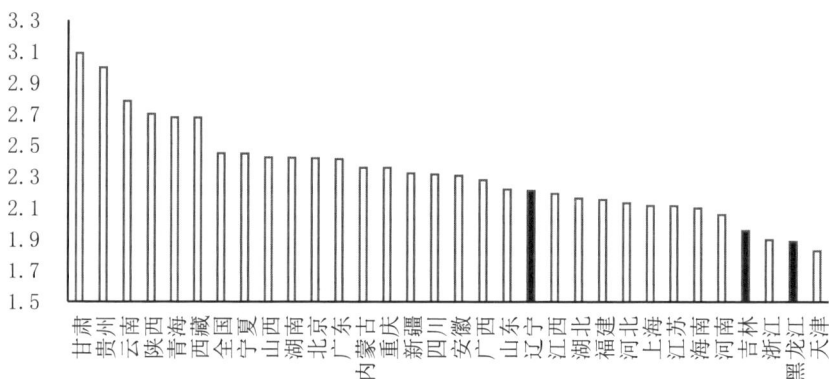

图 10-1　2022 年全国省（区、市）居民与农村居民人均可支配收入比

数据来源：根据国家统计局官方网站数据计算。

二、农业产业化水平不高，农村产业融合化发展程度较低

东北地区农业发展总体效益不高的一个重要原因是，农业产业化发展水平相对较低，缺乏龙头企业引领整合、联动带动农业产业化发展。尽管东北三省近年来立足做活做好"农头工尾""粮头食尾"文章，加大对农产品加工业发展的支持力度，注重建设各省的区域性农产品品牌，但农产品加工业的总体实力不强、发展方式粗放、精深加工业发展水平低，东北三省农产品加工业产值与农业总产值之比仅为 0.58—0.65∶1[①]，远低于全国平均水平（2022 年为 2.52∶1）。例如，山东省 2017 年农产品加工业产值与农业总产值之比就达到了 3.75∶1，而同样作为农业大省的黑龙江省、吉林省、辽宁省与之差距较大。另一个数据也可以说明问题，如表 10-9 所示，从农业农村部公布的第一批至第七批农业产业化国家重点龙头企业名单来看，东北地区的黑龙江省

---

① 陈秀萍：《东北三省国家粮食安全产业带建设研究》，载闫修成等编：《东北蓝皮书：中国东北地区发展报告（2021—2022）》，社会科学文献出版社 2022 年版，第 33—49 页。

有81家（并列第8位）、辽宁省有76家（第14位）、吉林省有63家（第16位），处于中等偏上的水平；而山东省有国家重点龙头企业130家，比黑龙江省高出60%。东北地区农产品加工业发展尚有不足，加工产业链条较短，龙头企业的带动联动作用相对较弱、大多数加工业企业处在初加工的初级阶段，无法向前链接第一产业、向后融合第三产业，"种养加""贸工农""产加销""商仓流"一体化发展尚未成型，农林牧渔和加工、流通、旅游、文化等产业融合化发展整体程度较低，使得东北地区丰富的农副业资源经加工转化增值的比例相对较低，东北地区的农业资源优势无法转化为产业优势，进而又限制了农业的投入能力，出现农业增产不增收、不增效的问题。

表10-9 各省（区、市）农业产业化国家重点龙头企业数量

排名	省份	数量	排名	省份	数量	排名	省份	数量
1	山东	130	12	浙江	78	23	山西	45
2	河南	101	13	福建	77	24	甘肃	44
3	江苏	99	14	辽宁	76	25	北京	37
4	四川	96	15	江西	69	26	宁夏	28
5	广东	88	16	吉林	63	27	上海	26
6	安徽	83	17	内蒙古	59	27	青海	26
7	湖北	82	18	云南	58	29	天津	25
8	河北	81	19	陕西	55	30	海南	23
8	黑龙江	81	20	重庆	51	31	西藏	17
10	湖南	80	21	贵州	50	—	—	—
11	新疆	79	22	广西	49	—	—	—

数据来源：根据农业农村部公布的第一批至第七批农业产业化国家重点龙头企业名单整理。

三、农产品出口份额持续降低，农业对外开放水平有待提高

与东北地区农业发展增收增效难密切相关的另一个因素是，东北地区的农产品贸易存在结构低级化、出口市场较为集中、出口产品同质化及无序竞争等问题，导致东北地区最近十余年来农产品出口额占全国的比重持续降低，农业对外开放水平有待进一步提高。尽管近年来东北地区紧抓 RCEP、"一带一路"、中蒙俄经济走廊等系列农业对外开放机遇，2022 年农产品出口额相比 2021 年增加了 13.14%，比 2020 年增加了 9.59%，但仅为 2014 年最高水平的 88.4%。相比全国其他省份特别是东部地区省份而言，东北地区农产品出口额的增速仍然较低。如表 10-10 所示，东北地区的农产品出口份额基本从 2010 年以来呈下降趋势，从 2010 年的 10.88% 下降到 2022 年的 6.75%；而东部地区的份额先下降后上升，基本保持在 66%—71%；中部地区总体呈上升趋势，西部地区略有下降，两个地区基本各占 10% 左右的份额。东北地区农产品出口份额目前为各地区最低水平，这也再次说明东北地区丰富、优质的农副业资源没有转化为市场效益。总体来看，其根本原因在于东北农业的市场化程度整体不够高，具体体现为东北地区农产品出口结构单一且附加值低，农产品精深加工业没有发展起来，缺少国际性的知名区域公用品牌。东北地区亟须做好顶层谋划、加快绿色转型、优化出口贸易结构、推进农产品跨境物流体系建设、进一步拓展国际市场，提升农业对外开放水平。

表 10-10　2010—2022 年全国各地区农产品出口份额变动情况

年份	东部	中部	西部	东北
2010	70.98%	7.06%	11.13%	10.88%
2015	67.20%	9.18%	13.95%	9.65%
2016	67.36%	8.97%	14.75%	8.94%
2017	67.10%	9.60%	14.07%	9.24%
2018	67.94%	9.85%	13.21%	9.03%

年份	东部	中部	西部	东北
2019	66.67%	10.08%	14.18%	9.05%
2020	67.74%	9.86%	14.48%	7.95%
2021	68.93%	11.36%	12.77%	6.95%
2022	70.74%	11.74%	10.76%	6.75%

数据来源：根据商务部对外贸易司发布的《中国进出口月度统计报告（农产品）》整理。

四、农业农村数字化发展相对弱势

数字经济时代，数字技术与农业农村各领域的深度融合是推动农业农村现代化的重要抓手和路径。但相对经济发达的东部地区而言，东北地区数字乡村建设起步较晚、基础较弱，信息化发展总体水平偏低，城乡数字鸿沟依然较大，互联网、大数据、人工智能与实体经济的融合程度不够深入，数据资源不集中、数据开发应用不深入、整合共享不充分、管理服务支撑不够强，东北地区农业农村的数字化发展相对弱势。北京大学新农村发展研究院发布的《县域数字乡村指数（2020）研究报告》显示，2020年全国县域数字乡村指数为55.7，东北地区为45.6，为四大区域中最低；除乡村经济数字化指数略高于西部地区外，东北地区的乡村数字基础设施指数、治理数字化指数、生活数字化指数三个分指数均为四大区域中最低。根据农业农村部农村经济研究中心《以数字技术加快农业农村现代化》课题组对吉林省东四平市、梨树县、敦化市等13个县（市、区）的调研结果，新型基础设施建设相对落后、人财不足、路径模糊、发展不均等问题导致吉林省以数字技术加快农业农村现代化仍处于分散的、点位式的探索阶段，暂时只能取得初步成效，难以实现农业生产经营体系的数字化转型、乡村治理水平的提高以及乡村公共服务的高质量供给。吉林省存在的这些问题可能是东北各省面临的共性难题，如何更好地加强数字技术应用、实现数字赋能、促进多元主体协同联动、以创新驱动发展，既是东北地区农业农村发展的难题，也是推动东北地区农业农村现代化和城乡高质量融合发展的机遇。

五、绿色农业发展水平相对较低

东北地区绿色转型发展有一定的基础，其中黑龙江省发展绿色农业起步较早、形成了一定的绿色农业规模，有利于整个区域的绿色转型。但东北三省作为一个整体区域，仍面临不少的绿色化、生态化发展问题。

其一，辽宁、吉林两省的绿色发展相对滞后，区域发展不平衡问题相对突出。据中国绿色食品发展中心发布的 2021 年《绿色食品统计年报》，该年绿色食品生产资料获证企业全国有 197 家（含境外 7 家），东北地区 15 家，占比 7.61%，东、中、西部分别占比 41.62%、21.32%、25.89%；绿色食品生产资料获证产品数全国共 733 个（含境外 17 个），东北地区 39 个，占比 5.32%，东、中、西部分别占比 52.25%、14.73%、25.38%。东北地区两项指标均处于各地区较低水平。

其二，黑土地质量退化问题严重，黑土地保护面临诸多挑战。黑土地经过多年的高强度利用，开始面临不同程度的退化。黑土地肥力高、适耕性强，东北地区已开发为耕地的土地面积达 2.78 亿亩，约占全国耕地总面积的 14%。受气候、区位、开发年限、资源禀赋和利用方式等因素影响，东北地区黑土地呈现出"变薄、变瘦、变硬"的退化问题，黑土层厚度每年下降 2—10 mm，耕层有机质含量比开垦初期下降了 40% 以上，50% 的农田存在紧实的犁底层、碱化层、白浆层等障碍层次。① 同时，黑土地退化又与粮食生产以及贫困人口生计问题密切关联。2020 年，黑土地中度以上侵蚀面积有 41.50% 分布在东北黑土区产粮大县，粮食生产的增产稳产责任大；有 41.25% 分布在

---

① 李保国等：《巩固黑土地粮仓 保障国家粮食安全》，《中国科学院院刊》2021 年第 10 期。

原国家重点贫困县，该区域集中了70%左右的建档立卡人口[1]，以增产和增收为导向，高强度利用黑土地加剧了退化问题。

其三，由于黑土地退化带来地力下降，为了维持甚至提高耕地的生产能力，农民的化肥投入持续增加，这可能进一步加剧黑土地质量退化，并带来农业面源污染等问题。如表10-11所示，2000—2022年，全国农用化肥（折纯）施用量从4146万吨增加至5191万吨，年均增长1.08%；同期，东北地区由343万吨增加至597万吨，年均增长2.67%，高于东部的–0.42%、中部的1.03%和西部的2.28%。从亩均施用量来看，2021年全国平均为20.52千克，东北地区为15.56千克，为各区域最低，但辽宁省（20.79千克）和吉林省（24.03千克）仍高于全国平均水平。

表10-11　2000—2021年全国各地区和东北三省农用化肥（折纯）施用量

（单位：千克）

年份	全国	东部	中部	西部	东北	辽宁	吉林	黑龙江
2000	4146.41	1498.65	1295.77	1008.62	343.4	109.8	112.05	121.55
2005	4766.22	1622.62	1524.6	1210.12	408.88	119.86	138.1	150.92
2010	5561.68	1687.3	1810.25	1526.37	537.77	140.08	182.8	214.89
2015	6022.6	1680.13	1897.32	1806.53	638.64	152.09	231.24	255.31
2016	5984.41	1661.29	1875.48	1813.2	634.42	148.06	233.61	252.75
2017	5859.41	1609.88	1835.58	1786.25	627.69	145.47	231.02	251.2
2018	5653.42	1526	1775.83	1732.63	618.96	145.02	228.3	245.64
2019	5403.59	1459.57	1691.62	1662.15	590.24	139.91	227.06	223.27
2020	5250.65	1401.48	1643.16	1602.49	587.08	137.57	225.29	224.22
2021	5191.26	1370.54	1605.3	1618.43	597	135.03	223	238.97

数据来源：根据历年《中国统计年鉴》及各省统计年鉴整理。

---

[1] 葛全胜、王介勇、朱会义：《统筹推进黑土地保护与乡村振兴：内在逻辑、主要路径及政策建议》，《中国科学院院刊》2021年第10期。

六、人才和科技支撑尚有不足，种业自主创新能力有待提高

党的二十大报告指出，科技是第一生产力、人才是第一资源、创新是第一动力。从人口趋势来看，东北地区的人口自然增长率长期保持在较低水平，并且在 2010 年后逐步降至负数，2010—2020 年，辽宁省每年人口增长率为 –0.27%，吉林省为 –1.31%，黑龙江省为 –1.83%，远低于全国平均水平。[①] 在人口数量呈现明显的负增长趋势的同时，黑龙江、吉林、辽宁三省流动人口的规模正在快速扩大，2010—2020 年间，辽宁省人户分离人口增长 68.31%，吉林省增长 131.96%，黑龙江省增长 106.36%。[②] 东北地区的人口外流规模正在逐步加大，这进一步带来的问题是高质量劳动力资源的流失。因为高学历的管理型、技术型人才在外流人口中占比较高，加上青壮年劳动力持续外流，导致劳动年龄人口在总人口中的比重逐年下降，加深了东北地区的人口老龄化程度，加剧了"少子化"趋势。在东北农村地区，上述问题表现得更为突出。域外人才引不来、域内人才留不住，东北地区的农业农村发展面临比全国其他地区更为严重的人才匮乏问题。

在农业科技方面，东北地区拥有哈尔滨工业大学、吉林大学、东北大学等全国知名高校，拥有东北农业大学、黑龙江八一农垦大学、吉林农业大学、沈阳农业大学等农业院校的农学、农业科学与工程、农业机械化工程等优势学科，科研基础和研发实力雄厚，但受一些体制机制因素的影响，东北地区农业科研力量的投入方向与市场需求不匹配，科研和教育优势未能有效转化为技术创新能力。典型的例子是，东北地区是我国重要的大豆、玉米生产基地，大豆产量占到全国的一半左右，玉米产量占到全国的 1/3[③]，但大豆、玉米育种水平仍有待提升。我国大豆、玉米的单产水平不仅与理论水平有较大差距，与美国、巴西等农业大国也有不小的差距，例如我国大豆、玉米的

---

① 数据来源：历年《中国统计年鉴》。
② 数据来源：第七次全国人口普查公报。
③ 数据来源：历年《中国统计年鉴》。

单产水平不足美国的 60%。如何加强大豆、玉米种业的科研攻关，提高种业自主创新能力，培育和推广高产稳产、适宜本土的种子，保障大豆产业安全，是东北地区农业高质量发展亟须重点突破的难题。

第三节　以建设东北"农业强域"助力东北全面振兴

立足东北地区丰富、各具特色的农副业资源和得天独厚的农业生产经营条件，充分融合东北全面振兴战略、乡村振兴战略以及建设农业强国目标的要求，围绕维护国家粮食安全、生态安全和农业产业安全，整合黑龙江、吉林、辽宁三省资源和各自的优势，以规划、空间布局、基础设施、产业发展、对外开放等措施推进构建东北农业共同体，夯实设施装备基础，促进产业融合，加快绿色转型，扩大对外开放，深化数字技术应用，强化科技和人才支撑，推动以县域为载体的城乡高质量融合发展，打造东北"农业强域"，与"哈长沈大"一轴战略下的城市群组实现联动发展，切实助力东北全面振兴。

一、优化顶层设计，共建东北"农业强域"

一是完善东北"农业强域"建设的体制机制。基于东北地区在保障国家粮食安全等"五大安全"中的重要战略地位，依托省部联席工作机制，建立东北"农业强域"工作组，通过建立和完善工作组运行机制，加强三省规划衔接、实施协同，加强基础设施、农业产业化、生态环保、农业对外开放等领域的合作机制。二是做好顶层设计，构建东北农业共同体。立足东北地区整体的规模化、机械化、多样化等优势条件，充分整合黑龙江省的农业资源、农垦规模、绿色发展等优势，吉林省的玉米种植、林下经济等优势，辽宁省的渔业资源、果蔬种植、大商所金融支持等优势，加强三省农业农村发展的规划衔接，谋篇布局东北地区基础设施一体化、农业产业布局一体化、农业对外开放一体化、生态环保一体化，做好三省优势互补，着力提升各自短板，夯实农业设施装备基础，延长农业产业链、价值链，推动乡村三次产业融合发展，加大科技创新投入，培育新型经营主体和新型服务主体，形成绿色转型发展新格局，构建东北农业共同体，促进东北农业一体化，打造东北"农业强域"，助力东北全面振兴和农业强国建设。

二、加强黑土地保护，提升现代农业设施装备水平

一是进一步加强黑土地保护，推广保护性耕作，提高秸秆综合利用率，促进秸秆还田、深松深翻等黑土地保护技术落地实施，明确黑土地保护主体，以党建引领打造一支素质过硬的乡村基层领导组织，按照"谁管谁负责、谁用谁保护"的原则压实保护责任，全面实施耕地保护"田长制"，并进一步拓展至黑土地保护，明确黑土地的保护责任人和保护受益主体。二是加快建设高标准农田。东北地区高标准农田建设相对滞后，按照规划到2025年建成的高标准农田也仅占三省耕地面积的40%。黑龙江、吉林、辽宁三省应遵循打造东北"农业强域"的思路，谋划好产业空间布局，根据产业布局统筹推进集中连片、旱涝保收、稳产高产、生态友好的高标准农田建设，争取到2030年高标准农田面积比重保持在55%以上，2035年提高到65%以上，建立形成"明确事权、改革产权、多元投入、建管结合"的高标准农田建管机制。三是大力发展农业机械装备，全面提升我国农机装备设计、材料和元器件、工艺等方面的水平，着力突破250马力以上的大型农机具技术研发，发展高端农机装备。争取到2035年，东北地区率先实现农机装备品类基本齐全，产品质量可靠性达到国际先进水平，种养加全面机械化取得显著进展，设施农业、畜牧养殖、水产养殖和农产品精深加工机械化率明显提升。

三、大力推动农业产业化发展，推动乡村三次产业融合发展

一是以全产业链和集群化为牵引，大力推进农业产业化发展。产业兴旺是乡村振兴的根本动力。《农业农村部关于加快农业全产业链培育发展的指导

意见》指出，农业全产业链是农业研发、生产、加工、储运、销售、品牌、体验、消费、服务等环节和主体紧密关联、有效衔接、耦合配套、协同发展的有机整体。发展农业全产业链有助于充分发挥本地区的优势特色产业，进而形成产业集群，在农产品产业种养殖环节的基础上，有效推动加工流通环节向乡村下沉，从而使得相关环节的增值收益留在乡村，进而扩大乡村就业、拓宽农民增收渠道，并且带动地方税收收入。农业产业集群的形成也有助于促进特色农业的全产业链发展以及全价值链提升。2020—2023 年期间，国家共批准创建 180 多个国家级优势特色产业集群，其中辽宁省 5 个，吉林省 6 个，黑龙江省 5 个。因此，东北三省基于地方特色产业，打造一批结构合理、链条完整的优势特色产业集群，对于建设东北"农业强域"具有重要意义。

二是强化黑龙江、吉林、辽宁三省在农业产业链条上的区域合作。在保障粮食生产供应能力的前提下，三省可以统筹布局农林牧渔产业发展，围绕三省各自的优势主导农产品，在粮食、畜牧产品、蔬菜瓜果以及特色农产品生产方面形成东北农业大市场，突破省域界限，做好政企对接，共建东北农业共同体。

三是培育农业产业链"链主"龙头企业。农业农村部发布的《关于促进农业产业化龙头企业做大做强的意见》明确指出，农业产业化龙头企业在推动乡村全面振兴和农业农村现代化方面发挥着重要作用，在构建农业全产业链和现代乡村产业体系中扮演着中坚角色，同时也是带动农民就业增收的重要主体。培育"链主"企业要基于区域优势产业和特色农业资源，以构建完整完备的农业全产业链为抓手，通过聚焦规模化主导产业、发展精细化综合加工、完善社会化全程服务、大力推进具有地理标识的品牌建设、推进社会化全程服务、推进农业产业化各环节的数字化和绿色化水平，充分发挥"链主"龙头企业上联农户、下联市场的示范、引领、带动作用，引导"链主"龙头企业与各类农业经营主体加强合作、增强利益联结。

四是推动乡村第一、第二、第三产业融合发展，打造乡村新业态新模式。立足本地优势，积极发展现代种养业、农产品加工流通业、休闲观光体验旅游业、乡村新型服务业、乡村数字信息产业等多种业态，培育农产品区域品牌，完善农产品质量标准体系，通过村集体经济组织领办或与社会资本合办联办各类合作社，促进农业经营主体有效对接各种物流渠道、销售渠道。积极探索农业产业链的价值增值模式，结合生态、文化等要素的价值发现，发展乡村旅游、休闲度假、康体养老服务业等高附加值业态，推动乡村第一、第二、第三产业深度融合发展。

四、加快提升区域农业绿色发展水平，全方位扩大农业对外开放

一是进一步发展绿色有机农业和绿色食品产业，提升区域农业绿色发展水平。以黑龙江省的绿色农业实践为基础，尽快提升辽宁、吉林两省的农业绿色发展水平，同时以打造东北"农业强域"为目标，通过使用绿色生产技术和减少化肥、农药、除草剂等化学品投入，促进生产清洁化，推动秸秆还田，实现黑土地绿色种植或有机转化，产出健康、安全、优质的粮食和其他农产品，促进农业经营主体增产增收。以绿色农业、有机农业产品产出为基础，大力发展绿色食品产业，结合区域公用农产品品牌建设，主打东北地区农产品的"绿色、健康、优质"概念，以"绿色"带发展，以发展促"绿色"，推动东北地区的农业绿色发展走在全国前列。

二是优化农产品贸易结构，全方位扩大农业对外开放。立足于东北地区绿色农业发展以及农产品精深加工业的发展，提升区域农产品品牌溢价，提高东北出口农产品的附加价值。积极参与 RCEP、中俄蒙、中日韩在农业发展和农产品贸易方面的合作，抓住符拉迪沃斯托克港成为内贸货物中转口岸的机遇，积极推动东北亚和西太平洋经济一体化，融入东北亚乃至全亚洲的发展中；对接"一带一路"，利用中欧班列，将东北地区绿色、优质、健康的米面油、肉蛋奶、瓜果蔬以及精深加工产品销

往欧洲地区，让东北农业"走出去"，为打造东北"农业强域"提供强大动能。

五、强化科技创新支撑，建设东北"农业强域"科技创新联盟

一是提升东北地区的种业自主创新能力。切实有效地针对性施策，加强东北地区优质种源保护利用以及种质资源库建设，实施东北"农业强域"种业自主创新重大工程，加大重点品种基因编辑育种联合攻关力度，特别是大豆、玉米稳产高产、适宜本土的育种研发，重视油菜籽、葵花籽等大豆替代品的育种攻关与应用，提高大豆替代品产量，减少我国对进口大豆的依赖，保障我国大豆产业安全。

二是提高加工工艺科技水平及配套装备的适用性，提升农产品精深加工水平。加大政策支持力度，鼓励农产品加工企业加大科技研发投入力度，开发新产品、新工艺，提升农产品精深加工技术和加强智能化、信息化装备研发，着力解决当前农产品加工工艺和设备方面的瓶颈难题。加快大数据、物联网、云计算等数字技术的创新应用，提高农产品加工业的数字化水平，推动农产品加工业专业化、标准化、规范化发展。

三是建设东北"农业强域"科技创新联盟。立足东北地区雄厚的科研基础，确立企业在研发和推广方面的主体地位，搭建企业与科研院所、大专院校的合作平台，为科研人员提供更广泛的试验田，允许技术研发人员与企业、科研机构共享研究专利收益，加快科研成果转化应用，有效建设产学研相结合以及育繁推一体化的农业科技创新联盟。

四是着力推动农业产业的数字化转型。农业数字化转型是未来农业的发展方向，也是培育和发展农业新质生产力的重要支撑。数字化和智能化技术的应用有助于优化农业生产流程、降低农业生产风险、提高农产品的产量和质量、降低成本、有效对接流通渠道、增强信贷支持的积极作用，有助于促进农业更高质量、更可持续的发展。各省的农业部门可以大力推进省级农业大数据平台建设，实现农产品生产交易预售化、品质控制全程化、质量安全

追溯化、特色品牌价值化。

六、改善人才环境，建设一支现代农业发展实用和专业人才队伍

当前，城镇化依然在推进，农村人口仍旧处于不断减少的过程中。农村在引进人才以及留住人才方面面临挑战，人才紧缺是当前农村发展面临的普遍性问题。必须看到农村人才建设对促进乡村振兴和农业农村现代化发挥的重要支撑作用，农村人才建设必须要面向乡村振兴的功能定位，大力培育有助于推进乡村振兴的各类人才。

一是建强乡村基层组织"主心骨"。按照"重选拔、严管理，重实绩、严考核，重激励、严约束"的原则，培养造就一支优秀的农村基层党组织书记队伍，推动农村基层党组织全面进步，服务农业现代化发展。

二是吸引人才资金"凤还巢"。设立驻外人才联络站，从政策、资金、用地、用电等方面提供全方位支持，吸引东北籍高端人才和高校毕业生采取创办领办新型农业经营主体、田园综合体以及发展农村电商等形式回乡发展实体经济，或回乡任职村（社区）"两委"干部。引导和支持企业家、党政干部、专家学者、技能人才等，通过下乡投资兴业、提供咨询服务等方式助力现代农业发展。

三是扶持培养本地人才。在种养殖、加工、销售等领域培育新型农业经营主体和服务主体，建设新农人培训中心和人才示范基地，扶持培养一批农业职业经理人、经纪人、文化能人、非遗传承人等现代农业发展专业人才和实用人才，激活东北农业发展的内生动力。

四是促进新型经营主体与小农户联动发展，壮大经营主体"生力军"。重点抓好农民合作社发展，特别是党支部领办创办合作社，以合作社为纽带向上联结农业产业化龙头企业，向后带动家庭农场、种养大户和小农户，密切利益联结机制、促进利益共创共享，推动东北地区农业经营体系的现代化。

七、以县域为单位，实现城乡高质量融合发展

东北地区具有城乡收入差距较小的优势，又面临城镇化拉力不足的问题，在一轴战略下联动大城市群发展，以县域为单位推动城乡融合发展是可行路径。针对东北地区农村居民点分散、占地面积大且村屯空心化严重的问题，应结合东北"农业强域"产业布局规划，适度推进村屯合并，深化农村土地制度改革，加强对农地资源的集中管理和高效利用，以县域为中心，推动乡村聚落在社会和空间上重构，形成基础设施完善、公共服务到位、有产业支撑、生态宜居、利于城乡融合发展的居民点体系。进一步完善乡村水、电、路、物流等传统基础设施建设和数字化升级，加快农村新型基础设施建设，提升医疗、教育、养老、休闲娱乐等公共服务水平，促进城乡要素双向流通。全面推进村庄清洁行动、农村厕所革命、水系整治等工程，加强农村生态环境治理，就地改造利用农村聚落周边的山水林田湖资源，改善农村人居环境，建设宜居宜业和美乡村，为周边城镇人口提供居住地新选择，为乡村产业融合发展增加可能性，实现从低水平的城乡一体化到以县域为单位的高质量城乡融合发展新突破。

第十一章
以高质量发展推进东北产业升级

第一节　东北全面振兴的关键在于推进新型工业化

2023 年 9 月，习近平总书记在黑龙江省主持召开的新时代推动东北全面振兴座谈会中强调指出，推动东北全面振兴的根基在于实体经济，关键在于科技创新，方向是产业升级。[①] 因此，在推进东北全面振兴取得新突破的过程中，必须牢牢把握住产业升级这个"牛鼻子"。总体来看，东北地区工业部门门类完整，工业体系整体完备，特别是在生产大国重器和保障国防安全方面具有明显的产业优势。然而，也必须看到东北三省的产业结构突出地体现出资源型产业比重偏高的特点，产业的多元化特征不显著，工业部门的总体效益相对于其他地区偏低。因此，东北地区的产业升级要深刻把握时代发展机遇，充分利用技术创新的力量以及当前构建"双循环"新发展格局的战略机遇，大力推动传统产业的产业升级，实现传统产业的提质增效，并大力发展新一代信息技术、高端装备制造、新材料、生物、新能源汽车、新能源、节能环保、航空航天、海洋装备等战略性新兴产业，从而构建具有东北特色优势的现代化产业体系。

[①]《习近平主持召开新时代推动东北全面振兴座谈会强调　牢牢把握东北的重要使命　奋力谱写东北全面振兴新篇章》，《人民日报》2023 年 9 月 10 日。

第二节 传统产业升级对于东北产业升级具有全面性影响

迟福林的研究指出，东北地区产业同构、布局不优的问题依然突出，低水平重复竞争已成为制约区域产业链、供应链发展和安全的重要因素，整体产业竞争力不强。2011 年至 2020 年，东北三省规模以上工业企业利润总额年均下降 8.92%，而同期全国规模以上工业企业利润总额年均增长 1.22%。工业企业利润率低下是东北工业企业产业结构不合理的结果。东北地区制造业总产值中劳动密集型与资本密集型产业产值所占的比重高达 93%，而技术密集型产业产值仅占 7%。[①] 因此，传统产业比重过高是东北工业发展目前面临的突出性问题。毫无疑问，提升技术密集型产业的比重是一个循序渐进的过程，而工业企业整体利润长期趋势性走低也意味着传统产业升级对于东北工业发展具有全局性的影响。

工业企业效益不高的一个主要原因是创新不足。以亿元地区生产总值工业企业新产品项目数为例，东北三省均明显低于全国平均水平（见图 11-1）。2022 年，全国亿元地区生产总值新产品项目数平均为 0.92 项，而辽宁省为 0.59 项，吉林省为 0.40 项，黑龙江省为 0.47 项。创新能力不足使得工业企业新产品对于三省出口的贡献度偏低，从而也会影响东北三省参与国际大循环的能力。例如，2022 年全国工业企业新产品出口销售收入与地区生产总值之比为 483 万元/亿元地区生产总值；辽宁省为 223 万元/亿元地区生产总值，不到全国平均水平的一半；吉林省为 81 万元/亿元地区生产总值，仅为全国平均水平的六分之一；而黑龙江省为 34 万元/亿元地区生产总值，仅为全国平均水平的 7%（见图 11-2）。因此，充分利用东北地区的创新资源，提升制造业的创新水平，把创新潜能转化为经济效益，或者说转化为新质生产力，对于东北全面振兴取得新突破具有重要意义。更进一步地讲，东北三省在产业上的创新能力也是影响东北参与国际大循环的能力的重要因素。显而易见，在融入国家"双循环"新发展格局中，东北地区

---

① 迟福林：《统筹发展和安全推进东北经济一体化》，《经济参考报》2022 年 3 月 1 日。

要充分重视通过创新提升传统工业部门的市场竞争力和国际竞争力。

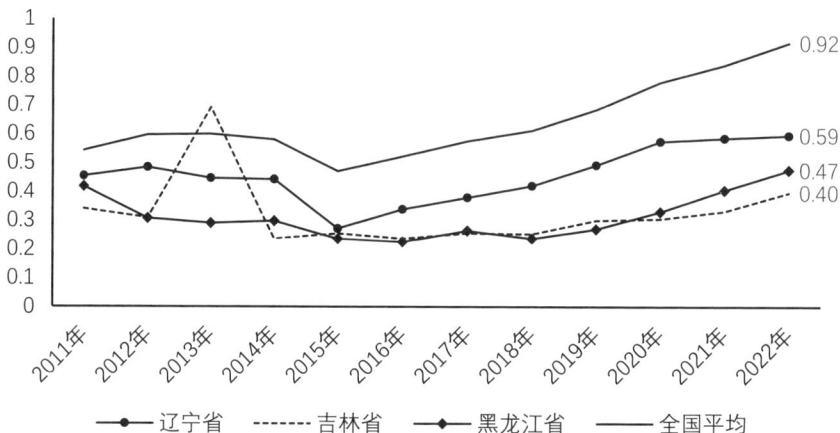

图 11-1　2011—2022 年全国和东北三省规模以上工业企业亿元地区生产总值新产品项目数
（单位：项 / 亿元地区生产总值）

数据来源：国家统计局。

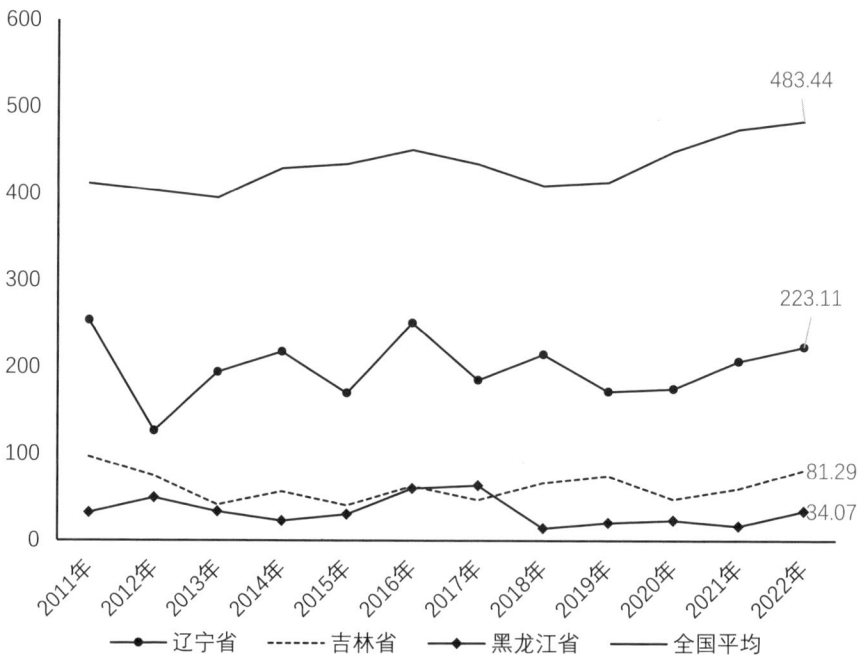

图 11-2　2011—2022 年全国和东北三省规模以上工业企业新产品出口销售收入对比
（单位：万元 / 亿元地区生产总值）

数据来源：国家统计局。

第三节　以创新驱动新兴产业发展是推动东北产业升级的关键

2008 年全球金融危机之后，中国增长模式开始步入深入调整阶段。2014 年，习近平总书记在河南考察时指出，我国发展仍处于重要战略机遇期，我们要增强信心，从当前我国经济发展的阶段性特征出发，适应新常态，保持战略上的平常心态。[1] 从客观上讲，经济发展进入新常态是国内外经济发展格局转换的必然结果。在这样的发展阶段，如何适应新常态以及引领新常态成为决定各地区经济发展的关键，尤其是推动地区的经济增长方式转向以创新驱动为动力的经济增长模式。近年来，虽然中国经济增长速度呈现下降趋势，但是战略性新兴产业的持续快速发展成为中国经济发展的亮点，为经济发展注入了强劲动力。战略性新兴产业是衡量一个地区创新驱动发展能力的重要标志。

根据国家发展和改革委员会公布的数据，2022 年，我国战略性新兴产业增加值占地区生产总值的比重超过 13%，"十四五"规划和 2035 年远景目标纲要提出的目标是该比重超过 17%。[2] 近年来，战略性新兴产业已经成为东部省份的战略重点，也成为经济高质量发展的支柱。例如，2023 年，江苏全省规模以上工业战略性新兴产业、高新技术产业产值占规模以上工业产值比重分别达 41.3%、49.9%[3]；2023 年，浙江省战略性新兴产业增加值占规模以上工业增加值的比重为 33.3%[4]。然而，辽宁省作为东北三省工业化发展水平最高的省份，2022 年战略性新兴产业增加值占地区生产总值比重仅为 7.7%[5]，与全国平均水平也存在巨大差距。

---

① 《习近平在河南考察时强调　深化改革发挥优势创新思路统筹兼顾　确保经济持续健康社会和谐稳定》，《人民日报》2014 年 5 月 11 日。

② 《向下扎根　向上生长　向好突破——从业界新变化看战略性新兴产业》，《中国经济导报》2023 年 12 月 28 日。

③ 《产业科技》，江苏省人民政府网 2024 年 5 月 7 日。https://www.jiangsu.gov.cn/col/col90862/index.html。

④ 《2023 年浙江省国民经济和社会发展统计公报》，浙江省统计局 2024 年 3 月 4 日。

⑤ 《辽宁省积极发展壮大战略性新兴产业　培育新质生产力》，中国新闻网 2024 年 6 月 12 日。https://baijiahao.baidu.com/s?id=1801656999804061179&wfr=spider&for=pc。

东北三省的软件业务与信息技术服务产业就是很好的例证。软件业和信息技术服务业是知识密集型行业，对于一个地区的制造业产业升级、公共服务以及生产性服务业的发展具有重要作用，体现了创新驱动的经济发展特征，是一个地区经济高质量发展的重要标志，反映了信息和知识对于地方经济发展的作用。辽宁省的软件业务收入和信息技术服务收入曾大幅领先全国平均水平。但是近年来，辽宁省逐渐丧失自身优势，亿元地区生产总值的软件业务收入和信息技术服务收入在 2018 年以后开始显著落后于全国平均水平。特别是，2022 年亿元地区生产总值信息技术服务收入不足全国平均水平的 40%。在这两个行业的发展上，吉林省的亿元地区生产总值软件业务收入明显低于辽宁省，亿元地区生产总值信息技术服务收入略低于辽宁省，而黑龙江省在这两个行业的亿元地区生产总值业务收入则远远低于辽宁和吉林两省（见图 11-3 和图 11-4）。东北三省的软件业务收入和信息技术服务收入的发展劲头不足，表明东北地区在创新驱动发展方面有待加强。

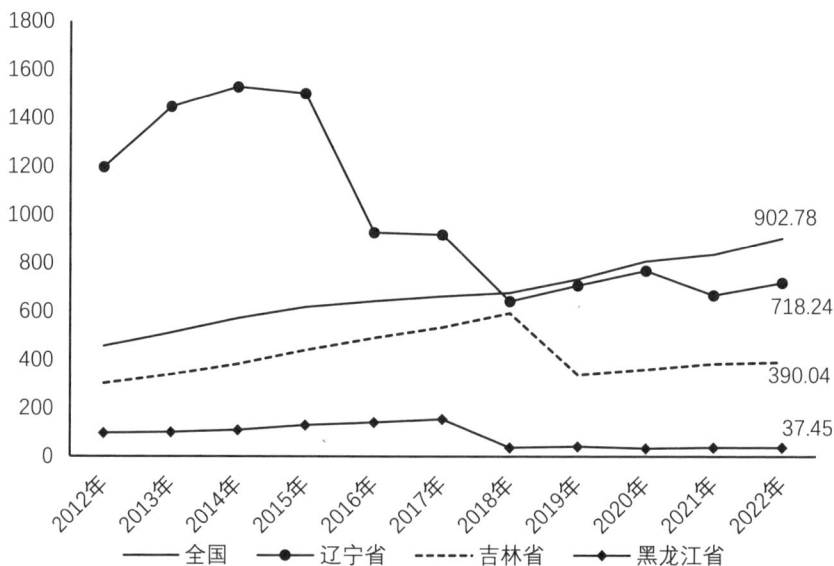

图 11-3　2012—2022 年全国和东北三省软件业务收入对比
（单位：万元／亿元地区生产总值）

数据来源：国家统计局。

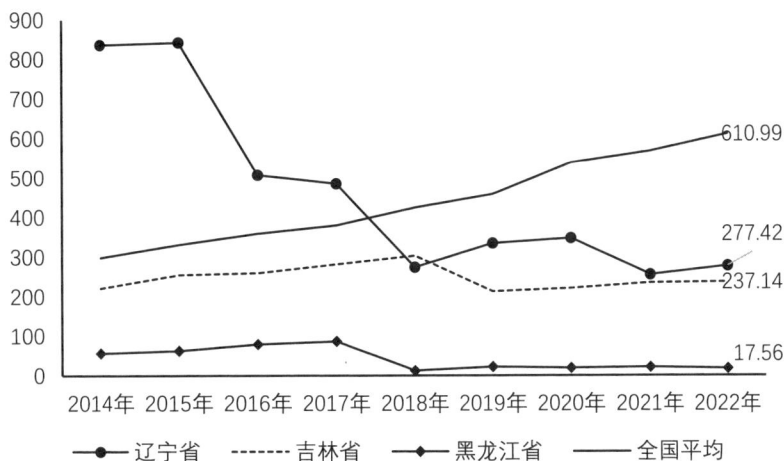

图 11-4　2014—2022 年全国和东北三省信息技术服务收入
（单位：万元 / 亿元地区生产总值）

数据来源：国家统计局。

东北地区战略性新兴产业以及软件业和信息服务业发展的相对滞后反映了东北地区经济发展的创新驱动发展动能不足。能够比较全面衡量创新驱动发展动能的典型指标是高技术产业专利。分析发现，2002 年以后，中国创新动能驱动经济发展的作用不断增强，而东北三省和全国平均水平之间则呈现显著的差距（见图 11-5）。例如，2016 年辽宁省每百亿地区生产总值的高新技术产业专利申请

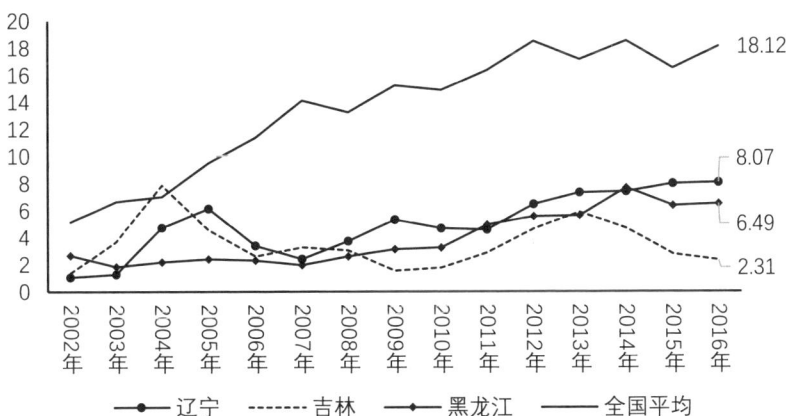

图 11-5　2002—2016 年全国和东北三省高新技术产业专利申请数对比
（单位：件 / 百亿地区生产总值）

数据来源：《中国高新技术产业统计年鉴》。

数为 8.07 件，为全国平均水平的 44.6%；吉林省为 6.49 件，为全国平均水平的 35.8%；黑龙江省为 2.31 件，为全国平均水平的 12.7%。东北三省相对较低的高新技术产业专利申请，反映了东北地区在高新技术产业发展方面相对滞后。

东北三省高新技术产业发展的相对滞后在很大程度上与研发投入水平相对较低有关。从规模以上工业企业研发人员投入水平来看，东北三省明显低于全国平均水平，而且差距呈现拉大的趋势。2022 年，规模以上工业企业的研发人员投入为 3.53 万人年 / 亿元地区生产总值，辽宁省为 2.34 万人年 / 亿元地区生产总值，相当于全国平均水平的 66%；而黑龙江和吉林两省的研发人员投入水平相差不多，相当于全国平均水平的 34%（见图 11-6）。目前，我国正处于迈向高收入国家的关键发展阶段，制造业的高质量发展对于实现这一目标起到关键作用。制造业的竞争力是立国之本、强国之基，制造业的高质量发展对深入推进创新驱动发展战略、提升全球产业链分工位置发挥不可替代的作用。然而，从全球制造业发展趋势来看，制造业的发展越来越体现为高端化、绿色化、智能化，创新已经成为制造业高质量发展的基本支

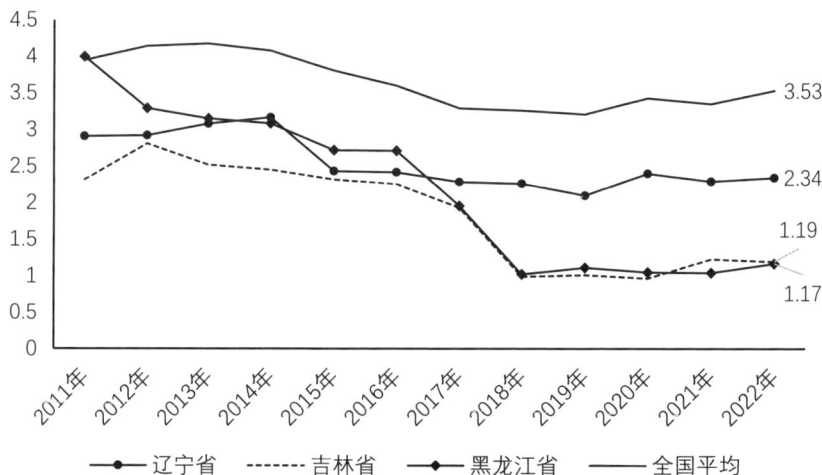

图 11-6　2011—2022 年全国和东北三省规模以上工业企业亿元地区生产总值的研发人员全时当量（单位：万人年 / 亿元地区生产总值）

数据来源：国家统计局。

撑。需要指出的是，在全球价值链分工竞争越来越激烈的背景下以及"双循环"新发展格局中，制造业的转型升级对于东北地区发展具有重要意义，这也更加凸显出创新驱动对于制造业发展的提升功能。

针对东北制造业升级，还可以从产业安全的视角理解。习近平总书记在新时代推动东北全面振兴座谈会上再次强调"五大安全"的战略使命，其中，产业安全是"五大安全"中的重要组成部分。从国家发展的全局来看，提升产业安全能力是高质量发展和高水平安全的有机统一。新中国成立以后，东北地区是国家工业化布局的重点地区，在保障国家产业安全方面发挥了重要作用。时至今日，东北地区在航空航天、轨道交通、工业母机、大型能源装备等产业领域仍然具有较强的竞争力，确保许多涉及大国重器的国家重点产业链实现了自主可控、安全可靠，为国家重大战略提供了有力支撑。然而，也需要看到，在激烈的国内外竞争中，东北地区的传统产业优势遇到新挑战，关键在于以科技创新推动产业创新，从而不断构筑东北优势产业的进一步转型升级。正如习近平总书记主持召开新时代推动东北全面振兴座谈会上所强调的，要牢牢扭住自主创新这个"牛鼻子"，在巩固存量、拓展增量、延伸产业链、提高附加值上下功夫。

尽管东北三省的创新能力相对于全国平均水平而言呈现相对衰落的趋势，三省在创新产出以及创新投入方面的国内相对排名仍旧高于其经济发展水平排名。2022 年，辽宁省人均地区生产总值在全国排名第 19 位，吉林省排名第 27 位，黑龙江省排名第 30 位。以此排名作为参照，可以对比主要创新指标的相对排名，从而在一定程度上反映东北三省在创新效益方面存在的不足。

第一个反映创新的指标是研发经费支出占地区生产总值的比重，这个指标通常被视为衡量研发投入强度的最典型指标。如图 11-7 所示，在这个指标上，辽宁省排名全国第 13 位，吉林省排名全国第 20 位，黑龙江省排名全国第 21 位，三省的研发投入强度排名均高于其各自的人均地区生产总值排名。

第二个反映创新的指标是科技人员投入水平。科技人员是一个地区创新驱动发展能力的基础支撑，在一个地区的产业升级、科技创新、吸引外资、保持经济韧性等方面具有重要作用。采用科学研究和技术服务业城镇单位就业人员以及信息传输、软件和信息技术服务业城镇单位就业人员占城镇单位人员就业比重来衡量科技人员投入水平。如图 11-8 所示，在这个指标上，辽

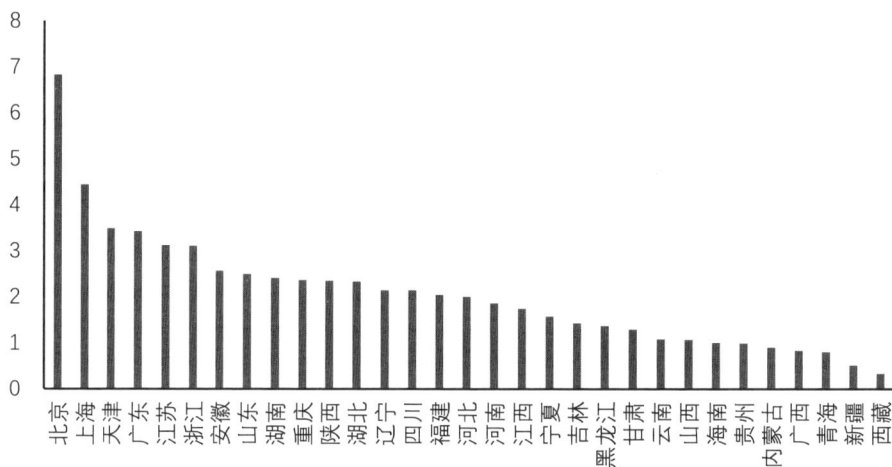

图 11-7　2022 年全国各省（区、市）R&D 经费支出与国内生产总值之比
数据来源：《中国科技统计年鉴 2023》。

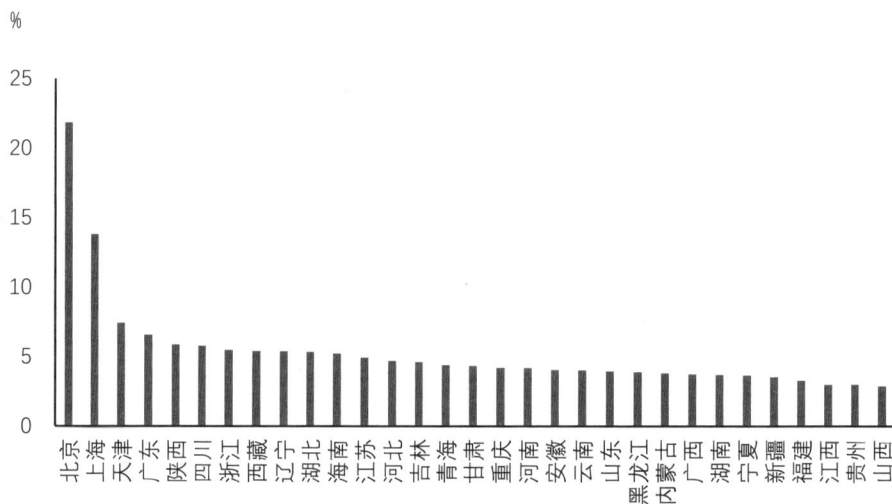

图 11-8　2022 年全国各省（区、市）科技类行业就业占比
数据来源：国家统计局。
注：科技类行业就业比重 =（信息传输、软件和信息技术服务业城镇单位就业人员 + 科学研究和技术服务业城镇单位就业人员）/ 城镇单位就业人员。

宁省在东北三省中排名最高，全国排名第 9 位，吉林省排名第 14 位，黑龙江省排名第 22 位，三省的科技人员投入水平排名均明显好于其各自的人均地区生产总值排名。

第三个反映创新的指标是国内专利申请授权量，采用亿元地区生产总值国内专利申请授权项数作为衡量依据。一般来说，专利产出可以用来衡量创新对促进经济增长的潜能。如图 11-9 所示，在这个指标上，辽宁省在全国排名第 12 位，略低于福建省；黑龙江省和吉林省分别排名第 19 位和第 20 位，略低于重庆；三省的专利申请授权排名均明显好于其各自的人均地区生产总值排名。这在一定程度上反映了，东北三省在把创新能力转化为经济优势方面存在不足。

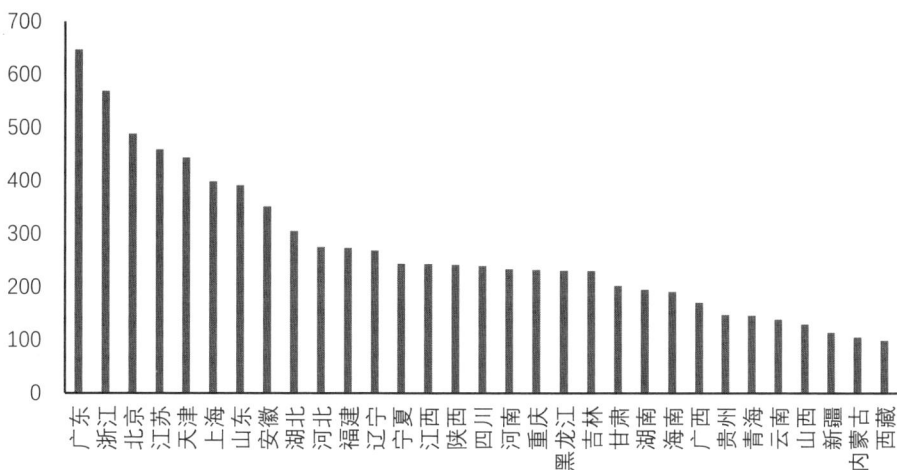

图 11-9　2022 年全国各省（区、市）国内专利申请授权量

数据来源：余建辉、张文忠、李佳洺：《我国创新链、产业链空间协同配置与区域经济布局研究》，《中国科学院院刊》2024 年第 4 期；国家统计局。

第四个反映创新的指标是技术转移和科技成果转化，它们对于经济发展具有重要作用，有助于发挥技术创新的外溢效应。活跃的技术市场对于扩大创新投入具有促进作用。采用技术市场成交额与地区生产总值的比值衡量技术市场活跃度，如图 11-10 所示，在该指标上，辽宁省排名第 12 位，甚至好于广东、江苏等东部经济强省；吉林省和黑龙江省分别排名第

20 位和第 27 位，三省的技术市场活跃度排名均好于其各自的人均地区生产总值排名。这也再一次反映出，东北三省在充分利用技术市场提升经济发展方面存在不足。

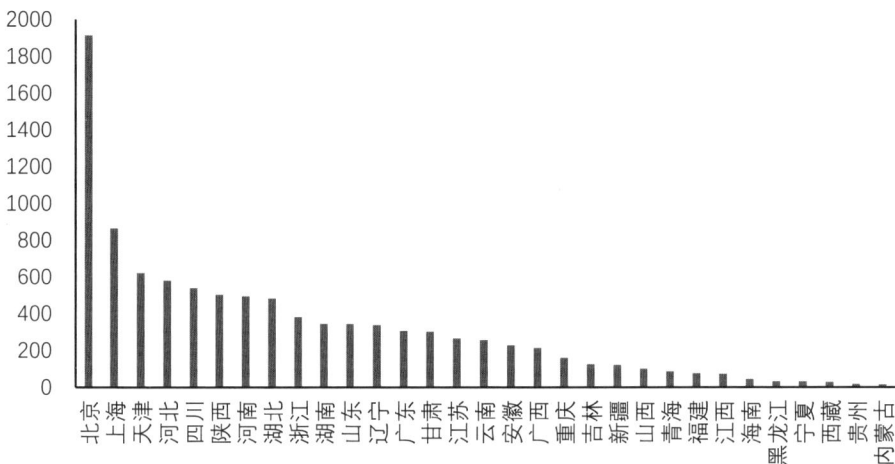

图 11-10 2022 年全国各省（区、市）技术市场成交额
（单位：万元 / 亿元地区生产总值）

数据来源：余建辉、张文忠、李佳洺：《我国创新链、产业链空间协同配置与区域经济布局研究》，《中国科学院院刊》2024 年第 4 期；国家统计局。

综合以上四个创新指标，可以发现东北三省在科技创新投入、科技创新产出以及成果扩散方面，其全国排名均明显好于其人均地区生产总值的排名。以辽宁省为例，辽宁省人均地区生产总值排名为全国第 19 名，但是以上四个创新指标的排名分别为第 13 名、第 9 名、第 12 名和第 12 名。总体来看，相对于东北三省人口占全国比重（2023 年为 6.8%）以及东北三省地区生产总值占全国比重（2023 年为 4.7%），东北三省的高水平高校及科研资源丰富。例如，全国 39 所"985 工程"高校，东北占 4 所，占全国的 10.3%；全国 115 所"211 工程"高校，东北三省共有 11 所，占全国的 9.6%。因此，可以得出的一个基本结论是东北三省的创新潜能尚未有效转化为经济优势。由此，东北全面振兴取得突破的一个重要路径就是充分利用东北三省的创新资源优势，实现高水平大学以及科研院所的科技创新能力与地方产业创新的有效对接。例如，以科技园区、高新技术产业开发区等为载体，为科研机构和企业提供直接对接渠道，强化企业科技创新主体地位，把科技人才、金融资源、产品研发、技术转移等创新要素有效协同起来，形成以企业为主导、以产学研深度融合为推动力的区域性创新生态格局。见表11-1。

表11-1 2023年部分省（区、市）"985/211工程"大学和中国科学院所属研究院所分布情况

省 （区、市）	"985工程" 大学数量	"211工程"大学 （不含"985工程"大学） 数量	中科院所属院所 数量	机构数量 合计	机构 占比
北京	8	18	49	75	32.9%
上海	4	6	11	21	9.2%
江苏	2	9	6	17	7.5%
湖北	2	5	6	13	5.7%
陕西	3	5	3	11	4.8%
广东	2	2	6	10	4.4%
四川	2	3	3	8	3.5%
辽宁	2	2	4	8	3.5%
湖南	3	1	2	6	2.6%
山东	2	1	3	6	2.6%
吉林	1	2	3	6	2.6%
甘肃	1	0	5	6	2.6%
黑龙江	1	3	1	5	2.2%
全国	39	76	149	264	—

注：仅列出占全国2%以上的省（区、市）。

资料来源：余建辉、张文忠、李佳洺：《我国创新链、产业链空间协同配置与区域经济布局研究》，《中国科学院院刊》2024年第4期。

第四节　大力培育战略性新兴产业集群

战略性新兴产业以重大技术突破和重大发展需求为基础，对经济社会全局和长远发展具有重大引领带动作用，具有知识技术密集、综合效益高的显著特征。习近平总书记强调，战略性新兴产业是引领未来发展的新支柱、新赛道。战略性新兴产业是引领我国产业升级的关键力量，代表新一轮科技革命和产业变革的方向，是培育发展新动能、获取未来竞争新优势的关键领域，对此国家已经进行了战略部署。"十三五"规划中提出，支持战略性新兴产业发展，要拓展新兴产业增长空间，抢占未来竞争制高点，使战略性新兴产业增加值占国内生产总值比重达到15%。"十四五"规划进一步提出，着眼于抢占未来产业发展先机，培育先导性和支柱性产业，推动战略性新兴产业融合化、集群化、生态化发展，战略性新兴产业增加值占地区生产总值比重超过17%。根据有关统计，战略性新兴产业占地区生产总值的比重从2010年的4%起逐步上升，2015年达到8%[1]，2020年达到11.7%[2]，2022年进一步上升到13%[3]。根据国家统计局提供的数据，2023年我国从事战略性新兴产业生产活动的规模以上工业企业超过9万家，比五年前增长超过40%；工业战略性新兴产业增加值占全部工业增加值的比重超过20%，比五年前提高约2个百分点。[4] 因此，战略性新兴产业的发展已经成为高质量发展的新动能和引擎。党的二十大报告进一步明确提出，"推动战略性新兴产业融合集群发展，构建新一代信息技术、人工智能、生物技术、新能源、新材料、高端装备、绿色环保等一批新的增长引擎"[5]。在统计上，国家统计局制定的《工业战略性

---

[1] 《50万亿元如何撑起"中国制造"未来》，《光明日报》2017年7月11日。

[2] 《经济发展新动能更加强劲》，《人民日报》2021年8月14日。

[3] 《战略性新兴产业增加值占国内生产总值比重超13%》，《人民日报》2023年7月6日。

[4] 《我国将对66个国家级战略性新兴产业集群进行全面"体检"和"画像"》，新华网2024年9月21日。http://www.news.cn/fortune/20240921/111400c1a8164de994914d7178bebc52/c.html。

[5] 《习近平：高举中国特色社会主义伟大旗帜　为全面建设社会主义现代化国家而团结奋斗——在中国共产党第二十次全国代表大会上的报告》，新华社2022年10月25日。

新兴产业分类目录（2023）》把我国战略性新兴产业界定为新一代信息技术、高端装备制造、新材料、生物、新能源汽车、新能源、节能环保、航空航天、海洋装备九大产业。

在部署新兴产业发展格局上，"十三五"规划提出，"支持产业创新中心、新技术推广应用中心建设，支持创新资源密集度高的城市发展成为新兴产业创新发展策源地；推动新兴产业链创新链快速发展，加速形成特色新兴产业集群；实施新兴产业全球创新发展网络计划，鼓励企业全球配置创新资源，支持建立一批海外研发中心"。"十四五"规划提出，"深入推进国家战略性新兴产业集群发展工程，健全产业集群组织管理和专业化推进机制，建设创新和公共服务综合体，构建一批各具特色、优势互补、结构合理的战略性新兴产业增长引擎"。由此可见，在培育战略性产业方面，集群化成为国家布局战略性新兴产业发展的重要模式，战略性新兴产业的集群化发展也将成为引领中国产业升级的重要推动力。战略性新兴产业集群是指能够在未来成为主导产业或支柱产业的新兴产业集群，是一种涵盖了战略性技术研发、新兴技术产业化、新兴产业网络化整个过程的具有知识传播、动态循环和创新扩散的组织间关系网络，具有创新驱动性、知识溢出性、产业放大性、发展不确定性。[1]因此，推进战略性新兴产业的集群化发展有利于汇集国家战略科技创新力量，增强产业链供应链的安全和韧性，并对区域产业升级发挥积极作用。推进东北产业升级的一个重要举措就是大力培育战略性新兴产业集群，从而加快构建能够全面融入"双循环"新发展格局的东北现代化产业体系。

2016年出台的《"十三五"国家战略性新兴产业发展规划》提出，要形成若干具有全球影响力的战略性新兴产业发展策源地和技术创新中心，打造百余个特色鲜明、创新能力强的新兴产业集群。在布局战略性新兴产业集群上，2019年国家发展和改革委员会在12个重点领域公布了第一批国家级战略性新兴产业集群建设名单，共涉及22个省份的66个集群，包括新一代信息

---

[1]《中国战略性新兴产业集群的发展历程及特征》，国家信息中心2021年3月10日。http://bigdata.sic.gov.cn/sic/82/459/0310/10830_pc.html。

技术领域 23 个、高端装备领域 9 个、新材料领域 14 个、生物医药领域 17 个、节能环保领域 3 个。需要指出的是，如果按照"十三五"规划布局 100 个左右的战略性新兴产业集群，未来还将再布局 30 多个。按照"十四五"规划，2025 年战略性新兴产业增加值占地区生产总值的比重应达到 17%，相比 2022 年还要增加 4 个百分点。因此，随着战略性新兴产业的整体发展，仍会涌现出新的战略性新兴产业集群。从区域布局来看，66 个产业集群分布在 44 个城市。在东北三省中，2 个集群分布在辽宁省，1 个分布在吉林省，1 个分布在黑龙江省，分别为辽宁省大连市信息技术服务产业集群、辽宁省大连市智能制造产业集群、吉林省通化市生物医药产业集群、黑龙江省哈尔滨市生物医药产业集群。目前来看，东北三省四大主干城市还有沈阳和长春尚未有战略性新兴产业集群纳入国家大名单。但是，沈阳在新一代信息技术、高端装备制造、汽车、航空航天、新能源、新材料等产业领域都有较好的产业基础；长春在汽车、装备制造、光电信息产业、生物医药、新能源等产业领域也具有较好的产业基础；二者都具备发展战略性新兴产业集群的条件。

从东北三省战略性新兴产业内企业的动态发展来看，进入企业和退出企业的地理分布基本上集中于"哈长沈大"四大城市（见图 11-11）。因此，东北三省四大主干城市也是战略性新兴产业发展集中地区，以四大城市为支点大力推进战略性新兴产业集群建设，有助于形成对周边城市的辐射带动作

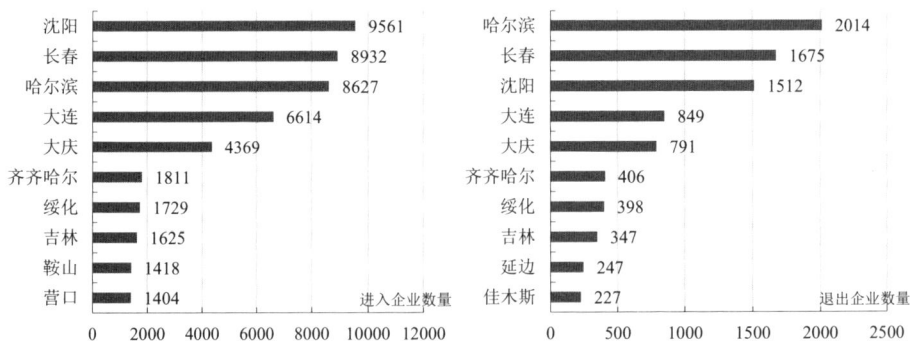

图 11-11　2009—2022 年东北三省战略性新兴产业企业进入与退出数量前 10 城市

资料来源：周晓栋、张鹏：《东北三省战略性新兴产业企业进入与退出的时空格局及影响机理》，《地域研究与开发》2024 年第 4 期。

用，推动辽中南城市群和哈长城市群发展，进而带动东北三省整体的区域经济转型升级。战略性新兴产业集群的发展有助于构建东北区域发展新优势，从而缓解资源枯竭对于东北经济的负面影响。然而，四大城市在发展战略性新兴产业集群的过程中，需要注意以下两个方面：首先，三省发展战略性新兴产业集群要做好战略协同，各个战略性新兴产业集群的发展不宜"大而全"，避免过度的同质化竞争，共同打造区域产业集群的整体形象与竞争力。其次，战略性新兴产业集群的培育不仅要通过产业集聚发挥范围经济的优势，同时也要注重区域产业集群对周边的辐射带动作用。

第五节　以优化金融生态推进东北实体经济发展

金融发展是经济发展的关键推动力，金融生态对于资本配置发挥关键作用。广义上讲，金融生态是庞大而复杂的系统，涵盖了金融机构、金融市场、金融工具以及监管体系。随着金融市场改革的深化，市场在资源配置中的作用日益增强。特别是在金融科技的推动下，传统的金融生态不断被重塑。从国际发展的经验来看，诸多发展中国家都曾因为爆发过金融危机而长期陷入所谓的"中等收入陷阱"。而在发达经济体中，20 世纪 90 年代的日本泡沫经济破裂以及 2009 年末爆发的欧洲主权债务危机，都导致相关国家经济增长乏力，陷入长期低增长、高债务的发展困境中。因此，对于现代市场经济国家而言，金融市场的健康运行是经济繁荣的基础。需要指出的是，由于我国各个地区的经济发展以及市场化水平存在差异，各个地区的金融发展也呈现差异。下面将围绕反映金融发展的典型指标，对于东北的金融发展进行分析。

一、金融业发展整体状况

从金融业整体发展情况来看，东北三省的金融业增加值的增长态势与全国金融业增长态势基本一致。如表 11-2 所示，从全国来看，2003—2018 年期间，全国金融业增加值都呈现两位数增长，2006—2011 年期间平均增长率超过 20%。总体来看，金融业增加值的高增长率与我国房地产快速发展的态势基本上是一致的。对于东北三省而言，2004—2015 年期间金融业增加值呈现快速增长态势。但是，2016 年以后，东北三省的金融业增加值增长率呈现断崖式下降，明显低于全国金融业增加值增长率，反映出东北三省金融业发展受制于其经济发展状况。从金融业增加值占地区生产总值的比重来看，东北三省与全国平均水平整体上差距不大。2003 年，东北三省金融业增加值占地区生产总值的比重为 2.9%，2015 年以后提升到 7% 以上，近年来低于全国平均水平 0.5 个百分点。总体来看，2003 年以后东北三省的金融业获得了快速增长，发展趋势以及占地区生产总值的比重与全国平均水平类似，但是在 2016 年以后也呈现增速下滑的趋势，经济增长拉动金融业发展的动能下降。

表 11-2　2003—2022 年全国及东北三省金融业发展状况

年份	全国金融业增加值（亿元）	全国金融业增加值增长率（%）	全国金融业增加值占地区生产总值比重（%）	东北三省金融业增加值（亿元）	东北三省金融业增加值增长率（%）	东北三省金融业增加值占地区生产总值比重（%）
2003	5173	11.6	3.8	333	2.3	2.9
2004	5766	11.5	3.5	381	14.3	2.9
2006	8308	25.6	3.8	544	30.9	3.2
2011	26084	21.1	5.3	1377	27.6	4.0
2015	50249	16.6	7.2	3049	18.1	7.3
2016	56389	12.2	7.5	3247	6.5	7.6
2019	76692	8.8	7.8	3803	6.1	7.6
2022	95217	5.3	8.0	4249	2.7	7.4

数据来源：国家统计局。

随着中国经济从高速增长阶段转向高质量发展阶段，金融业的高质量发展有助于赋能实体经济发展，在推动传统产业转型升级、发展壮大战略性新兴产业、促进绿色发展、提升科技成果转化、促进数字经济与实体经济深度融合等体现高质量发展的领域中也发挥了重要作用，而且通过满足不同市场主体的融资需求促进了经济增长与共同富裕。因此，金融业的高质量发展对于东北全面振兴具有战略意义。从东北主要城市的金融业发展来看，大连市是东北三省的区域性金融中心，对于东北地区的金融发展发挥重要带动作用。2013年，习近平总书记提出大连要建设"三个中心"，其中就包括区域性金融中心。根据英国智库Z/Yen集团与中国（深圳）综合开发研究院2024年3月联合发布的《第35期全球金融中心指数报告（GFCI 35）》，大连在全球121个上榜城市中排名第59位（比上一年提高了5位），位于中国上榜城市的第7位，排在上海、深圳、北京、广州、青岛和成都之后。目前，大连市整体的金融业发展具有显著的竞争优势。大连商品交易所是东北地区唯一一家期货交易所，期货品种和期权品种覆盖农产品、化工、金属、能源四大板块，上海证券交易所、深圳证券交易所、北京证券交易所也建立了服务大连基地。大连商品交易所在东北地区的金融创新方面发挥了积极的引领作用，成为东北金融对外开放的高地。

从存贷款情况来看，东北三省存款总额和贷款总额占全国比重均随着东北三省地区生产总值占全国比重的下降而下降，而且三省地区生产总值占全国比重与三省贷款总额占全国比重基本上相当，总体上反映了东北三省经济发展与信贷规模的对应关系。比较近年来的贷款总额和存款总额比重，东北三省的贷款总额比重自2020年起始终低于存款总额比重，而且两者差值呈现拉大趋势，总体上说明东北三省贷款需求不足（见表11-3）。

表11-3 东北三省存贷款占全国比重变动趋势

年份	三省存款总额占全国比重（%）	二省贷款总额占全国比重（%）	三省地区生产总值占全国比重（%）
2002	8.0	9.4	9.0
2005	7.5	7.3	7.8
2010	6.9	6.7	6.9
2015	6.3	6.8	6.0
2020	5.8	5.5	5.0
2021	5.6	5.2	4.9
2022	5.6	4.8	4.8

数据来源：《辽宁省金融运行报告（2011—2023）》《辽宁省国民经济和社会发

展统计公报（2000—2009 年）》《吉林省金融运行报告（2022—2023）》《吉林省国民经济和社会发展统计公报（2000—2020 年）》《黑龙江省国民经济和社会发展统计公报（2000—2022 年)》《中华人民共和国国民经济和社会发展统计公报（2000—2022 年）》。

二、东北三省上市公司情况

上市公司是区域产业链的核心企业、地方经济发展的龙头企业，其经营范围往往是跨地区、跨国的，对于一个地区参与"国内大循环"和"国际大循环"起到积极的带动作用，在经济增长、创造就业、税收贡献、技术创新、提升区域竞争力等方面对所在地区的经济发展有着积极影响。从产业发展来看，上市公司是一个地区产业发展的中坚力量，上市公司的扩张有助于带动上下游企业发展，形成产业链的区域集聚效应，进而促进区域产业集群的发展。因此，如果一个地区的上市公司数量少、规模小，则说明该地区在产业集聚、资本配置、科技创新等方面不具有优势，这同时也会影响一个地区参与国内国际市场竞争。因此，上市公司的数量和规模也是一个地区经济发展繁荣程度的重要度量指标。根据中国上市公司协会 2024 年 8 月底公布的 A 股上市公司统计数据，辽宁、吉林和黑龙江三省上市公司的数量分别为 84 家、49 家和 40 家，共计 173 家，占全国上市公司数量的 3.2%，相当于福建省一省上市公司的数量。从上市公司市值来看，截至 2024 年 8 月 31 日，三省的上市公司市值总额为 12661 亿元，与河南省一省的上市公司市值相当，为全国上市公司总市值的 1.8%，明显低于东北三省地区生产总值占全国比重（见表 11-4）。因此，作为地区发展的龙头企业，东北三省上市公司的总体发展水平相对滞后，从而也制约了龙头企业对于地方经济发展的带动作用。

表 11-4　全国各地区上市公司数量及市值

辖区	公司数量（家）	总市值（亿元）	辖区	公司数量（家）	总市值（亿元）
广东	875	112684	陕西	81	11230
深圳	421	70331	河北	80	8642
浙江	708	54906	重庆	77	7924
宁波	122	10510	天津	71	10427

续表

辖区	公司数量（家）	总市值（亿元）	辖区	公司数量（家）	总市值（亿元）
江苏	693	51865	新疆	60	6523
北京	473	175741	吉林	49	2923
上海	446	60434	云南	41	7196
山东	309	29509	山西	41	7210
青岛	66	5733	广西	41	2506
安徽	177	15229	黑龙江	40	2884
四川	175	21874	贵州	35	20649
福建	172	27326	甘肃	34	2278
厦门	68	4833	海南	28	2435
湖北	150	11125	内蒙古	27	5994
湖南	145	11892	西藏	22	2015
河南	110	12198	宁夏	16	1633
江西	88	6686	青海	10	1814
辽宁	84	6854	—	—	—
大连	30	3597	总计	5358	702605

数据来源：中国上市公司协会：中上协统计月报（2024 年 8 月）。

注：统计时间为 2024 年 8 月 31 日。

上市公司在一个区域内的布局通常也反映了一个地区产业和经济的空间布局。一般来说，上市公司通常集聚在大城市和区域性中心城市，东北三省的上市公司分布也集中于"哈长沈大"四个区域性中心城市。根据和君咨询的研究，截至 2023 年 4 月 30 日，辽宁省 A 股上市的 86 家企业主要集中在沈阳和大连，两市上市公司一共 58 家，占比达到 67.4%[1]；吉林省 A 股上市公司 49 家，长春市共有 29 家，占比达到 59.2%[2]；黑龙江 A 股上市公司 39 家，哈尔滨共有 31 家，占比高达 79.5%[3]。总体来看，"哈长沈大"四市集聚了东北 118 家上市公司，占东北三省上市公司数量的 67.8%。从总体的市值

---

[1]《和君咨询 2023 辽宁省上市公司发展报告》，搜狐新闻网 2023 年 9 月 26 日。https://www.sohu.com/a/723556851_121675999。

[2]《和君咨询 2023 吉林省上市公司发展报告》，搜狐新闻网 2023 年 12 月 18 日。https://business.sohu.com/a/745044613_121652971。

[3]《和君咨询 2023 黑龙江省上市公司发展报告》，搜狐新闻网 2023 年 12 月 15 日。https://business.sohu.com/a/744371925_121615303。

规模的趋势来看，2000 年以后，东北三省总体的市值规模呈现上升态势，但是也存在显著波动，在一定程度上受中国股市的整体性波动影响。从东北三省上市公司市值占总市值的比重来看，该数值呈现出明显的下滑趋势，从 2000 年的 7.52% 下降到 2023 年的 1.93%，从与东北地区生产总值占全国比重相当，下降到明显低于东北地区生产总值占全国比重，表明东北三省上市企业的总体实力整体上落后于其经济实力（见图 11-12）。这也在一定程度上反映了东北地区在充分利用资本市场促进经济发展方面存在能力不足的问题。

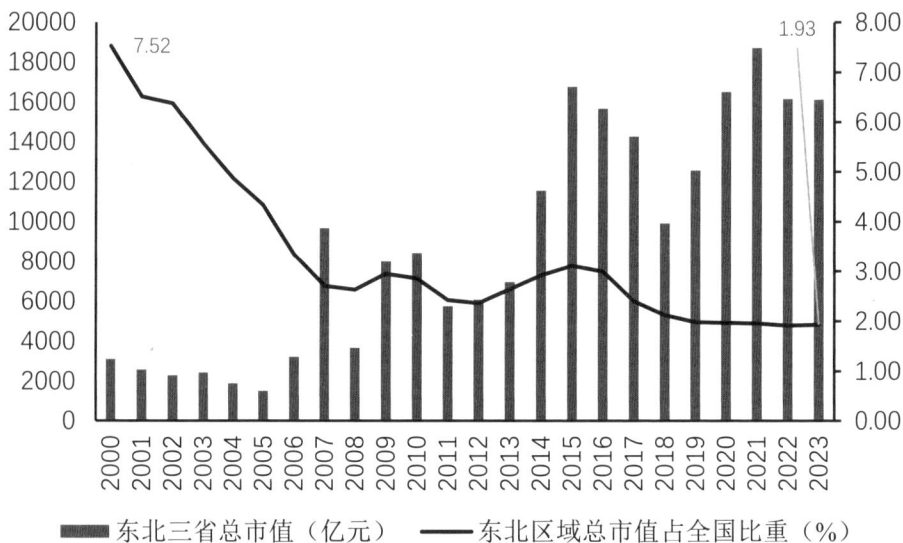

图 11-12　2000—2023 年东北三省上市企业市值及占 A 股总市值比重

数据来源：Wind 数据库。

在新增上市公司方面，东北地区近十年的新上市企业数量总体上较少。2003—2023 年期间，东北三省共计上市 91 家企业，而同时期全国一共上市了 4260 家企业，东北三省新上市企业数量仅占全国的 2.14%（见表 11-5）。值得一提的是，近年来伴随着资本市场管理制度的逐步改革和市场条件的转化，东北地区的新上市企业数量有所增加，且多集中于材料、高端制造等领域，体现了东北三省高质量企业发展与国家战略的协同。

表 11-5　2003—2023 年东北新上市公司数量及占全国比重

年份	东北三省（家）	全国（家）	东北三省占比（％）
2003	0	64	0.00
2008	3	75	4.00
2013	0	2	0.00
2018	0	99	0.00
2023	6	313	1.92
2003—2013	33	1262	2.61
2014—2023	58	2998	1.93
2003—2023	91	4260	2.14

数据来源：Wind 数据库。

从上市公司的营收来看，东北三省上市公司总体营业收入在 2000 年以后呈现快速增长的态势，由 2003 年的 1400 亿元上升到 2023 年的 15321 亿元。上市公司营收相对于东北三省地区生产总值的比值从 2003 年的 12% 上升到 2023 年的 25.7%，呈现明显上升态势，在 2021 年达到峰值 27.8%（见表 11-6），这表明上市公司营收对于拉动地区生产总值增长的作用逐步增大。然而，相对于全国平均水平，东北三省的上市公司营收与地区生产总值之比并不高。2023 年，5358 家 A 股上市公司全年实现营收合计为 72.76 万亿元，相当于当年地区生产总值的 57.7%。因此，东北三省上市公司的营收水平相对于地区生产总值的比值大大低于全国平均水平。

表 11-6　2000—2023 年东北三省上市公司总营收及地区生产总值对比

年份	东北三省上市公司总营收（亿元）	东北三省地区生产总值（亿元）	营收占地区生产总值比值（％）
2000	910	9276	9.8
2005	2140	14794	14.5
2010	5697	28615	19.9
2015	6479	41918	15.5
2020	12519	50901	24.6
2021	15453	55592	27.8
2022	15211	57476	26.5
2023	15321	59625	25.7

数据来源：Wind 数据库。

分行业来看，根据 Wind 数据库的划分标准，东北地区的上市公司主要集中在工业部门、材料部门、消费类部门、医疗保健和信息服务等行业部门，上述行业的上市公司数量均超过 20 家。三省上市公司的行业分布具有较大差异，例如，辽宁省的上市公司主要分布在工业部门、材料部门、可选消费部门和信息技术部门；吉林省在医疗保健部门的上市公司数量最多，其他上市公司集中在工业部门、可选消费部门、材料部门和信息技术部门；黑龙江省的上市公司集中在工业部门，此外医疗保健部门和可选消费部门也是上市公司数量较多的部门。从上市公司市值来看，工业部门上市公司的市值规模最大，占三省总市值的比重为 23.2%，材料部门和医疗保健部门的市值占总市值的比重分别为 17.7% 和 16.1%，也是市值较高的部门（见表 11-7）。总体来看，东北三省传统产业领域的上市公司比重相对较高，而战略性新兴产业领域的上市公司比重相对较低。

表 11-7　2003—2023 年东北上市公司的行业分布特征

省份	辽宁		吉林		黑龙江		总计	
年份	2003	2023	2003	2023	2003	2023	2003	2023
上市公司数量（家）								
能源	2	2	0	0	0	1	2	3
材料	9	19	4	7	2	3	15	29
工业	10	25	4	9	7	15	21	49
可选消费	8	12	6	9	3	5	17	26
电信服务	0	0	0	0	0	0	0	0
房地产	0	0	1	1	0	0	1	1
公用事业	6	8	3	3	3	3	12	14
金融	0	0	1	1	3	3	4	4
日常消费	0	4	2	3	3	4	5	11
信息技术	1	12	1	7	1	1	3	20
医疗保健	1	5	4	10	2	6	7	21
总计	37	87	26	50	24	41	87	178
上市公司市值（亿元）								
能源	34	136	0	0	0	67	34	203
材料	389	2338	72	460	24	73	485	2871
工业	234	2115	49	458	126	1165	409	3739
可选消费	215	557	215	888	60	329	489	1774

续表

上市公司市值（亿元）							
电信服务	0	0	0	0	0	0	0	0
房地产	0	0	10	79	0	0	10	79
公用事业	222	1054	74	169	159	376	455	1599
金融	0	0	26	166	59	608	84	774
日常消费	0	246	31	102	151	470	181	817
信息技术	29	1441	11	302	29	16	69	1759
医疗保健	20	541	56	1584	147	494	223	2619
总市值	1144	8428	543	4207	753	3597	2440	16232

数据来源：Wind 数据库，2024 年 10 月。

三、做好"五大金融"履行"五大安全"战略使命

目前，我国正处于经济高质量发展的关键时期，发展和壮大科技金融、绿色金融、普惠金融、养老金融、数字金融，是推动高质量发展的必然要求，对于服务创新科技发展、推进绿色发展、促进共同富裕、服务民生发展、增强数字经济与实体经济融合具有重要意义。这五大金融通过不同机制推进东北三省维护粮食安全、产业安全、能源安全、生态安全和国防安全。

在粮食安全方面，可以有效发挥普惠金融和绿色金融的积极作用，通过提供贷款以及投资于农业技术、技术设施、良种培育、土壤改良等方面推进农业生产，并为各类从事农业生产经营以及农业社会化服务的农业企业和家庭农户提供优惠贷款。在培育农业龙头企业方面，应当充分发挥普惠金融的积极作用，利用东北地区的农业资源优势，实现农业生产经营的规模经济效益。

在产业安全方面，东北三省应将传统产业升级和培育战略性新兴产业作为两大重点。这就需要充分发挥科技金融的作用，通过科技金融促进创新驱动发展。此外，科技金融在科技融入赋能"专精特新"企业方面也具有独特优势，这类企业的发展有助于产业链的完善，也有助于提升东北三省整体的产业安全水平。

在能源安全方面，东北地区拥有丰富的煤炭和油气资源，风电、光伏等新能源开发潜力巨大，而且随着"双碳"目标的提出，东北能源格局也将发

生深刻变化，迫切需要加强能源科技投入，持续推进大庆油田、辽河油田等传统油气资源的开发开采以及传统能源发电的绿色低碳转型，从而需要科技金融的助力。另外，东北地区未来也将成为我国新能源发展的重要地区，例如辽宁省加快海上风电、新型储能等六大千万千瓦级能源基地建设，吉林省加快布局氢能产业以及新型储能产业，黑龙江省积极推动能源的绿色低碳转型并打造新能源发展基地。相关产业的发展都需要大量的资本投入，应当充分发挥绿色金融对于相关行业发展的资本支持作用。

在生态安全方面，东北地区是我国北方的生态屏障。东北森林带是国家"两屏三带"生态安全战略格局的重要组成部分，森林面积占全国的27%[①]；东北草地和湿地保护被列为国家生态保护与建设的主要任务，草地面积占全国的8%，湿地面积占全国的26%[②]。因此，东北三省拥有丰富的碳汇资源，把发展绿色金融与挖掘东北碳汇经济结合起来，发展东北碳汇经济体系以及相关产业，是东北振兴的一个新增长点。此外，东北三省传统产业的绿色低碳转型也需要充分利用绿色信贷工具，推进低碳减排。

在国防安全方面，东北三省边海防线近7000公里，其中黑龙江边境线总长度近3000公里，拥有1393个边境村，吉林省边境线总长度为1452公里，拥有216个边境村。然而近年来，东北三省的农村人口规模急剧下降。例如，黑龙江省农村人口规模从2010年的1700万人下降到2023年的1007万人，减少693万人；吉林省农村人口规模从2010年的1281万人下降到2023年的825万人，减少456万人。[③]从趋势来看，两省的农村人口仍将持续减少。这就会带来边境地区乡村的人口空心化问题，从而对落实总体国家安全观产生负面影响。因此，应当大力支持边境地区的乡村振兴，通过乡村振兴吸引人口扎根边陲，巩固边境安全。针对边境地区的乡村振兴，应当充分发挥普惠金融的功能，大力支持边境村的特色产业发展。此外，在军民融合方面，也可以大力推进普惠金融带动相关领域的发展。

---

① 数据来源：http://www.neigae.ac.cn/news/research/202109/t20210902_6184981.html。
② 数据来源：http://www.neigae.ac.cn/news/research/202109/t20210902_6184981.html。
③ 数据来源：国家统计局。

后 记

  党的十八大以来，以习近平同志为核心的党中央高瞻远瞩、审时度势，指导实施新一轮东北振兴战略。党的十九大报告提出，深化改革加快东北等老工业基地振兴。党的二十大报告提出，推动东北全面振兴取得新突破。2023 年 9 月，习近平总书记主持召开新时代推动东北全面振兴座谈会并发表重要讲话，强调牢牢把握东北的重要使命，奋力谱写东北全面振兴新篇章。2025 年初，习近平总书记再赴辽宁、黑龙江、吉林考察，对新时代东北全面振兴作出最新指示要求，充分彰显了总书记对东北人民的亲切关怀和深情厚爱，彰显了总书记对东北振兴的殷切期望和信任重托，是对正在为东北振兴努力奋斗的各界人士的巨大鼓舞和莫大鞭策。

  中国东北振兴研究院是在国家发展和改革委员会指导下，以东北振兴理论和政策研究为特色，为中央和东北地区各级地方政府提供政策咨询的新型智库，是辽宁省新型智库联盟首任理事长单位、"智库人才培养联盟"单位、国家区域重大战略高校智库联盟单位。先后入选"2021 年中国智库参考案例（咨政建言类别）"和"CTTI 2022 年度高校智库百强"，荣获"CTTI 2023 年度 / 2024 年度智库研究优秀成果"特等奖。

  2020 年，由中国东北振兴研究院组织编写的《东北振兴研究丛书》出版，被列为"十三五"国家重点图书出版规划项目、国家出版基金资助项目，荣获"第一届辽宁省出版政府奖"。2022 年，《新时代东北全面振兴研究丛书》筹划、立项，经编委会、作者团队与出版社共同努力，丛书被列入

"十四五"国家重点出版物出版规划增补项目和国家出版基金资助项目。

值此丛书付梓之际，感谢各位作者用严谨治学的精神为丛书倾注心血、贡献智慧，感谢亿达集团董事局主席孙荫环先生的鼎力支持和在丛书启动阶段给予的充分保障，感谢辽宁人民出版社编辑团队的辛勤付出。

党中央为新时代东北全面振兴指明了前进方向，也给东北振兴发展提供了新动力新机遇。东北地区要认真贯彻落实党的二十大和二十届二中、三中全会精神，坚定信心、开拓创新，勇于争先、展现作为，以进一步全面深化改革开放推动东北全面振兴取得新突破。

中国东北振兴研究院

2025 年 2 月 12 日